ハキムパラの避難民キャンプ
IFRC_ 13_(c)Benjamin Suomela_Finnish Red Cross_p-BGD1261

バングラデシュへの避難民は何も持たず何日もかけて国境を超える。
Michael Drost-HansenIFRC

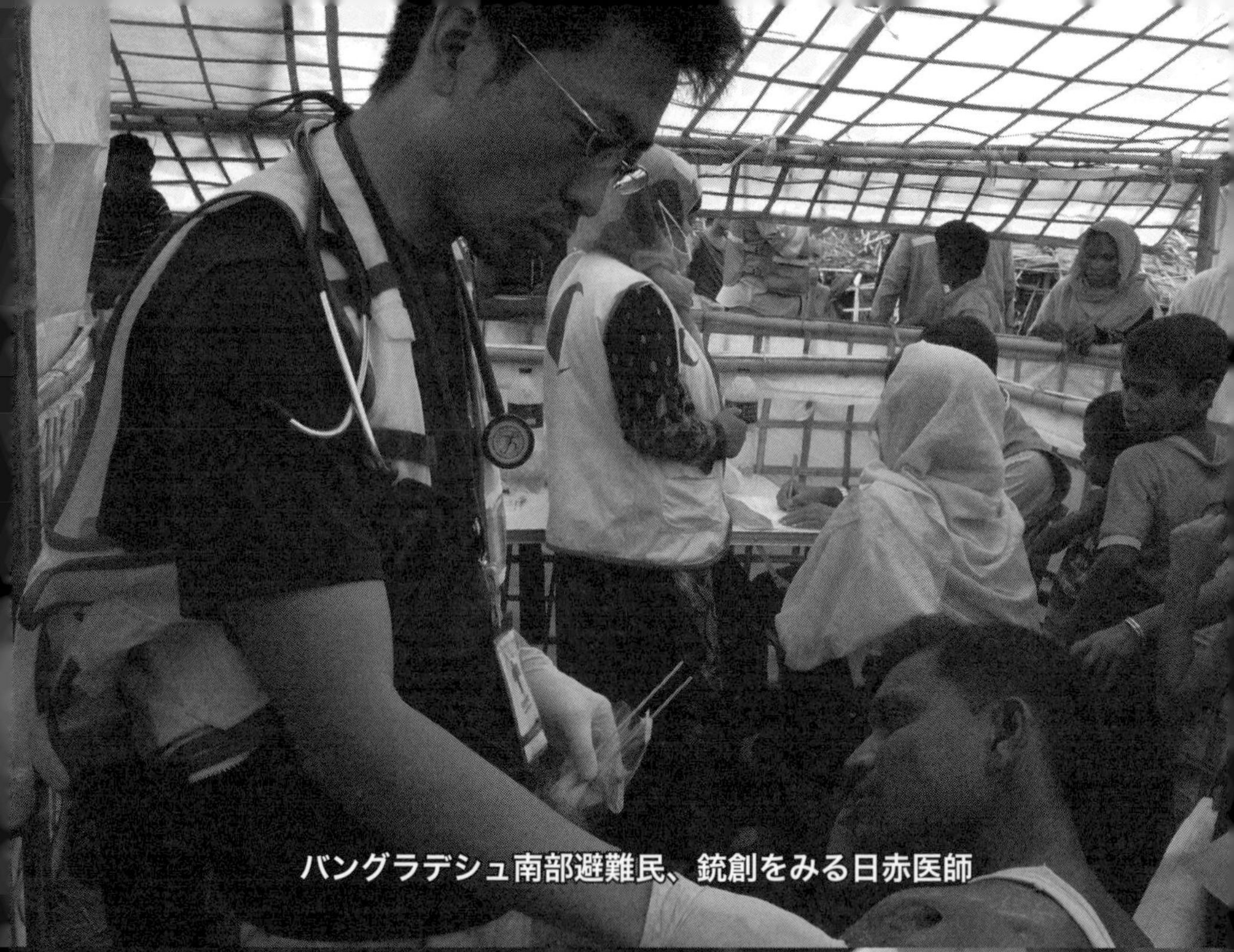

バングラデシュ南部避難民、銃創をみる日赤医師

バングラ南部避難民、配給所で重い箱を受け取った少年は、家路を急ぐ
IFRC_ 4_(c)IFRC_p-BGD1464

バングラデシュ北部洪水支援「より良い状態に戻す支援」を目指して、
赤十字は活動を続けます。

人道研究ジャーナル 2018 ——第七号 目次——

特集3：赤十字と災害対応

特集4：赤十字と歴史

近衛忠煇《このえただてる》氏、国際赤十字・赤新月社連盟会長を退任

――アジア初の会長として連盟の新時代を築く

世界一九〇カ国に加盟社を持つ世界最大の人道機関ともいわれる国際赤十字・赤新月運動。この運動体の重要な国際機関であり、各社の連帯の象徴でもある国際赤十字・赤新月社連盟の会長として二期八年にわたり、連盟を率いてきた近衛《このえ》忠煇《ただてる》日本赤十字社社長が昨年一一月八日、連盟会長職を退任した。在任中の八年間の国際社会は、相次ぐ国際的テロの発生やシリア紛争の混迷化、東日本大震災、エボラ出血熱の脅威、核廃絶への世界的な動きなど紛争や災害が多発するとともに国際情勢も激変した。こうした激動する世界の人道的課題に常に迅速かつ的確な対応を求められてきた赤十字社連盟。その総帥として「人類の脅威」に果敢にチャレンジしてきた近衛氏の八年間を振り返る。

近衛忠煇《このえただてる》プロフィール

昭和一四年五月八日東京生まれ（七八歳）。昭和三七年、学習院大学政経学部を卒業後、ロンドン大学ロンドン・スクール・オブ・エコノミックスで二年間国際関係論を学ぶ。昭和三九年、東京オリンピックの年（一九六四年）に日本赤十字社のボランティアとなり、同年正職員となる。その後、戦後処理、紛争地救援、災害救援などの業務に加え、二回（計八年）の国際赤十字・赤新月社連盟（在ジュネーブ）勤務を経て、日本赤十字社社会部長、外事部長を歴任。平成三年四月、副社長並びに学校法人日本赤十字学園理事長に就任、一四年間にわたり同職を務める。平成七年、国際赤十字・赤新月社連盟常置委員会委員、平成一〇年、同連盟副会長に選出される。平成一七年四月には、社歴上数少ない生抜きの日本赤十字社社長に就任。平成一七年一一月に同連盟副会長に、平成二一年一一月、アジア初の国際赤十字・赤新月社連盟会長に選出され、同職を二期八年勤め、平成二九年一一月に任期満了により退任。現在は、引き続き日本赤十字社社長として赤十字事業の推進に尽力している。

近衛会長退任のスピーチ

八つの〝アリガトウ〟で謝意を表明！

ご臨席の皆様。ここで八分の時間を頂戴して、この八年間を……いや七八年間を振り返らせて下さい。

七八年前、確かに一九三九年の五月八日、アンリー・デュナンの誕生日である世界赤十字デーに私は生まれました。多分それは、運命だったのでしょう。

五〇年ほど前、私は日本赤十字社に、当初はボランティアとして加わり、ほどなく、十分な国際活動を行うにはあまりにも小さな予算しかないことを知りました。そこで、私は現金でも物品でも何でも寄付を集めるべく、奔走することにし、一定の成果をあげました。そのときに築いたメディア、企業のリーダーなどとの個人的な付き合いを、私は今日でも宝にしています。

そして八年前、二〇〇九年の一一月に、ケニアのナイロビで開かれたこの総会で、私はアジアから初の国際赤十字・赤新月社連盟の会長に選出されました。その日、私は、ア

2017年11月8日、トルコ・アンタルヤで開催の連盟総会で退任挨拶をする近衛氏

2009 年 11 月　ナイロビにて連盟会長に選出される

フリカの伝統に倣い、杖と飾りのついた帽子を戴き、連盟の玉座につきました。なんと光栄なことでしょう。その栄誉の気持ちは今も変わりません。赤十字は、まさしく私のライフワークとなりました。連盟九〇年の歴史の中で、アジアからの会長は私が初めてでした。

私は「連帯の精神（Spirit of Togetherness）」を会長のスローガンに掲げ、それを醸成するには、まずもって「良き聞き手」であることが義務だと考えました。無論、行動も大事ですが、まずは聞き手に徹することにしました。それと同時に、長距離フライトの機中でもガタガタ道の車中でも、どこでもよく眠れ、そしてどんな類の料理も、どんな相手と踊るダンスも楽しめ、好奇心旺盛でありたいと思いました。

さて、皆さん、月曜日の冒頭に、私は、会長の任期になぞらえて一年に一つ計八つの連盟の「課題」をあげましたが、長すぎてうんざりされた方もあるかもしれません。私は、それが少しでも皆さんの考える材料として役に立てばと願ってのことでした。

ここでは任期中の八つの「成果」を示そうというつもりはありません。八つの記憶に残る出来事をあげることもしません。

1974 年 4 月　災害対策調査のためバングラデシュへ

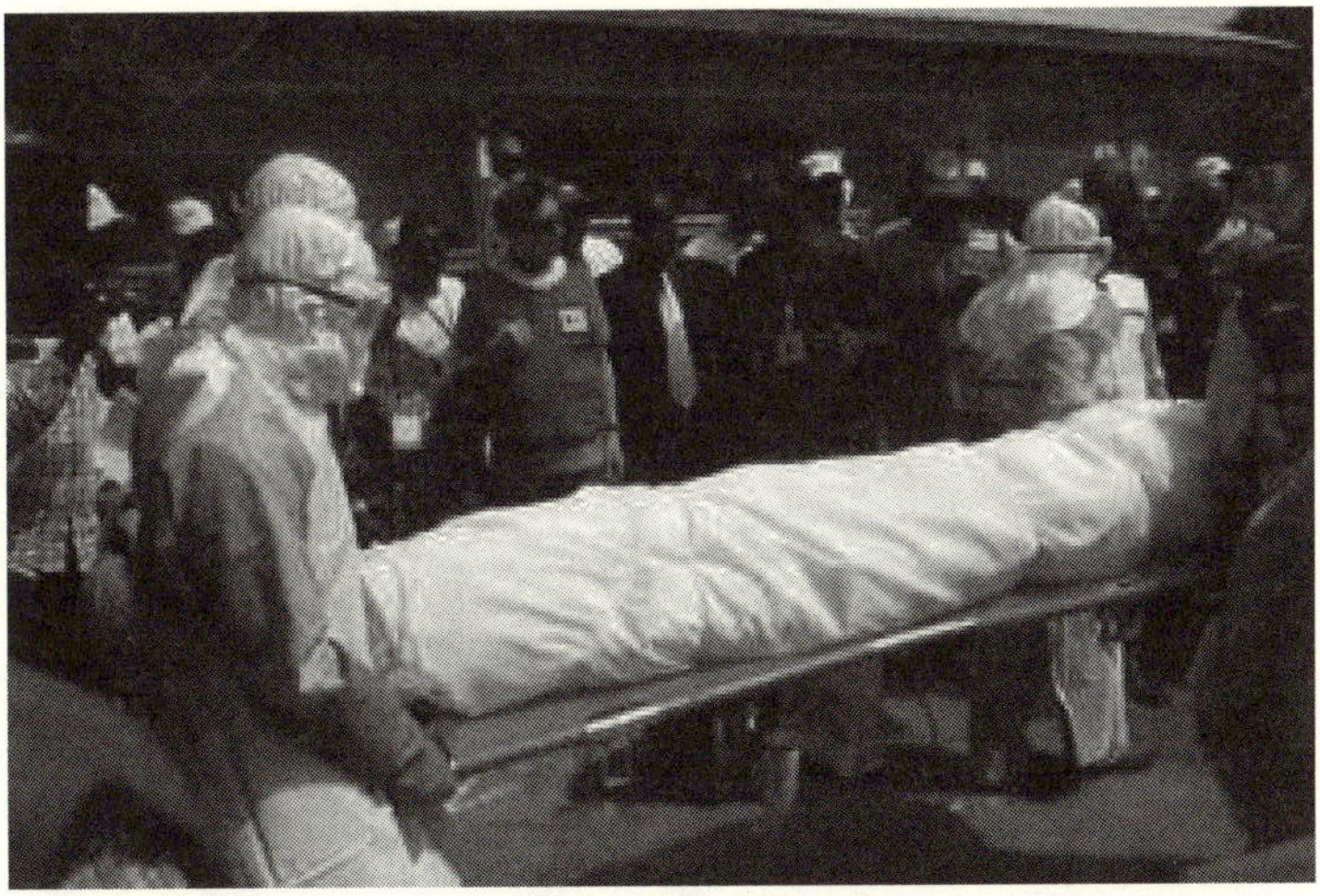

2016 年 2 月　エボラが大流行した西アフリカ、ギニア訪問

もし、当選から二カ月も経たないうちに発生したハイチの大地震、その一年後の東日本の大震災、或いは二年前のエボラの大発生を取り上げたとしたら、他の多くの事態を見落としてしまうことになるからです。そのうちの幾つかは多分、新聞の一面を飾ることはありませんでしたが、重要であることに変わりはありませんでした。

そしてガバナンスも同じです。私たちがやったことの多くは骨が折れました。そして欠かせないものでしたが、往々にして見えないものでした。ですから、ただシンプルに、八つの「ありがとう」を言わせて下さい。

まずは、二年に一度開かれるこの連盟総会に感謝します。総会は、皆さんがガバナンスに責任を課し、皆さんとガバナンスが何をするかの情熱を共有する場所であり、そして皆さんが私を会長に選出して下さった場所だからです。

次に、総会を構成する各国の赤十字・赤新月社、そのリーダーやスタッフたちに感謝します。各社は形態や規模を異にし、それぞれに特徴があります。皆さんは大きな仕事をしています。そして大きな課題にも立ち向かっています。しかし、地域のために力を尽くし、もっと近くに寄り添おうという共通の目的のもとに結束しています。任期中

2012年4月　アラブ首長国、連国王表敬訪問

は七〇カ国を超える社を訪問するという大きな恩恵に浴しました。たくさんの素敵な思い出をありがとうございました。

三つ目の感謝は、理事会の同僚に送ります。

二〇〇九年から二〇一三年の一期目の最大の業績は、「二〇二〇年に向けての戦略」の策定だったでしょう。率直に言って、私の二期目は出だしで躓き、理事会に深い亀裂が入りましたが、歩み寄りによってそれを克服しました。どんなに違いがあろうとも、我々は最も助けを求めている人々に尽くさなければならない、という思いは皆同じだと分かっていたからです。そして私は、理事会がそれを成し遂げたと信じています。

二〇一三年から二〇一七年までの私の二期目の理事会の最大の業績は、説明責任とコンプライアンスの強化でした。危機管理と監査の仕事を財政の管轄から切り離したのもその一例だし、コンプライアンスや調停の仕事も強化しました。もう一つの大事な成果は、アズ・シィさんを我々の事務総長として赤十字運動の外から採用したことです。

そして、フランチェスコ・ロッカさんへ。彼は、連盟理事、そして連盟副会長として八年にわたって私の「同僚」であり、これから私の尊敬すべき後任者として、皆さんを率

2013 年 4 月　赤十字原子核兵器会議　於：広島、左はイスラエルの赤十字社のノエム会長
2013 年 5 月　広島にて核兵器廃絶赤十字国際会議を開催

いていくことになります。彼のこれからのご活躍を切に祈ります。私は、今回立候補したすべての候補者たちを称え、今からは、我々が共にフランチェスコ新会長を支えていくものと信じます。

四つ目の感謝は、ジュネーブをはじめ世界中の連盟事務局の仲間たちに送ります。よく働き、有能で、自分の仕事に情熱と粘り強さを持って励む皆さん全てが賞賛に値します。それは、今回の総会を成功させるために尽力してくれたモーハウアー部長とそのガバナンスチーム、事業部門のチャパゲイン事務総長次長とその前任者たち、政策・アドボカシー部門のマームード事務総長次長とその前任者たち、そして、財政・総務部門のウンダリン事務総長次長とその前任者たちにとどまりません。ウォルター、サイモン、ハビエ、ファトゥマタといった各地域のトップの皆さんは、記憶に残る、印象的な数多くの出張に同行してくれました。皆さんすべてに感謝します。

五つ目の感謝は、私の任期中の二人の優秀な事務総長、ベケレ・ゲレタとアズ・シィの両君に送ります。私たちは互いに、ガバナンスとマネジメントが、どう距離を置き、どう歩み寄るべきかを良く理解し合っていました。私はあなた方二人から刺激を受けてきました。そしてシィさんに

2014年9月　サモアでの小島嶼開発途上国国際会議

次期会長候補者の演説に拍手

は、これからの健闘を祈っています。

六つ目の感謝を送るのは、国際人道法の守護者であり、最も悲惨な状況下で人々の命を守ろうと努めている赤十字運動の仲間である、赤十字国際委員会です。私たち連盟と国際委員会の間に横たわる溝は依然としてあります。ただ、より緊密な連携を実現するため、長い道のりを共に歩んできたのも事実です。

七つ目の感謝は日本赤十字社に送ります。かつて私の背中を押してくれた存在、そして今、私が帰る場所です。そのすべての職員とボランティアに感謝します。彼らは、八年もの長い間、私が連盟会長の重責に挑むことを気持ち良く許し、次から次へ降ってくる連盟会長の国際的業務に従事する際にも、その留守を しっかりと守ってくれました。

そして八つ目、最後に、本日ここにいるのはほんの一部でしょうが、笑顔を絶やさず、常に手助けを惜しまなかったトルコ赤新月社の皆さん、そして何百万人もの、ここにはいないけれども私たちのボランティアに感謝します。人々に尽くすために、そして人道の実践に、来る日も来る日も自分たちの時間とエネルギーや思いを捧げ、時には、私たち全てにとっては何とも痛ましいことですが、命さえも捧げている彼らに。

さて、このスピーチを締めくくる前に、通訳の皆さんを称えないわけにはいきません。四つのいずれの連盟公用語のどれも私の母国語ではありません。だからこそ、私は四つ全ての公用語に対して最大限の敬意を払うよう努めてきました。正直、それは私にとって大きな「ハンディキャップ」であり、通訳の皆さんにとっては大きな「重荷」となったに違いありません。しかし皆さんの熟練した助けがなければ、私は「良い聞き手」には到底なれなかったでしょう。

どうかご安心ください。私のスピーチもまもなく終わりますから。

親愛なる皆さん。私は今七八歳です。「もう七八歳」ではなく、「まだ七八歳」であり、これからも一赤十字人であり続けます。そして、連盟、赤十字運動、「連帯の精神」、そして世界最大にして最良の人道ネットワークと共に前を向いて歩んでいきます。

これまでの道のりを、皆さんと共に歩んでこられたのは大きな喜びであり、光栄なことでした。（四か国語で）ありがとうございました。

世界が認めた「コノエイズム⁉」

“連帯の精神”を訴え、難題に取り組んだ八年

一一月八日、国際赤十字・赤新月社連盟総会を終えた会場は、近衛氏が壇上から降りる間もなく、近衛会長の功績を讃える「サンキュー、コノエ」のビデオショーへと一変した。参加者は若い頃の近衛会長の写真や活動記録に見入った。最後まで鳴りやまぬスタンディングオベーションが会場一杯に響き渡った。

カタール赤新月社長アルマディード氏は「私は四年間、連盟副会長として近衛会長と働きましたが、私がこれまで一緒に働いた人の中で、最も尊敬できる人だ」と直立不動の姿勢で最大級の賛辞を贈りました。八年間会長業務を支えて来たサバリ事務局職員は「近衛会長は、各国首脳に会う時も、ボランティアに会う時もその姿勢は同じです。とても素晴らしい」と、近衛氏のボランティアからの人気の秘密を披露した。

連盟会長としての功績の中で特筆されるのが、連盟の「二〇二〇年戦略」の策定と展開、そしてボランティア憲

次期会長ロッカ氏（イタリア赤十字社長）へ花束を渡す近衛会長

章の採択、腐敗との戦いと連盟の透明性の促進などがある。また『人道の空白を作らない』と言う信念の下、国際的に大きな注目を集めない国や地域にも人道外交を展開したことは高く評価される。

とはいえ、この八年間、連盟運営がすべて順調であった訳ではない。近衛氏自ら、「私の二期目の船出は大変難しく、耐え難い苦痛そのものだった」と吐露している。一九〇社の加盟社、一七〇〇万人のボランティアからなるグローバルな組織を持つ連盟には、地域性があり、異なる視点や意見が混在する。そうした中で加盟社間に軋轢や断絶が生じるとき、関係者をテーブルに着かせることができたのは、まさに近衛流〝交渉術〟の賜物でもある。スペイン赤十字社のバベ氏は「一九〇社の連盟をまとめ上げる近衛会長の手腕には感服します」と困難な時を思い出しながら話す。近衛社長も「八年前に『Spirit of Togetherness』を掲げ、最後まで赤十字・赤新月運動としての一体感を保ち続けることができたことには満足している。これが最大の功績ではないか」と語る。

八年間の会長職を振り返り、近衛氏は「会長としての必須要件は、出身母体からの協力だ」と明言する。「会長社は海外だけでなく、国内でもしっかり活動していることが

総会で活躍したトルコ赤新月社のボランティア

会場からの拍手にこたえる近衛社長

重要。日赤が国内活動を的確に行っているからこそパートナーから信用され、連盟会長として信頼され、耳を傾けてくれる」と付け加える。そして、最後のスピーチの中で、「自身への評価は日赤の社力の上にある」として日赤職員やボランティア、そして何よりも赤十字を支える多くの支援者への感謝のことばに終始した。

連盟のシィ事務総長が来日、特別講演

——近衛会長の二期目を支えて、連盟事務局を統括

〝支援は特権である〟と熱く語る

日本赤十字社事業局国際部国際政策室参事
大山　啓都

国際赤十字・赤新月社連盟（以下、連盟）事務総長エルハッジ・アマドウ・シィ氏が昨年一〇月に来日し、明治学院大学白金キャンパス（東京都港区白金台）において学生らを前に赤十字を取り巻く今日の状況などについて語った。

シィ事務総長は二〇一四年八月に着任し、以来、連盟マネジメントの長として、近衛忠煇連盟会長（現日本赤十字社社長）とタッグを組み、連盟の発展に尽力してきた。シィ事務総長は、近衛連盟会長が二〇〇九年一一月、連盟史上初のアジア人会長として就任して以降、会長自身が一からリクルートした初の事務総長でもある。このタッグは、二〇一七年一一月の連盟総会で近衛会長が二期八年の会長任期を満了したことで終わりを迎えた。

今回の来日は、その連盟総会の一カ月前という慌ただしいタイミングであったが、シィ事務総長の希望により実現した。そこには、近衛会長のこれまでの功績を日赤及び日本国民に自らの言葉で直接説明し、知ってもらうことで近衛会長への感謝を形にするとともに、近衛会長退任後も、これまで培った連盟と日赤及び日本との協力関係を継続、発展させるきっかけにしたいというシィ事務総長の強い思いがあった。この思いは、日赤スタッフとの交流、国際協力機構（ＪＩＣＡ）や外務省など関係諸機関への表敬、在京の大使館や国際機関、ＮＧＯを招いてのレセプション、記者会見など訪日中のすべての場面で雄弁に語られた。

その一環として行われた今回の講演は、「事務総長の来日を機会に、より多くの人々、特に若い世代に赤十字の活動を知ってもらいたい」という日赤の思いに賛同した明治

学院大学の全面的協力により実現し、近衛会長や同大学生のほか、高校生や在京スイス特命全権大使夫妻など一六〇名を超える方々が集った。同大学と日赤はかねてよりパートナーシップ協定を締結し、多くの学生がボランティアとして赤十字活動に参加するとともに、大学で行われる赤十字の講義に日赤が講師を派遣している。

講演の冒頭、まず、シィ氏は、明治学院大学の教育理念である「Do for Others」が赤十字の基本理念と一致していること、また大学の卒業生の名をあげながら、彼らがその理念を「Doing "Good" for Others」の行動で実践していることを紹介した。大学関係者はもとより、学生にとり大きな励みとなるこうした気配りは、激しい競争を経て重要ポストを勝ち取った敏腕マネージャーであるシィ氏のもう一つの顔である豊かな人間性、懐の深さを偲ばせた。

続いてシィ氏は、年間一億人以上が援助を必要としている現代の人道援助を取り巻く状況に触れ、これらの対応に二二〇億米ドルを要すると指摘した。その背景にある人道的課題を「三つのD」―Disaster, Displacement, Disease―と表現し、紛争が長期化し、多くの人が住まいを追われているシリアや、紛争がコレラの蔓延を助長し、六〇万人が苦しむイエメンなどの状況を取り上げながら、第二次世界大戦の

明治学院大学で講演するシィ氏

惨禍をも上回るとされる現代の深刻な状況に警鐘を鳴らした。

人道的課題がグローバル化、複雑化する中で、各国赤十字社が果たす役割も増している。国連加盟国数に迫る一九〇の加盟社を持つ連盟は、その加盟社の活動の調整に大きな責任を負うこととなる。同時にシィ氏は、連盟による活動調整が不要なほど関心や支援が届いていない現場もあることにも言及した。またシィ氏は、近衛会長の業績に触れながらリーダーシップの資質について、「傾聴すること」「寄り添うこと」「エンパワーすること」「対話すること」の四点を強調し、近衛連盟会長がこれらの価値を体現しつつ、寛大かつ洗練された連盟運営にあたってきたことに謝意と賞賛を送った。

質疑応答では、学生らから「支援の重要性は分かるが、一方通行の独りよがりの支援では被援助者の負担にならないか」、「国際的な人道ニーズは認めるが、国内の人道ニーズとどうバランスをとるか」、「成長途上の若い世代はどのような形で人道危機に貢献できるのか」といった葛藤にも似た質問が寄せられた。シィ氏は、これらの質問に丁寧に答えながら、「人道支援をする側、される側のどちらに立つかは紙一重であり、支援は『他者のため』ではなく、いつか自分に返ってくるもの」と語り、「我々を未来に導いていくのは皆さん（若い世代）です」と若者にエールを送った。

シィ氏は、「尊厳」という言葉をしばしば繰り返し、他者の尊厳を常に意識することが重要であり、そのためには、まず自分自身の人としての尊厳を高めなければならないことを指摘した。同時に、「支援は義務感で行うのではなく、支援ができる立場にあることは特権であると認識しよう」と呼びかけた。人道支援の原点ともいうべき理念が連盟事務局の最高経営責任者（CEO）であるシィ氏の口から改めて語られたことが意義深い。

特集1：人道思想と宗教

イスラーム教における人道思想——シーア派の視点から

バフマン・ザキプール
放送大学非常勤講師・哲学博士　元イラン赤新月社ボランティア

はじめに

二〇〇一年九月一一日におけるアメリカ同時多発テロ事件以降、イスラーム世界は新たな時代に入った。以来、現在まで世界中でイスラームの名はテロという言葉と結び付けられ、おもに「イスラーム恐怖症」という用語の形で表現されるようになった。「イスラーム恐怖症」なる表現は一九八〇年代後半に出現したが、アメリカ同時多発テロの発生後、イスラーム教への嫌悪を示す際によく用いられるようになった。

様々なマスコミによるプロパガンダと呼ぶべき「イスラーム恐怖症」は「ジハード」という用語の解釈と理解に根本がある。「ジハード」はイスラームとクルアーンの基本的な用語の一つであり、日本語で通常、聖戦と訳される。クルアーンにおいて神のために自己を犠牲にして戦う（ジハードする）者は「アッラーの御許においては最高の位階にある」[9:20]と言われる[1]。

ムハンマドの生きた時代にイスラームに帰依した人たちは、イスラームを否定していた集団やマディーナに住んでいたユダヤ教団と様々な戦争を行った。この様々な戦争が「神の道（イスラーム）のためのジハード」とされる。しかし、ムハンマドの死の後に、次第に、「ジハード」という言葉の意味は大きく変化した。イスラーム帝国の拡大によって、ムスリムの観点から世界は「イスラーム世界」と「非イスラーム世界」という二つの部分に分割して捉えられ、この両世界間で戦争が起きる場合に「ジハード」という言葉が用いられることとなった。十字軍はその顕著な一例である。十字軍というキリスト教世界からの侵略に対する自衛という意味で、すなわちムスリムは「非イスラーム世界」に対して、「ジハード」するという用法が中心的意味になったのである。

産業革命は植民地主義を邁進させた。コロニーになった地域の多くは「イスラーム世界」に属した。その地域では「ジハード」の読み直しによって様々な反植民地主義抵抗運動が形成された。それゆえ、一九世紀および二〇世紀における植民地主義に対する「抵抗運動」はある種の「ジハード」とみなされた。

イラン革命はこのような「抵抗運動」の頂点にある。この革命は国内的な革命とはいえ、国際的な次元をも有する。事実、イラン革命は帝国主義と反植民地主義に対する一種の「ジハード」として見なされた。特にイラン革命の後に、イラン政府は欧米の政治に対して「革命の輸出」というスローガンをプロパガンダとした。

一九九〇年以降、次第に、西洋の政治に対してアル＝カーイダのようなイスラームの原理主義者の集団が生まれ、二〇〇一年九月一一日の事件はその産物の一つのである。この事件も一種の「ジハード」とされている。

不幸にも現在、イラクにおいてもシリアにおいてもイスラーム国（ISIS）という極めて残忍なテロのグループが存在する。彼らも自らの活動を「ジハード」と呼び、様々な国でテロを行っていることは周知の通りである。

ここで簡便に記した歴史的出来事が「イスラーム恐怖症」という観念をもたらし、イスラームに、野蛮、危険、暴力的、不可解といった連想を惹起する要因とされる。このような想念のもとでは「イスラームにおける人道思想」について論じることは不可能なのも確かであろう。いうまでもなく、人道の領域はテロの領域と完全に異なるものだからである。

しかし、この連想は近代の産物であり、政治化されたドグマ、イデオロギーの産物である。周知のように、西洋とイスラーム世界の間の抗争は一種の政治的なものである。注意すべきは、西洋の政治的活動に対する「ジハード」の概念がモダン思想とオリエンタリズムの産物という点である。とはいえ、イスラームの伝統と文化においては、他の種類の「ジハード」も存在することから、問題は複雑化し、概念的錯誤が生起する。そこで、別種の「ジハード」、いわゆる「大ジハード」を本稿は検討し、それが中核とする「人道思想」の意義を考察するものである。

「小ジハード」と「大ジハード」

「はじめに」で挙げたジハードはいわゆる「小ジハード」と呼ばれる。この種の「ジハード」はイスラーム共同体の存立を危機に貶める敵に対する自衛戦争である。では、「小ジハード」から区別されるべき「大ジハード」は何を特徴とするのか。

「大ジハード」の語はムハンマドの次のハディースに根拠がある。[2] かつて、ムスリムはイスラームの敵との戦争から戻った時、ムハンマドは彼らに言った。「でかしたぞ。君たちは小ジハードをよくやったが、君たちには大ジハードをやることがまだ残っている」。それから、ムスリムはムハンマドに聞いた。「預言者よ、大ジハードというのは何か」と。「霊魂とのジハードである」とムハンマドは答えた。[3]

ここで「霊魂」とはクルアーンやイスラームのもっとも一般的な言葉である「ナフス」の和訳である。ナフスはクルアーンで個人や自分自身の意味で使われることが多い。これに加えナフスはしばしば人間を悪に導く誘惑者としても表象される。クルアーンはナフスを次の三つの段階に分割する。もっとも下位に位置するのが「悪を命令する霊魂」(Q 12: 53) であり、このナフスを否定しなければならない。次に「非難する霊魂」(Q 75: 2) で、反省的自我を意味する。この段階で霊魂は浄化され、そして最後に神的自我である「安寧の霊魂」(Q 89: 27) に到達する。この段階は「心」とも呼ばれる。

ナフスのこの定義のもと、「大ジハード」は「悪を命令する霊魂」を否定し、「安寧の霊魂」に到達することと理解される。従って、「大ジハード」は精神的宗教的な修行であり、人間の自我、利己的な心、欲望、悪と闘うものであるだけに、いっそう困難で重要とされる。それゆえ、この種の「ジハード」は自身とのジハードであるので、いわゆる「内面へのジハード」と呼ばれる。無論、「小ジハード」は、イスラーム世界の外にありイスラームに敵対する勢力に自衛する勤めとしての「ジハード」なので、「外面へのジハード」と呼ばれる。

「外面」と「内面」という二つの用語はシーア派思想とスーフィーたちのキータームである。基本的にシーア派思想とイスラーム神秘主義はすべての宗教の概念と対象を「外面」と「内面」の段階に分割する。「外面的な段階」とは、日常生活や社会的な生活のすべての事柄を含んでいるものである。例えば、一日中の五回の礼拝、クルアーンを読む、良い仕事をやることなどのものは「外面的な段階」に属する。正しい「内面的な段階」は完全に精神の事柄に属する。換言すれば、「内面的な段階」は修行と「大ジハード」の領域にある。シーア派の信仰者やイスラームの神秘主義者は「内面的な段階」に至るため、一つの精神的な長い道を旅するとみなす。そこから、「大ジハード」は「内面への道」とも呼ばれるのである。

「内面への道」を歩む人は、断食などのような様々な修行を行わねばならない。シーア派思想においてもスーフィーズムにおいても、修行は単に個人的な活動に限定されず、人を手助けすることとして実践される。言うなれば、他者を助けることがある種の「社会的な活動（修行）」である。ここに、「人道」理念と活動の基礎が見出せよう。「個人的な活動」と「社会的な活動」を同時に行う人は、シーア派思想とスーフィーズムの用語でいわゆる「ジャヴァン・マルド」あるいは「ファータ」と呼ばれる。

「ジャヴァン・マルド」はペルシア語、「ファータ」はアラビア語である。両者の文字通りの意味は「若い人」であるが、含意されているのは「内面的な段階に至った人」、「目覚めた人」である。しかし、「ジャヴァン・マルド」は個人の修行を実践しながら、他の人を手助けせねばならないので、この言葉は日本語の伝統的な意味、本来的な意味での「任侠に富む人」という観念に近いと言えるかもしれない。

一九世紀にオーストリア人のオリエンタリストであったハンマー・プルグストールは「ジャヴァン・マルド」の言葉をフランス語で一般的な「シュヴァリエ」（騎士）と比較した。二〇世紀にもフランス人哲学者アンリ・コルバンは「ジャヴァン・マルド」を「精神的なシュヴァリエ」と訳したことがある。従って、「ジャヴァン・マルド」の言葉を日本語で「武士」や「侍」、むしろその理念化された意味に比しうる可能性は否定できない。

「ジャヴァン・マルド」は、様々な倫理規定に従わなければならない。これらの倫理規定はいわゆる「ジャヴァン・マルディー道」と呼ばれる倫理体系を形成する。これは理念からすれば「任侠道」と訳されうるし、その価値づけからも「武士道」と比しうるであろう。[4] シーア派思想において「ジャヴァン・マルディー道」と人道を代表する人物、指導者は、シーア派の第一代イマーム、アリーとされている。そこで、以下でアリーの人格がどのように理念化されてきたか検討しながら、シーア派における人道思想を論じる。

アリー、シーア派における人道の指導者

既述のように、シーア派思想は概念を「内面」と「外面」に分割する。シーア派のコスモロジーと存在論もまた内面と外面に分割される。この内面・外面はそもそも空間的なものではなく、意味的なもの・理念的なものであるため、思想家たちは好んで一つの円の形で表象する。その「降下の円弧」が外面であり、預言者たち(アダムからムハンマドまで)の立場がここに配される。「上昇の円弧」は内面であり、イマームたち(第一代イマームから第一二代イマームまで)の立場を表象する。そして、シーア派的存在論は、円の上極点にアッラーを位置づけ、下極点をアリーの場所とする。これによってシーア派の信仰者が示すのは、アッラーより降った神の意志が歴代の預言者を経てアリーに到達し、アリーの指導によって歴代のイマームを経る形で、信仰者は神の道を歩んで、目指すべき頂点へ克己する。預言者により伝えられた道が外面であり、アリーがこれを魂を修錬する過程へと導くと解される。この理解のもと、アリーとともに信仰者は宗教の「内面的な段階」に入ることができると

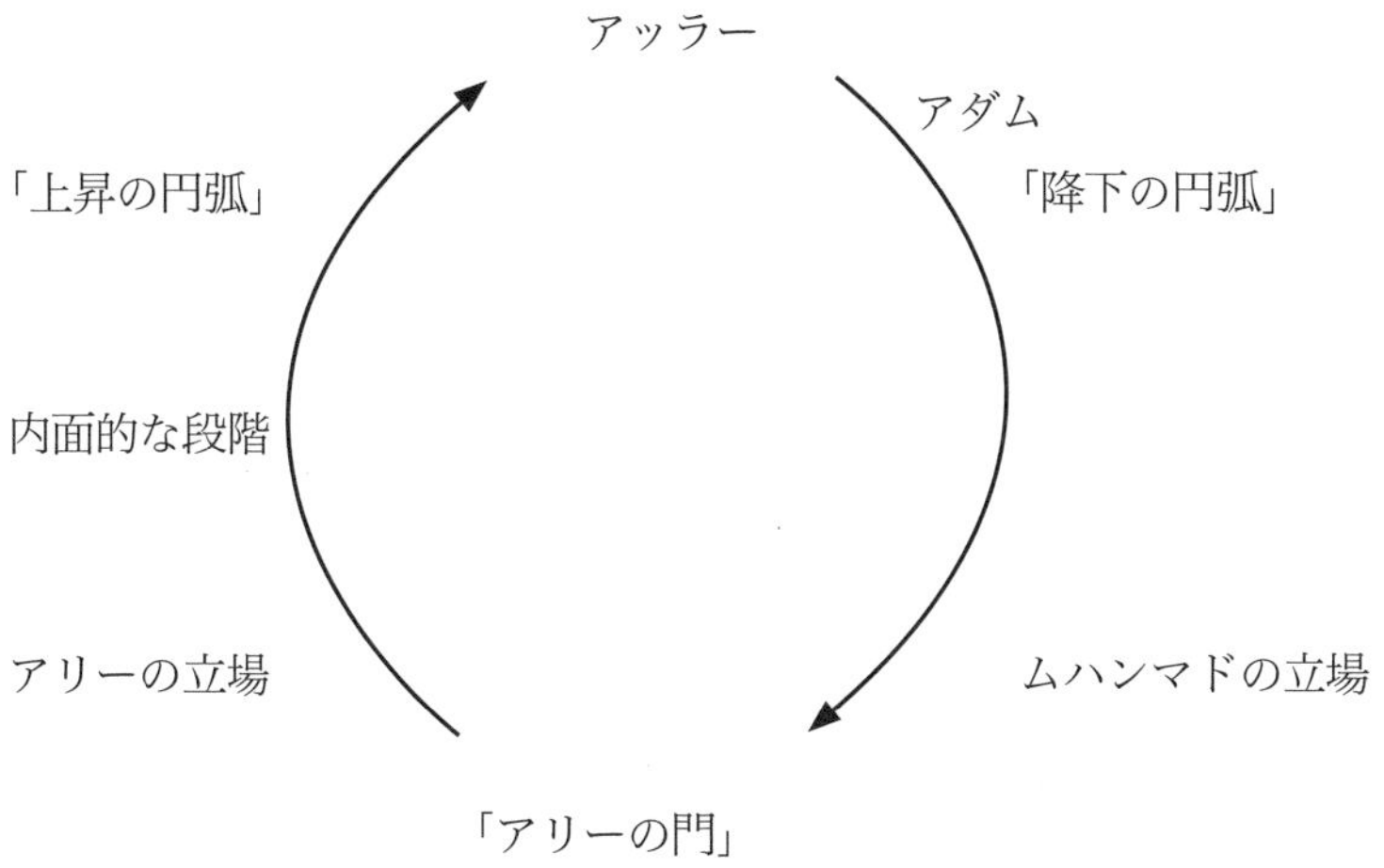

見なされている。その結果、アリーは「内面への道」あるいは「大ジハード」の「門」と位置づけられる。

アリーという「内面への道」の「門」をくぐり、「内面への道」に入った人は個人的な修行に加え、人間たちにも手伝わねばならないとされる。というのも、アリーの生き方は、人を善なる生き方へ導くことに捧げられたと考えられており、シーア派の信仰者とイスラームの神秘主義者のモデルになっているからである。

シーア派思想においてアリーの生も内面と外面に分割される。外面的な生き方でアリーはイスラーム軍団の最も力持ちの人間として描かれる。彼はすべての戦争（＝小ジハード）でイスラームの敵を克服することができ、最も勇敢な人として描き出される。そして、シーア派の信仰者たちは、アリーを理想として、勇敢性という属性を自分の精神に育まねばならないとの理念を形成する。

アリーの内面的な生き方は「大ジハード」あるいは「人道」の領域を形作る。アリーの教えを理想とするなら、「大ジハード」は「人道」の理念なしには、意味をなさないと言えるであろう。人道的理念の基礎をアリーに見る例として、彼が自分の重臣であったマーリク・アシュタルに語る場面を挙げよう。

「アリーと孤児たち」のミニアチュール

（画家：Mahmud Farshchiyan Astan-e Qods-e Razavi Musum, Mashhad.）

また、あなた［マールク］の欲望を統制しなさい。あなたにはゆるされないものについて自制しなさい。自制とは好きなもの、嫌いなもので自身にバランスを取ることだからである。あなたの心に民への慈悲、親愛、やさしさを抱かせなさい。彼らに対し、捕食の好機を捉える貪欲な肉食獣であってはならない。なぜなら、彼らは次の二種類だからである：あなたにとって同じ宗教の同胞であるか、あるいは神によって同じく創られたものであるか、と[5]。

さらに、アリーは自身の生をつねに振り返り、社会の底辺の層に心を砕いていたことが記録されている。社会の底辺をなす階層について彼はマールクにこう述べている。

そして、神を、神を（心にかけなさい）、最底辺の層においては。彼らは救われる術もなく、貧困と欠乏に喘ぎ、惨めで病に臥せった人々である。この層には、施しを求める人々と、抗議する人々がいる。また、神のため、神が彼らに認め、あなたに任された権利を守りなさい。そしてあなたの国庫の一部と、全国のイスラームの公有地からの穀物の一部を彼らに充てなさい。なぜならば、彼らの中でより遠方に住む人々には、より近くに住む人々と同様の権利がある。彼らすべては、あなたがその権利の遵守を求められたのであり、圧制によって彼らを蔑ろにしてはならない。というのも、重要な多くのことを実施するからといって些細なことを無視するのはゆるされないのである、と[6]。

イスラームの物語において、アリーのイメージは慈愛に満ちた人、孤児を助ける人（そのため、イランにおける「父の日」はアリーの誕生日である）、社会的底層を保護する人の形で描かれる。アリーのこのイメージはイランのミニアチュールでも主題化されているほど一般化した通念である。さらに、シーア派のハディースでは「アリーは最も優れたジャヴァン・マルドであり、彼の剣は最も強いものである」といわれることからも、彼がシーア派的人道主義者の代名詞とされることがわかる[7]。

ラマダーン月の名はイスラーム圏外にも知られている。ラマダーンの言葉から容易に「ラマダーンの断食」が連想されよう。確かに、ラマダーン月にすべてのムスリムは断食

刑務所にいる人の解放のための慈善のポスター
このお知らせの時間は 2017 年のラマダーン月である。

する。が、イランとそのほかのシーア派世界では、ラマダーン月が「大ジハード」とアリーの生と密接に関係づけられている。

「断食」は修行の一条件であり、断食する人は一日中で何も飲まず食べない。だが、先述のように「内面への道」に入りたい人は「個人的な修行」に加え、社会的・人道的な活動もせねばならない。

ラマダーン月の一九日にアリーは朝の礼拝中、イブン・モルジャームというハワーリジュ派の人が、背後から剣でアリーの頭に打撃を与えた出来事はシーア派の歴史の重大事件として記憶されている。その襲撃のため、ラマダーン月の二三日、アリーは殉教したからである。ゆえに、シーア派の信仰では、ラマダーン月の一九から二三日までを「祝福された夜」あるいは「御稜威の夜」(ライラトルカドル夜)と呼ぶ。[8]「祝福された夜」とは、ムハンマドに初めて啓示が下された夜である。クルアーンによれば「御稜威の夜は千の月よりも優る。(その夜)天使たちと精霊は、人の許しのもとに、凡ての神命を齎して下る。暁の明けるまで、(それは)平安である」[97: 3-5]。こうして、シーア派思想ではアリーの殉教の時期とクルアーンの啓示が下された夜は同時化される。その結果、シーア派の修行者たちは、アリーに従う信仰者たちとして、ラマダーン月の断食によって「個人的な修行」を行いながら、可能な限り社会的・人道的な活動を実践する。例えば、孤児を助けたり、社会的に抑圧された階層に料理を与えたり、受刑者に恩赦を与えたりする。このような経緯と意味を踏まえて、イランでは「ラマダーン月は大ジハードの月」と言われている。

結び

本稿の目的は、シーア派における人道の探究である。我々は「人道」の概念をイスラームにおける「ジハード」の二つの下位概念と比較し、「大ジハード」の意味と「人道」の概念との本質的類似点を指摘した。それから、「大ジハード」の概念をシーア派の第一代イマームであるアリーの生と比較し、シーア派の信仰者にとって、アリーが「内面への道」の「門」であり、この道に至るためにアリーの生に従う理想がシーア派的人道思想の基礎にある点を指摘した。シーア派の思想でアリーの人生がイスラームにおける「人道」のためのモデルである根拠を詳らかにした。その結果としてイスラーム恐怖症によるジハード概念の政治化への反証事例をもってシーア派的人道思想を問う根拠を与えることができると考える。

注

1　クルアーンの翻訳は『日亜対訳 注解聖クルアーン』（三田了一訳、日本ムスリム協会、一九九〇年）により、慣例に従い［章：節］で当該箇所を指摘する。

2　イスラームの理解ではクルアーンが神の言葉であるのに対し、ムハンマドの言葉や振る舞いを弟子たちが記録したムハンマドの言行録がハディースである。シーア派の場合、ムハンマドに加え、イマームたちのそれも含まれる。

3　Al-Ḥurr Al-ʿĀmili, *Wasāʾil al-Shīʿa*, Vol.15, e-Book, Qom, P.161.

4　『ペルシア語日本語辞典』（大学書林）では「ジャヴァン・マルディー儀式」と訳されているが、「儀式」はいささか意味が限定され過ぎるきらいがある。儀式の他に行動様式や心構えを含む理念に基づいた態度・振る舞いも意味される。

5　イマーム・アリー『統治者の鑑―『雄弁の道（ナフジュ・アルバラーガ）』より』佐野東生他訳、「雄弁の道」研究所、コム、二〇一六年、二二一頁。

6　同上、七六頁。

7　「アリーの剣は最も強いものである」という文書は、アリーの小ジハードと彼の勇敢性に指摘する。

8　スンナ派の信仰では「御稜威の夜」はラマダーン月の二七日である

特集1：人道思想と宗教

仏教における慈悲と憐愍《れんみん》

東洋大学文学部教授（インド哲学仏教学）
渡辺　章悟

1　はじめに

インド思想の根底に「信愛」と「憐れみ」の思想が見られるのはよく知られている。たとえば、七世紀から一〇世紀頃にかけて、南インド・タミルのアールワール（Āḻvār）と呼ばれる吟遊詩人によって広まったバクティ（bhakti 信愛）を強調する宗教運動は、信者による神への信愛バクティと、神による信者への恩恵アヌカンパーが、相互に作用することで救済が成立するとされる[1]。

そもそもバクティの原義は「分配する、帰依する」を意味する動詞バッジ（bhaj）であり、インド思想において、神と人間が一体となるインド的宗教思想を解明する鍵となる。

また、バクティによって絶対者から与えられる恩恵は、アヌカンパー（anukampā 憐れみ）というはたらきによって示される。この言葉の本来の原義は、「ともに震える」「共感する」というアヌ・カンプという古代インドのサンスクリット語の動詞に由来する。

この神と信者との信愛の共有という概念は、仏教の慈悲（karuṇā）や憐れみ（anukampā）の共感・共苦の原理とも良く対応する。ヴィシュヌ神やブッダは恩寵者、憐愍者であるが、語源としては共感者という意味も有しているからである。特に大乗仏教に見られる慈悲や憐れみは、共感・共苦という意味を持つ英訳コンパッション（compassion）、あるいはシンパスィー（sympathy）と翻訳され、その根底には一切のものへの平等な心を基盤とする精神が流れていることが指摘される。

　本稿では、この大乗経典に見られる慈悲と憐愍について検討することにより、「共感と共苦」という原理が、他者とともにある現代の共生思想に連なる概念であることを併せて提示したい。

2　慈悲の定義（抜苦与楽）

　慈悲という語は、慈と悲という二つの合成語である。まず、この語から分析してみたい。

(1)慈（maitrī）
　他者に利益や安楽を与える（与楽）いつくしみを意味する。サンスクリットの用法としては、マハー・マイトリー（大いなる慈しみ）、あるいはサルヴァサットヴァ・マイトリィー・ヴィハーラ（切衆生に慈しみを持って暮らす）などがその代表である。マイトリー（maitrī）はパーリ語ではメッター（mettā）となる。

(2)悲（karuṇā）
　動詞クリー √kṝ（傷つける）に由来する形容詞あるいは名詞で、原意は「悲嘆」「呻《うめ》き」である。他者の苦に同情し、これを抜済しようとする（抜苦）思いやりを表わす。ただし、カルナー（karuṇā）のみで慈悲と漢訳されることが多い。この語は女性名詞で compassion, pity などと英訳される。
　このように、マイトリィーは「慈しみ」や「友愛」であり、カルナーは「悲しみ」や「憐れみ」であり、もともとは別の用語であったが、次第に両者が意味を補い合って、抜苦・与楽という義を備えるようになった。また、慈悲の原語としては、カルナー（karuṇā）やクリパー（kṛpā）を想定したものが多い。
　一般的には、「慈」はサンスクリット語のマイトリー maitrī（友情）にあたり、深い慈しみの心をさし、「悲」はカルナー karuṇā（同情）にあたり、深い憐みの心をさす。つまり、生きとし生ける者に「幸福を与える（与楽）のが慈であり、不幸を抜き去る（抜苦）のが悲である」と説明する。[2]
　また、大乗仏教の根本精神が慈悲にあることは、多くの経論に述べられている。たとえば、密教の根本的経典である『大日経《だいにちきょう》』「住心品《じゅうしんぼん》」では、「菩提心《ぼだいしん》を因と為し、大悲を根と為し、方便を究竟《くきょう》と為す」[3]と説き、悟りを求めてやまない心を因縁となし、限りなき大悲を基本的条件とし、巧みな手だてをもって究極の行為となすことを強調する。

また、『華厳経《けごんきょう》』ではしばしば大悲《だいひ》（mahākaruṇā）を重視し、「大悲を先導とすること」、「大悲を先とする」、「大悲に先行されること」が強調される。

さらに、般若経の註釈であり、大乗の最も浩瀚《こうかん》な論書である『大智度論《だいちどろん》』では、

「慈悲は仏道の根本である、なぜかと言うと、衆生がもろもろの苦しみに悩むのを見て、菩薩は大慈悲を生じ、このような苦しみから救い出し、その後に発心して、最高の悟り、阿耨多羅三藐三菩提《あのくたらさんみゃくさんぼだい》を求める。」[4]

というように、慈悲を仏教の実践の根本とし、悟りに至るための基盤に置くのである。さらに続けて、「慈は、衆生《しゅじょう》を愛念するに名付け、常に安穏と楽事とを求め、以てこれを饒益す。悲は、衆生を愍念するに名付け、五道の中の種種の身の苦と心の苦を受く」[5]とある。この教説は悲の働きを衆生への憐愍とし、それを身と心の共苦とする点で重要であり、後代の論書に与えた影響は多大である。次に、同論の中で慈悲の定義と分析がある箇所、とりわけ「三種の慈悲」として知られる教説について見てみたい。

3　三種の慈悲

通常のマイトリー（慈）やカルナー（悲）ではなく、大慈、大悲、大慈悲というときは、仏や菩薩の慈悲を表す。その場合、仏の慈悲は、生ける者の苦しみを自己の苦しみとするので「同体の大悲」といい、上を覆いかぶせるものがない広大なものであるので「無蓋《むがい》の大悲」ともいう。ただし、この見解はインド仏教の経論には見られず、東アジアで発達した教義であるが、その趣旨は多くの経論に共通する。以下は主な大乗経論におけるこのような慈悲の教説を取り上げ、その中に流れる基本思想を指摘しておきたい。

まず、慈悲の特徴を示す普遍性と平等性に着目したい。たとえば『大智度論』では、慈悲を対象に即して、三種に区分する。[6]すなわち、(一)生きとし生ける者に対して起こすもの（衆生縁）、(二)すべての存在は実体がないと悟り、執着を離れて起こすもの（法縁）、(三)なんらの対象なくして起こすもの（無縁）の三種があるとし、このうち無縁の慈悲が無条件の絶対平等の慈悲であり、空の悟りに裏づけられた最上のもので、ただ仏にのみあるという。

このうち三つの慈悲に共通するのは平等性である。まず第一の「衆生縁の慈悲」とは、一切衆生を縁とし、生きとし生けるものを一視同仁《いっしどうじん》に扱うという意味での平等性。第二の「法縁の慈悲」は、一切法空（一切存在するものは固定的実

体をもたない、無自性空なるもの）の理《ことわり》を縁として施すという真理性における平等性、第三の「無縁の慈悲」は、対象に差別を設けず、空という体験の境地から、自然に生まれるところの平等性である。

　この「無縁の慈悲」は、一切の差別を見ない、無碍の大慈であり、無縁の大悲であるとする。それは自身のためになすものでもなく、他人のためにもなすものでもないという。この徹底した無縁の大悲には自他の差別がない。このような自他平等の思想が、仏教思想における慈悲の基盤にあることが指摘できる。

4　慈悲の語源分析とその英訳

　次に、慈悲を意味する英語としては compassion; pity; mercy; benevolence; charity; sympathy などがある。ただしここでは、アヌカンパー（anukampā）の英訳語として適する compassion と sympathy を取り上げてみよう。この二つの語は、慈悲というより憐愍と訳す方が適しているかもしれない。その理由は、本来の語義にたどると明白である。

(1) compassion;

compassion は com- と -passion に分解できる。まず前分の com-（<con-）は、「共に」「全く」という意の接頭辞である。後分の passion は、激情；激怒；熱烈な情愛；情欲；熱情などの意であるが、古語としては「苦痛」を示し、the Passion で「キリストの受難、殉教」の意味となる。さらに、pas-sion と分けられ、教会ラテン語 passi すなわち、passus（難を受けた）＋ -ION ＝「キリストの十字架の苦しみ」と解釈され、「強い感情」をあらわす。

　したがって、compassion とは、通常は「憐愍」の意味とされるが、ラテン語に由来し、原義は「共に苦痛を受けること」「共苦」である。

(2) sympathy;

　この語 sympathy も sym- と -pathy に分解できる。ただし、こちらはギリシア語に由来する。まず前分 sym- は、ギリシア語系の接頭辞で、「共に」「同時に」「類似」などの意をもつ syn- が m, p の前では sym- となるという規則に従ったものである。後分の -pathy は、「苦しみ」を意味するギリシャ語パテイア（patheia: suffering）に由来する。[7] したがって、この結合語も「共に苦しむこと、共苦」という原義である。

5 アヌカンパー anukampā の用例とその意義

最も重要なのはサンスクリット原語のアヌカンパー(anukampā)である。「アヌ」anu- という接頭語は「なにかにしたがって」を意味し、「カンパー」kampā とは「震える」という意味の動詞カンプ √kamp(一類)から作られた名詞である。したがって、「アヌカンパー」は、「なにかにしたがって」、あるいは「なにかとともに」「震える」ということになる。このことから、アヌカンパーの英訳である compassion や sympathy に、共感・共苦という意味があることは偶然ではないことが理解できる。

また、アヌカンパーから作られた類語に、アヌカンピン(anukampin)がある。この語は「哀愍《あいみん》を持つ者」という意味であり、しばしばヒタ・アヌカンピン(hita-〜)、あるいはローカヒタ・アヌカンピン(lokahita-〜)という結合語を造り、「世間を利益する」、あるいはそれに対して「共感を持って実践する者」という意味となる。これらの語は、初期仏典から典型的なストックフレーズとして用いられる。以下に、その具体的用例を見てみよう。

(一)『スッタニパータ』(経集《きょうしゅう》)によれば、仏伝に関連する部分の中で、アシタ仙がブッダ(王子)の降誕《こうたん》を占った偈頌《げじゅ》として以下のように述べられる。

「この王子は最高の正覚《しょうかく》を体得するだろう。彼は最上の清浄(=涅槃《ねはん》)を見る者で、多くの人々を利益し、憐愍《れんみん》し(bahujana-hitānukampī)、法輪を転ずるでしょう。彼の清浄な行いは、広く流通するでしょう。」(Sn 六九三)

本経はブッダ時代にたどれる最初期の仏典である。この引用では、ブッダは覚る前であるため、〔ゴータマ〕王子と呼ばれているが、やがて悟りを得て教えを説き(転法輪)、その教えが世の中に広まってゆくことをアシタ仙が予言するのである。この教えを説く目的として、人々を利益し(hita)、憐愍するもの(anukampin)が並記して述べられているが、この両語は大乗経典においても一組となって頻出するものであり、その初期的用例として注目される。

(二)『長部《ちょうぶ》』「大般涅槃経《だいはつねはんぎょう》」(DN II. 100[119-120])

「比丘《びく》たちよ、私がよく知り、教示したという、それらをあなたたちはよく学び、たとえば、この梵行《ぼんぎょう》が長時にわたり、久しくとどまり、それが多くの人々の利益のために、多くの人々の安楽のために、世間を憐れみのために、神々や人々の利益のために、安楽のためになるように、親近すべきで、修習すべきで、多く行われるべきであるという、その諸法とは何なのでしょうか？

　すなわち、四念処《しねんじょ》、四正勤《ししょうごん》、四神足《しじんそく》、五根、五力、七覚支、聖八支道《しょうはっしどう》です」。

　この『長部』「大般涅槃経」という初期経典に見られるように、先の（二）に転法輪として説かれた内容が、この用例では四念処《しねんじょ》を始めとする三十七菩提分法（さんじゅうななぼだいぶんぽう）といわれる伝統的な仏教の修行法を指すものとなっているだけで、趣旨は同じである。このように「多くの人々の安楽、利益のために、世間の憐れみのために」とする語句は、初期経典から定型的に用いられ、さらに多くの大乗経典にも継承されてゆく。以下はその大乗経典の用例を見てみたい。

（三）『八千頌般若《じゅはんにゃ》』（P. L. Vaidya ed., Aṣṭasāhasrikā P. P., BST no. 4, Darbhanga, 1960, p. 37）

　カウシカ（帝釈天《たいしゃくてん》）よ、正しい悟りを得た尊敬すべき如来たちが世間に生じないとき、カウシカよ、その時、偉大なる菩薩たちは、以前に聞いた「智慧の完成」（般若波羅蜜《はんにゃはらみつ》 **prajñāpāramitā**）〔という経典〕の自然の結果として、巧みな手立てを備えるようになるのである。カウシカよ、彼らも生きとし生けるものを憐れむもの（共感するもの）であり、憐れみ（共感）のために、この世にやってきて、十善業道《ぜんごうどう》を世間に栄えさせる。

　『八千頌般若』は最初期の大乗経典であるが、この引用で説かれるように、憐愍《れんみん》する菩薩たちが説く内容は、大乗で重視された十善業道[8]と行為の規範になっており、大乗経典における教えの再編が見られるところである。重要なのは、菩薩たちも〝生きとし生けるもの〟を哀愍するものであるとする点である。生きとし生けるものと訳したのは **sattva**（衆生）であるが、この語は人間に限らず、輪廻する存在すべてを意味している。彼らは世間の憐れみのために、十善業という行為規範を広めるというのである。

（四）『八千頌般若』（Vaidya ed., *Aṣṭasāhasrikā* P. P., BST no. 4, Darbhanga,

1960, p. 109)

世尊が仰せになった。「なぜなら、スブーティよ、彼ら[さとりが近い]偉大なる菩薩たちは、多くの人々の福利のため、多くの人々の幸福のため、世間への憐れみ(共感)のために修行しているのである。[彼らは]人々の大いなる利益のため、福利のため、幸福のために、さらに神々や人間を憐れむ(共感する)ものとして、憐れみ(共感)のために、無上にして完全なさとりを現等覚(げんとうかく)したいと思っている。彼らは無上にして完全なさとりを現等覚して、無上なる教えを説きたいと思っている。

この『八千頌般若』の引用文では、菩薩たちの修行の目的が、〝多くの人々の利益や幸福のため、世間への憐愍のためであり、無上正等正覚《むじょうしょうとうしょうかく》の教えも、神々や人間を憐れむ(共感する)ものとして、憐れみ(共感)のために説かれるのである〟とする。

(五)『八千頌般若』(Vaidya ed., *Aṣṭasāhasrikā* P. P., BST no. 4, Darbhanga, 1960, p. 125)

また、供養されるべき、完全な悟りを得た如来たちは、その時、その他の世界にとどまり、耐え、生きておられる。[かれらは]多くの人々の利益と、多くの人々の幸福と、世間の憐れみのために、多くの生きもの為に、利益と幸福のために、神々と人間たちと、一切の生きとし生けるものを憐れむものとして、憐れみのために、かれらはまたこの智慧の完成に敬意を払い、熱意を持っているのである。

この『八千頌般若』の引用のように、如来や正等覚者がこの世界に生きてとどまるのは、『多くの人々、一切の生きとし生けるものの利益と幸福、世間の憐れみのために』、智慧の完成(般若経)という教えを説こうとして、備えているのであるという。ここでも、利益と幸福のためのほかに、世間の憐れみのためと繰り返していることに注目するべきである。

(六)『善勇猛《ぜんゆみょう》般若経』(R. Hikata ed. *Suvikrāntavikrāmiparipṛcchā* P. P., Fukuoka, 1958, p. 4, ll. 7-13)

「世尊は偉大な菩薩である善勇猛に答えられた。〝まことによろしい、善勇猛よ。あなたが正しい悟りを得た尊敬すべき如来[である私]に、「智慧の完成」について問うたのは結構なことです。それはあなたが、偉大な菩薩たちのため（arthāya）、あるいはまた多くの生きものの利益を願い、安楽を願うからであろう。また世間を憐れんで、神々や人間の人々のためを想い、彼らの利益と安楽を願うからでもあろう。また、現在・未来の偉大な菩薩たちの光明になろうと、あなたが欲するからでもあろう〃。

先の引用と同じく本経でも、定型句で如来と菩薩の説法と心構えを述べているが、〔善勇猛〕菩薩が依用し、さらに他者に対して説く内容は「智慧の完成」（般若経）であり、これは般若経特有の教説となっている。ただし、この表現は般若経に限定されるのではない。他の経典でも同じように、それ自身の教えが説かれる目的と結びつけられる。たとえば、『法華経』の例を見てみよう。

（七）『法華経《ほけきょう》』（Kern-Nanjio ed., *Saddharmapuṇḍarīkasūtra*, BB10, Osnabrück, 1970）

「また、シャーリプトラよ、未來世においても、量り知れず、数え切れない十方の世界に、正しい悟りを得た尊敬されるべき如来たちがおられて、多くの人々の幸福のため、多くの人々の安楽のため、世間を憐れんで、神々や人間など人々の利益、幸福、安楽のために、〔この世に〕あらわれるであろう。」（KN ed., p. 41, ll. 10-12）

「〃あなた方は、将来〔人々の〕幸福を願い、憐れみの心あるブッダッダとなるであろう〃と、私は告げる」[2. 51]（KN ed., p.46, l.6）

この引用においても、先の定型的語句が頻出することが判る。如来の出現や説法はすべて「多くの人々の幸福、安楽、利益のため、世間を憐れんで」説かれるのである。また、ブッダは〔人々の〕幸福を願い、憐れみの心あるものという言葉によって示されるように、インドの宗教に見られる憐愍者という性格を継承していることも指摘できる。なお、多くの写本の功徳文にもこれらの定型的文句が記されていることから、経典の書写を重視する大乗の信仰にも大きな影響を持っていたことが判る。

6　『入菩提行論《にゅうぼだいぎょうろん》』の自己犠牲と自他転換

次に七世紀後半の南インドで活躍した、インド仏教中観派の学僧である寂天《じゃくてん》の『入菩提行論《にゅうぼだいぎょうろん》』に触れておきたいと思う。本論はインドやチベットで多く読まれ、数多くの註釈も残されている。本論には十の章があり、全体として、六波羅蜜の実践を通じて菩提心（利他の精神と結びついた、悟りを求めるこころ）を発達させることをテーマとし、悟りに至るための菩薩の心構えを述べている。

その第三章では「自己犠牲」について述べているが、その中で、「私は病人の医薬であって、また医者でありたい」と述べる。この医者とは当時の表現で、心の治療も含んでいる。そして、病気が再発しない日まで、つまり全治するまで、その看護人でありたい」と続ける。さらに、「一切衆生の利益を成就するために、私はこの自分の体と同様に、自分の持っている享受する物と、三世の善性（過去・現在・未来、ずっと自分が積み重ねてきたその徳）と、そのような善なる功徳のすべて惜しむことなく放棄しよう」と宣言する。

また、この思想家は「自他転換」という独自の慈悲について述べている。特にその第八章では「禅定章《ぜんじょう》」では、「初めに注意深く、他者と自分との平等性を観察しなければいけない。あらゆる人びとは私と等しい苦しみと楽しみを持っている。だから他の人びとを、私は同じように護らなければいけない」。「自分には、他人の身体と同じ悩み苦しみは実際には起こさない。しかし、私の苦しみというのは、自己愛・自分の愛のために、私にとってしのびがたい苦しみになる。それと同じように、他人の苦しみというのは、他者がどんなに苦しいといっても、私自身にはそれは認知できない。しかし、〝自己を愛する〟という意味では、その人にとってしのびがたい苦しみであり、その意味では全く同じである」と続ける。

すなわち、寂天は〝他者の苦とは、自己の苦と全く同じ価値を持つ〟ということを述べている。これは、単に自と他を並列して同じ価値を持つということよりも、〈自他転換〉というより深い省察・自省の中で生まれた思想に他ならない。

そしてこの章の最後で、「私と他者をすみやかに救おうと願うものは、自他の転換という最高の秘密を実践せよ」と説く。この言葉は、自他転換によって、普通起こりうるような自己の救済が、同時に他者の救済にもつながる。そして他者の救済がまた自己に返ってきて、それが結局自己の救済にもつながる、という論理を説いているわけである。そのように転換を心得よとするのである。

我々の日常の意識では、なかなかこのような次元のレヴェルには達し得ない。せいぜい、日常の実践、たとえば日々の仕事やボランティア活動などを通じて、多少なりとも他者の苦を解放して、それが自分の苦の除去につながると意識的に生きることができる程度であろうが、寂天の考え方は、先ず自と他の同質性を意識し、そこから〈自他の転換をせよ〉と説くところに特色がある。

7　不殺生とアヌカンパー（共感・憐愍）

　前述したように、サンスクリット語アヌカンパー（**anukampā**）は、憐れみとか共感とか訳される言葉であるが、通仏教的な考え方で言うと不殺生にも関連しよう。一般に仏教では在家者の五戒[9]の一つとして不殺生（殺すな）ということを説くが、この「殺すな」というのは、基本的に「アヌカンパー」（共感）という考え方に基づいていると考えられる。つまり、不殺生を説く理由は、あらゆるものに対して関心を持つことが前提としてあるからである。輪廻する存在であれば、我々はすべての生きとし生けるものと共通の価値を持つ存在であり、その命を粗末に扱うことはできない。他の生命を同朋《どうぼう》として意識し、共感する。このように、共感によって不殺生という心情が生まれることが理解出来るはずである。

　それに対して、自分以外のことに関心をもたなかったり、関係ないとみて、認知せず、無関心でいるのは、共感とは別の方向に向かった生き方であろう。共感に基づいて、同情と思いやりがうまれ、さらに自と他の同一視という観点から、怖れや不安というような要素も、生まれてくると考えられる。これが生き物の不殺生という教えの根底を貫いていると考える。

　そもそも「〔人を〕「殺すな」というのは、いわばどの文化にも共通する黄金律である。ただ、仏教では殺すことの対象を、人から輪廻《りんね》する他の生きものにまで広げているにすぎず、範囲に差があるにすぎない。基本的にはそこに「共感・同情」という感情がある。殺りくに対するおそれも、その根底には対象への同感があると考えることができよう。

　先に挙げたアヌカンパー（anukampā）という言葉は、共感、同情という意味であるが、もともと動詞アヌ・カンプ **anu-√kamp** (to sympathize with, compassionate, pity) に由来する。その接頭辞「アヌ」**anu** は「共に」「〜にしたがって」の意義を持ち、「カンプ」√**kamp** は「共振する、震える」という動詞である。このカンプ **kamp** という動詞から「カンパー」**kampā** という女性名詞が作られるのであるから、カンパーは「震えること」、「共振」が原義である。したがって、アヌカンパーは、「共にふるえる」ことであり、同情とか憐憫とか哀れみであり、慈悲とも漢訳された。また、「共振するもの」「憐みを持つもの」というアヌカンピン（anukampin）もしばしば用いられる。この語こそ、他者に関心を持つことにつながる。

『法華経』で説かれた「世間を利益することを、共感（アヌカンパー）をもって実践する」という章句は、文脈上の主体はブッダと見なされるが、このように「共に生きて共にそれを感じとる。見捨てない、触れ合いつづける」というところが、この慈悲の実践の側面ではないかと読み取れる。

また、初期大乗の代表的な経典として知られている『八千頌般若』には、「衆生の苦しみを見る者は、無上なる正しい覚りに向かって何度も誓願を起こす。なぜかというとそのような発心をもって生きる者たちは、その偉大な慈悲によって、神々や人間、阿修羅を含む世界の安寧《あんねい》を思い、利益を願う。共感するものだからだ」とある。これをまとめると、菩薩のように悟りに向かって生きていこうというものは、世間や衆生に共感するものだ、ということである。これに加え、あらゆる衆生に利益をもたらし共感している。これに加え、利益、幸福、同情のために「如来は共感によって無上なる正しい悟りを得る」とさえ述べている。つまり、〝アヌカンパーによって悟る〟というのであるから、慈悲の実践としては最も重要な働きであることに間違いない。

最後にもうひとつ、ダライ・ラマ一四世が説法をはじめ際に、必ず一つの偈頌《げじゅ》を唱えることが知られている。それは、「慈悲の心に基づいて、すべての誤った見解を絶つために、正しい法（縁起のこと）を説き示された仏陀に礼拝する」というものである。これはもともとナーガールジュナ（紀元二～三世紀）というインドの高僧による『中論偈《ちゅうろんげ》』と、その注釈からなるものである。それにはさらに註釈があり、「その大いなる悲（カルナー、慈悲の悲）を根本として、如来の智慧が生まれる原因としての菩提心《ぼだいしん》（悟りに向かう心）を起こす」とする。そして、悲によって他者を悟らせるためにナーガールジュナ師はこの『中論《ちゅうろん》』を著わされたとある。つまりこれは慈悲の言葉である。

ナーガールジュナに私淑するダライ・ラマ法王自身も、法話などによって人を導く活動が、慈悲に基づいた行為であり、このような仏弟子の教えを継承したものである、という意識を持っているのであろう。このような言動は、本稿で検討してきたアヌカンパー（憐愍）そのものである。

8　まとめ

以上、大乗経典を中心に、慈悲と憐愍の用例を検討してきた。慈悲についてまとめておけば、初期の仏教では「慈」(maitrī)が多用され、次第に「悲」(karuṇā)と併称されるようになり、さらにこの二つの語に「喜」(muditā 他者の幸福を喜ぶ)と「捨」(upekṣā 心の平静、平等心)が付加されて、「四無量心」あるいは「四梵住《ぼんじゅう》」といわれた。この実践は、修行者のもつべき基本的徳目として重視されていたものである。

大乗仏教においては、慈悲は利他行と結びつけられ、菩薩の誓願とされるようになり、さとりに向かうための根本原因であり、仏教の実践の基盤ともなった。それは『華厳経《けごんきょう》』や『大日経《だいにちきょう》』の例で指摘したように、大乗経典一般の思潮にもなっていくのである。

また、慈悲と類似した憐愍は、「如来や菩薩たちが人々の利益と安楽のため、世間を憐れんでこの世に現れ、説法する」という文脈で用いられていた。菩薩たちは、衆生や世間を憐れむ(共感する)もの(anukampakā)であり、その世間には神々や人間、阿修羅を含む生きとし生けるもののすべてが含まれる。そして、この憐愍によって、無上なる正しい悟りにさえも到達できるとされるように、仏教思想の核心と言えよう。

菩薩は、生きとし生けるもののための利益と幸福と憐愍(共感)のために、この世界に出で立ち、憐愍(共感)によって衆生を見る。その働きが、大乗仏教の理想として描かれているのである。そして『入菩提行経』の自他転換に見られる、自他不二の考え方こそが、その根拠とすべき論理を提示しているのである。

さらに、そのような根拠の上に立った慈悲及びアヌカンパー(共感・共苦・憐愍)こそ、異なった立場の存在が互いに分かり合い、互いが融和し協力できる可能性のある思想ではないかと考えるものである。

注

1　アールワールとはインドのヴィシュヌ神を崇拝する一連の吟遊詩人たちで、ヴィシュヌ教徒は歴史的に一二人の聖者(うち女性一人)をアールワールとして尊崇している。彼らは各地の神殿を巡礼し、ヴィシュヌ神像の目を見つめて恍惚状態に陥った。主としてタミル語で詩をつくり、カースト外の人々をも教化した。アールワールというのは、タミル語の動詞語根アール(沈む)の意味に由来し、「神の瞑想(めいそう)に自らを沈めた者」の意と解される。

2　しかし、『大般若波羅蜜多経』では、「慈悲に安住し、楽を与え、苦を抜く。このように一切の有情を愍念し、平等にして苦を離れ、楽を得させんと欲する」(大正蔵No.220.7.1041b12-25)とあり、『大般涅槃経』では「もろもろの衆生の為に不利益を除く、是を大慈と名づけ、衆生に無量の利楽を与えんと欲す、これを大悲と名づく」(大正蔵No.374.12.454a8)とある。このように、慈と悲は厳密に区別されず、ほとんど同じ心情を表わし、マイトリーまたはカルナーという原語だけで「慈悲」と漢訳されることも多い。

3 『大日経』大正蔵No.848.18. 1b29.

4 『大智度論』大正蔵No.1509、Vol.25、256c16ff.

5 『大智度論』(大正蔵No.1509.25.0208c9-11)「四無量心者。慈悲喜捨。慈名愛念衆生。常求安隠楽事以饒益之。悲名愍念衆生。受五道中種種身苦心苦。」云々。このようにしばしば四無量心の中に組み入れられて説明される。

6 大正蔵No.1509, vol.25, 209a7, 257b26, 417b21.

7 -pathyは一般的な英語としては、連結詞として、「〜の感情、苦しみ、〜病、〜療法」などを意味する。たとえば、医学用語としては、同毒療法を意味するhomeopathyや、その反意語の逆症療法allopathyがその代表的例である。しかし、これらも本来の「苦しみ」という意味から派生したものである。

8 不殺生・不偸盗・不邪淫・不妄語・不綺語・不悪口・不両舌・不貪欲・不瞋恚・不邪見の十種の善行からなる。

9 在俗信者の保つべき五つの戒(習慣)で、不殺生(ふせっしょう)・不偸盗(ふちゅうとう)・不邪婬(ふじゃいん)・不妄語(ふもうご)・不飲酒(ふおんじゅ)の五項目からなる。

【エッセイ】

赤十字ファンタジーはいかが

大塚　義治
日本赤十字社副社長

昨年、日本赤十字社は創設一四〇周年を迎えた。当たり前といえば当たり前のことなのだが、私は十余年前に赤十字の一員となってから、折にふれて、赤十字の歴史の重みというようなものを感じさせられ、心を動かされることが多かった。それは、現在もなお進行形である。

明治から平成に至る激動の時代に刻まれた日赤の主要な活動や足跡、いわば〝正史〟に記録されるようなものに触れた場合ももちろんだが、赤十字に関わるちょっとした逸話やエピソードにふいと行き当たったときなどは、思いがけない出会いの喜びもあり、つい嬉しくなってしまう。

その例の一つが、ずいぶん以前、たまたま、新渡戸稲造《にとべいなぞう》の「武士道」（一九〇〇年刊）を読んでいたときのことだった。ほんのチラリとなのだが、突然、という感じで思いがけなく赤十字のことが出てきたのである。私は、「へえ、こんなところに……」と、何か大発見をしたような気分になったものである。

爾来、その類《たぐい》のことがあるたび、私は、資料やメモとして保存したり、あるいは短文の寄稿を依頼された折にちょろっと書き残すように努めているのだが、もし、これは、と思うようなエピソードなどをご存知の方がおられたら、ぜひご教示いただきたいと思う。

そんな私の「コレクション」の中から、思いつくまま、ちょっぴりファンタジックな匂いのするもの（と私が考えているもの）をいくつか取り上げてみた。

其の一　聖職の秘蹟《サクラメント》

私は作家・浅田次郎の大ファンだが、彼の短編に、日赤の従軍看護婦を主人公にした佳編がある。『昔の男』（集英社文庫／双葉文庫「あやし　うらめし　あな　かなし」所収）である。私はとても面白く読んだが、解説めいたものを付してもその雰囲気がうまく伝わらないように思う。少し長くなってしまうが、私なりの要約で紹介することにしよう。

「きょうね、昔の男と会うの」

夜勤明けの〈逸見婦長〉が言った。徹底的に男の噂などない独身ナース。でも若いころは、アイドルばりの美人だったろう。

〈私〉は〈浜中〉という二十七歳の看護師。勤め先は銀座に近い財部《たからべ》病院。親子四代の院長は名医だが、建物は大正時代の遺物だ。総婦長と逸見婦長と〈私〉以外のナースはアルバイト同然で、しかも総婦長は国立がんセンターに入院中。もし逸見婦長がいなければ、〈私〉は間違いなく、ひと月で辞めていた。

その晩〈私〉は、恋人の〈林君〉とのデート中に、偶然、逸見婦長と相手の男を見かける。似合いの二人は、いかにも遥かな時をかけてめぐり逢った恋人同士のように見えた。

急患の知らせで病院に戻ると、廊下で総婦長に会った。真夜中に病院を逃げ出してくるなんて。でも、どうして総婦長の隣に逸見さんの『昔の男』が……。

明け方近く自分の部屋に戻った〈私〉は、凍《こお》りついた。闇の中に、あの「昔の男」がいたのだ。しかも男は、馴れ馴れしい口ぶりで〈私〉に話しかけてきた。その男の言う通りなら、彼は院長先生のお祖父《じい》さんということになる。

そのうち〈私〉に、「さっさと辞めて、嫁に行きなさい」なんてことまで言う。

彼が手を差し出す。つい脈を取った〈私〉は仰天した。

「体温なし、脈も触れませんでしょう」

微笑《ほほえ》みながら、彼は静かに語り始めた。

――先の大戦で僕は、志願して軍艦に乗った。戦友は日本赤十字社からきた六人の看護婦。一等若かったのが、今の総婦長だ。だが、東部ニューギニア戦線に転進を命じられ、小さな漁船で海峡を渡ろうとしたとき、僕らは魚雷艇の餌食《えじき》になった。

粉々《こなごな》になった甲板のかけらに掴《つか》まって漂流する間に、僕は自分の右足がないのに気付いた。離れろ、と総婦長に命じたのは、血の匂いを嗅ぎ付けて鱶《ふか》がやってくると思ったからだ。それでも彼女は、何度も海に潜《もぐ》って、応急の止血をしようとした。

「私、見捨てられません。看護婦だから」

僕が彼女の上司だからではない。傷ついた人間だからなのだ。これが看護婦だ、と僕は思った。

あないさましや文明の　母という名を負い持ちて
いとねんごろに看護する　こころの色は赤十字

歌声の中で、私は次第に意識が薄れ、拍動に合わせて血液がサアッと流れ出て行くのが分かった。そして、自分の魂が肉体から離れて宙空に漂い出たとき、僕はこの目でしかと見た。

総婦長は落ち着いて僕の脈を取り、呼吸の有無を確かめ、それから、やさしい力で僕を波の上に押しやると、立ち泳ぎをしたまま、きっかりと挙手の敬礼をした。生命の尊厳に対して、心をこめた敬礼を……。

戦後、財部病院にやってきた彼女は、結婚もせず、病院に一生を捧げてくれた。逸見君もまた、同じ人生を辿ろうとしている。

「ご結婚なさい、浜中君。総婦長も逸見君も、それを熱望しているのですよ」

そう言って、彼は〈私〉の前から消えた。

「昔の男」とは、逸見さんの昔の男ではなく、総婦長の昔の男だったのだ。

総婦長の病室に駆けつけたのは、その翌日だった。おとついの夕方から意識がなくなったという。枕元のナースキャップに、決して色褪《いろあ》せぬ赤十字のしるしが矜《ほこ》り高く飾られていた。〈私〉はこのとき、看護と言う聖職の秘蹟（サクラメント）を授けられたと思った。

結局〈私は〉、林君とは別れた。それを見ていたかのように再び現れた昔の男は、「ぼちぼち失敬するよ。もうひとりの意固地な看護婦を迎えに行かねばならんのでね」と、ロマンチックな会釈をして去っていった。――

其の二　マンゴーの木の下で

今度は、数年前に、私が「彼」から聞いた話である。彼は日本赤十字社が展開する国際支援活動の一員として、アフリカ東部のある国に向かっていた。

雄大な自然、様々な野生動物……。人々を虜《とりこ》にする魅力を備えた国だが、同時に、内戦の続く隣国などから流入する数十万に昇る難民の最大の受け入れ国でもある。

彼が訪れた難民キャンプは、比較的小規模な部類だが、それでも数万人の人々が、ギリギリの生活環境でひしめき合うように暮らしていた。彼のミッションは、キャンプでの保健衛生指導と各種の調査である。早速、日の出から日没まで夢中で走り回るような日々が始まった。

あっという間に月日が経ったある日、わずかな暇を見つけ、ひと息つく気分で集落の外に出た。広大なサバンナの地平線に向かって落ちていく夕陽。あまりの美しさに呆然と眺めていた彼は、いつか、日本の妻と子供たちに思いを馳せていた。

そのとき、ひとりの難民の男が近づいてきて、身振りで何か言う。胸のポケットに入れていた携帯電話に興味があるようだ。でもそれは、ここでは無用の長物《ちょうぶつ》。何しろここは、アフリカ大陸の奥地なのだ。市街地から何百キロも離れた場所なのである。まだスマホなど現れていない頃のこと。携帯電話の使える条件が整えられているとは、とても思われない。

しかし男は遠くを指差し、あそこまで行ってみろ、という仕草を何度も繰り返す。仕方なく、男が指した大きなマンゴーの木の下まで行ってみた彼は、わが目を疑った。

携帯電話のディスプレイに、送受信可能を示す三本の棒がピピッと立つではないか。なぜ、と思い、まさか、と呟《つぶや》きながら、彼は東京の妻の電話番号をダイヤルしてみた。

「もしもし。あれ？　いまどこ？」

電話の声は、紛《まぎ》れもなく妻。懸命に事情を説明したのだが、彼女は最後まで信じようとしなかった、と彼は笑う。

これは、実際にあった話である。

といっても私は、ことさらファンタジーめいた意味づけをしようなどとは思わない。あるいは、不思議でも何でもなく、物理的、科学的に説明がつくことなのかもしれない。

ただ私は、実に素敵な話だ、と思っており、私の「コレクション」の大事な一品にしている。

其の三　誰かが私を呼んでいる

最後は、私自身の話である。

あの東日本大震災から三週間ほど経った頃のこと、さる筋に、被災地における日赤の活動状況を報告するために、近衛忠煇日赤社長に随伴して本社を出た。その途上で、指定時刻変更の連絡が入り、少し時間が空いてしまった。だが、オフィスに戻るほどの余裕はない。

少々の思案の末、時間調整のため、知る人ぞ知る桜の名所、青山墓地に回ることにした。まさに桜も盛りだが、大震災直後でもあり、花見というわけではない。実は、同所には日赤の創始者、佐野常民公の墓所があり、お参り方々、墓前に昨今の報告をするのも然《しか》るべし、ということになったのである。

平日の午後だったから、人影は少ない。見事な桜を目の隅に入れながら墓所に着いたわれわれは、息を呑んだ。

地震によるものに違いない。大きな墓石や墓柱が、無残にも、激しく倒壊していたのである。とてもその場でどうにかできるような状態ではなかった。帰社してから佐野家の縁《ゆかり》の方と連絡をとったうえで、修復の手配をすることにして、われわれはとりあえず、その場を後にした。

同行していた女性職員が、かなり真顔《まがお》でこう言う。

「佐野公が、社長と副社長をお呼びになったのではないでしょうか……」

さて、そのおよそひと月後、黄金週間中のある日のこと。

親しい知人に招かれて、私は少数の友人と、長野県の彼の家へ泊りがけでお邪魔をすることになった。

初めて訪れる知人の家は地域の旧家で、家屋も〝文化財〟並みに風格のある立派なものである。心づくしの夕の宴も終わると、私の寝室には、恐縮にも床の間の部屋が用意されていた。

襖《ふすま》や調度品も、まるで美術品である。壁の掛け軸風のものは、流麗な筆跡で巻紙にしたためられた何通かの手紙を表装《ひょうそう》したもののようだ。後で聞けば、明治期の当主が、各界の要人や著名人とやりとりをした書簡らしいという。

床に就く前のひととき、蒲団の上で腕枕《うでまくら》をしながらぼんやりそれを眺めていた私は、差出人の名を見て思わず跳《は》ね起き、改めて食い入るように見てみた。

「明治〇年〇月〇日・麹町区飯田町　佐野常民」

麹町区飯田町といえば、確か、かつて日赤本社のあった地名のはずだ。

やっぱり私は呼ばれたのだろうか……。

ひと月前の出来事がふいに思い返され、いつも寝つき抜群のはずの私が、その夜はなかなか眠りに落ちなかった。

特集2：国際人道法と人道支援

核軍縮における地方自治体の役割——平和首長会議を中心に

関西学院大学国際学部教授
吉村　祥子

はじめに

一九四五年八月の広島と長崎への原子爆弾投下は世界に衝撃を与えた。同年発足した国連は、核兵器など大量破壊兵器を国家の軍備から排除する方法を提案する委員会の設立を第一号決議として採択し[1]、以後、核軍縮は国家間の軍縮交渉における主要な議題であり続けてきた。

核兵器は、戦闘員と非戦闘員を区別せず大量に殺傷し、後世にまで影響を残すという性質から、その「非人道性」にも焦点が当てられてきた。例えば一九四六年のジョン・ハーシーによる被爆者のルポルタージュ『ヒロシマ』[2]は、核兵器が「自分たちの友人や隣人であってもおかしくない、普通の人々」[3]にもたらす非人道性に対する様々な感情を一般市民の間に生み出した。

近年では、核兵器の「非人道性」に共感する市民社会と国際社会が連動する動きもみられる。世界法廷運動に端を発する一九九六年の国際司法裁判所（ＩＣＪ）の勧告的意見は、核兵器による威嚇または使用は一般的に国際人道法の原則に違反するとし、「核軍縮への人道的アプローチの議論の出発点」[4]となった。二〇一〇年には、ヤコブ・ケレンベルガー・国際赤十字委員会（ＩＣＲＣ）総裁が、核兵器に関する国家間交渉は人道の観点からなされるべきであり、ＩＣＲＣは核兵器の禁止と完全廃棄を目的とする国際条約の締結を求めるという異例の公式演説を行った[5]。この「核軍縮への人道的アプローチ」は二〇一七年の国連核兵器禁止条約交渉会議開催を導き、国連本部においていかなる状況下においても核兵器を保有せず、核兵器の使用や威嚇は行わないとした核兵器禁止条約が採択された。[6]

一方、核兵器禁止条約の最終的な交渉には、核兵器保有国の参加は見られず、唯一の戦争被爆国である日本も条約交渉開始を決定した国連総会決議に反対票を投じて参加を見送った。[7] ジュネーブ軍縮会議も、二〇年以上の間「核軍縮を含めて実質的な交渉を行なっていない」のが現状であり[8]、国家間交渉による核軍縮がさらなる進展を見るのかは不透明である。また、核兵器廃絶国際キャンペーン（ICAN）のようなNGOによる活動は、核軍縮に賛同する市民の声を国際社会に届ける契機となるが、NGOの正統性確保の問題がある他、条約交渉への関与については実際には国家の態度に依拠せざるを得ず、また最終的な決定権がないという実質的な制限がある。

そこで注目に値するのが、「サブナショナルな行為体であると同時に、国境を超えて他国の人たちとも結びつくトランスナショナルな行為体である」[9] 地方自治体の核軍縮に関する活動や影響力である。

地方自治体は、例えば日本国憲法第八章「地方自治」に規定があるように、法に基づき設置された正当な制度である。また、地方自治体は、「住民自治」に基づき組織運営される他、自治体の「国家に対する独立性が保障され、自治体みずからの権限と責任において地域行政を担う」という「団体自治」といった地方自治の本旨[10]に基づき組織運営される。そのため、今日の地方自治体は、地域住民の意思をより反映することができる公共体であると同時に、「トランスナショナルな行為体」でもあり、「外交という正式な国家間関係が硬直したときに、自治体は有効な外交チャンネルを提供」できるとも指摘される[11]。すなわち、今日の地方自治体は、核軍縮といった地球規模での課題解決に際し、より地域住民の声を反映させつつ独自の活動を展開できる可能性がある。

そこで本稿では、一九八二年に提唱され、核廃絶を主要な目的とする自治体の国際的ネットワークである平和首長会議に焦点を当て、核軍縮における地方自治体の役割を考察する。なお、平和首長会議の名称は、「世界連帯都市市長会議」（一九八五―二〇〇一年）、「平和市長会議」（二〇〇一―二〇一三年）、「平和首長会議」（二〇一三年―現在）と年代により異なる。そのため、本稿では、一般的には「平和首長会議」という名称を用いるが、異なる名称下による活動については、適宜その活動が行われた年代の名称を用いることとする。

1　グローバル・イシューと地方自治体の関わり

国連憲章には「民間団体（non-governmental organizations）」に関する規定は存在する[12]が、自治体に言及した条項は存在しない。ミケーレ・アクート（Acuto, Michele）が、ＮＧＯや多国籍企業は国際社会の新たなアクターとして取り上げられてきたのに対し、「一九九〇年代のほぼ全ての期間と二〇〇〇年代初めには、国際関係の主要な議論の中では、基本的に都市に関する考察はなかった」と指摘するように[13]、国際社会における規範設定や行動の主要な主体として地方自治体が注目されることはあまりなかったと言えよう。

一方で、自治体の国家に対する独立性という団体自治の観点から、自治体が国家の外交政策とは別に独自の対外政策を展開する現象はしばしば見られてきた。例えば、「非核神戸港宣言」を採択し、非核証明書の提出がなければ外国軍艦船の入港を認めないとした神戸市の政策は、「非核神戸方式」として知られる[14]。また、「都市外交（city diplomacy）」という用語[15]にもあるように、地方自治体が国家というチャンネルを通さず、他国国家や自治体、また国際機構と交流し連携する事例も見られる。大芝亮は、このような地方自治体の「国際的な活動」は、「友好・親善を目的とした交流」、「情報交換・意見交換を目的とする活動」、「技術協力」などの機能があるとし、その活動領域や機能は多様化しているとする[16]。

また、大芝は、自治体間で協働し、国際的な課題や問題解決のための政策協議・提案や中央政府への働きかけを行うなどの「政策的交流」も見られると指摘する[17]。すなわち、共通の課題に対する問題解決や、特定分野での政策促進などの目的で、国境を超えた地方自治体のネットワーク形成が行われているのである。一九一三年には、ベルギーのゲントで、国際地方自治連合（ＩＵＬＡ）が設立され、今日では世界のすべての地域から一〇〇〇を超える自治体が加盟している[18]。また、大都市に関する自治体が構成するメトロポリス、環境問題を扱う国際環境自治体会議（ＩＣＬＥＩ）など、課題別の地方自治体によるネットワークも形成されている[19]。平和首長会議も核軍縮を中心とした特定の課題を追求する自治体の国際的ネットワークである。

このような自治体ネットワークの活動は、国際レジームの構築、国際社会における他の主体（ＮＧＯ、企業など）との協働、外交の創出、規範の仲介、日常的な国際関係への影響、など幅広く、近年グローバル・ガバナンスに与える影響は、より大きくなっているると指摘されている[20]。

2 平和首長会議の成り立ちと活動の変遷

それでは、核軍縮という地球規模での課題に対し、地方自治体による国際ネットワークはどのような活動を行い、国際社会に対しどのような作用を与えているのだろうか。ここでは、一九八〇年代より活動を開始した平和首長会議の成立と組織構造の変化について概観する。

(1)平和首長会議の成立

一九七八年に当時の米ソ両超大国を中心とする核兵器拡大に対抗するため、国連において軍縮(とりわけ核軍縮)の諸課題を審議する特別総会が開催された。一九八二年にはそのフォローアップとなる特別総会が開催され(第二回国連軍縮特別総会)、多くの提案がなされたものの、各国の対立は解消されず、実質的な内容を持つ合意は形成されなかった[21]。

一方、この第二回国連軍縮特別総会において、荒木武・広島市長(当時)が核兵器廃絶を目的とする国境を超えた都市の連帯を提唱した[22]。この計画は、都市間において、平和や軍縮を推進する行事の開催、文書、資料、図書の交換や原爆写真展を行うなどの方法で、「核廃絶の市民意識を国際的な規模で喚起し、もって世界恒久平和の実現に寄与する」とし、国連とも連携するとしたものであった[23]。

一九八三年には、広島・長崎両市長の連名で、世界二三カ国七二都市に対し「核兵器廃絶に向けての都市連帯推進計画」への賛同呼びかけが行われ、一九八五年に国内外の六七都市が参加した「世界平和連帯都市市長会議総会」が開催された[24]。翌年一九八六年には、同会議について、事務局を広島市に置き、四年に一度総会を開催して恒久的な会議体とする規約が制定された。また、会長、副会長とともに理事がおかれ、一九八七年にドイツのハノーバー市で開催された第一回理事会において、広島市を会長とし、長崎市他五都市を副会長と決定するなど、世界平和連帯都市の運営が話し合われた[25]。

二〇〇〇年代後半に平和首長会議への加盟都市数は急速に増加し、二〇〇五年には六〇一都市が、二〇一〇年には一〇〇六都市にも上る新規の加盟を見た[26]。二〇一三年の第八回総会では、平和市長会議は「一五七の国・地域から五、七一二の都市が加盟し、その人口は世界の総人口の七分の一に当たる約一〇億人に及」ぶが、「活発に活動している都市は、役員都市をはじめとする一部の都市に限られている」と報告された[27]。そのため、二〇一五年から地域のグループ化を行い、地域ごとのリーダー都市が支部として活動を主導することとなった。また、二〇一五年から一都市あたり年に二、〇〇〇円のメンバーシップ納付を求め、広島市と長崎市は「引き続き相応の運営経費の負担を行う」こととなった[28]。

二〇一七年一二月一日現在、一六二の国と地域に及ぶ七、五一四都市が平和首長会議に加盟しており[30]、中にはニカラグアのように国内全ての都市が加盟したり、イランのように一〇〇〇近い数の都市が加盟する例もある[31]。ＮＰＴ上の核兵器国である国家の都市も加盟しており、ロシアは首都モスクワを含む六七都市、中国は首都北京を含む七都市、イギリスは首都ロンドンを含む八〇都市、フランスは首都パリを含む一四七都市、アメリカ合衆国はロサンゼルスやシカゴなどの主要都市を含む二一一都市が加盟している。事実上の核兵器保有国の中では、インドは首都デリーを含む二一都市、パキスタンは一三都市が加盟し、核兵器保有疑惑国とされるイスラエルは五六都市が加盟している他、パレスチナは二八都市が加盟している[32]。日本国内の加盟都市数は、二〇一七年一二月一日現在一、七〇八都市と数多い[33]。

平和首長会議は、活動開始から一貫して加盟都市の数が拡大している。また、より大きな影響力を発揮することを目的に、「政治的にも影響力の大きい首都の加盟」[34]や「国際機関所在都市の加盟」[35]なども促進されてきた。より効果的且つより大きな影響力を持つよう、運営面からも施策を講じてきたと言えるであろう。

⑵平和首長会議の目的と活動の変遷

平和首長会議の目的や活動は、国際社会の変化や加盟都市数の増加などに伴い、より包括的な目的が共有できるよう変化している。以下、年代別に目的と活動を概観したい。

①一九八〇年代の平和首長会議の目的と活動

発足当初の平和首長会議は、国連軍縮特別総会で表明された都市連帯の計画に基づき、主に核兵器の廃絶による平和の達成を主目的とした。一九八五年の第一回世界平和連帯都市市長会議は、会合の成果として「広島アピール」「長崎アピール」を採択した。また、一九八八年開催の第三回国連軍縮特別総会では、「世界平和連帯都市市長会議からのアピール」として核廃絶を強く訴えた[36]。この時期は、都市間で築かれた友好関係を基礎に核兵器廃絶という目的のため連帯し、世論を喚起するということに主眼を置いた活動が展開されていた。

②一九九〇年代の平和首長会議の目的と活動

一九九〇年代には、加盟都市の増加や多様性、また冷戦の終結といった国際社会の変化に伴い、平和首長会議の目的や活動も多岐に渡るようになっていった。

世界平和連帯都市市長会議は一九九〇年には国連広報局NGOに、一九九一年には国連経済社会理事会（ECOSOC）のカテゴリーⅡ協議資格NGOとして登録され、より広く世界の組織体との協働を模索するようになった[37]。

冷戦終結後の一九九三年に開催された第三回世界平和連帯都市市長会議では、東西対立の終了は「核の時代」の終わりを意味しないとし、核廃絶を目的とした都市の連帯と同時に、飢餓や貧困、難民や人権問題、環境に関する会合や、異文化理解と都市連帯に関するシンポジウムが開催された。採択されたヒロシマ・ナガサキアピールには、核兵器を含めた大量破壊兵器の廃絶とともに、市民交流の促進、貧困、人権、環境破壊といった問題に取り組むことが都市連帯の目的に加えられた。また、国際社会に対し、核兵器廃絶や軍縮、兵器生産の禁止に加え、軍縮によって生じる「平和の配当」を貧困や難民、環境破壊などの問題解決に充てること、核物質や放射線被害に関する情報開示や被爆者支援などを市長会議の総意として求めている[38]。

多様な都市の加盟や加盟都市数の増加、また国際社会の変化により、平和首長会議の目的や方策は拡大・変化し、その傾向は以後も続いた。第四回世界平和連帯都市市長会議で採択されたアピールでは、核兵器の廃絶を目的とした国際条約の発効や核実験の全面中止、非核地帯の拡大などとともに、核廃棄物の処理や対人地雷禁止条約締結など、原子力の平和的利用や通常兵器関連の要求が盛り込まれた[39]。

③二〇〇〇年代の平和首長会議の目的と活動

二〇〇〇年代に入ると、平和首長会議への加盟都市数が飛躍的に増加し、組織化が図られるとともに、具体的な行動計画が設定されるようになった。

二〇〇一年に開催された第五回平和市長会議では、より「行動的な組織」となることを目指し、核兵器廃絶、地球環境破壊や貧困、暴力など人類の共存を脅かす問題解決を目的とした施策と行動計画が採択された。その結果、既存の事業に加え、世界の大学における「広島・長崎講座」設置への協力、一九九六年に国際司法裁判所（ICJ）が示した核兵器使用の合法性・違法性に関する勧告的意見の活用や実施、子どもと暴力や戦争に焦点を当てた研究に重点を置いた活動が推進されることとなった。さらに、スポンサーの確保やホームページの開設・充実など、活動の拡大に伴った執行体制の強化も盛り込まれた[40]。

また、二〇〇三年に開催された平和市長会議の理事会で、二〇二〇年までの核廃絶を目標とした行動指針「二〇二〇ビジョン（核兵器廃絶のための緊急行動）」が採択された[41]。以降、核兵器禁止条約の早期実現を目的とした国際会議等への参加・要請や市民への署名活動などが行われ、二〇〇五年に開催された第六回平和市長会議では、「二〇一〇年核兵器禁止条約の制定、および二〇二〇年までの核兵器廃絶」を目標に、より組織化したキャンペーンや国連等でのロビー活動、教育や啓蒙活動を行う計画が採択された[42]。

この「二〇二〇ビジョン」プロジェクトは、欧州議会や全米市長会議、核戦争防止国際医師会議や日本全国市長会などの賛同を得る[43]とともに平和市長会議の主要な活動となった。同年には、プロジェクトの一環として「都市を攻撃目標にするな（Cities Are Not Target、以下CANT）」キャンペーンが開始された[44]。さらに二〇〇八年に、平和市長会議は、核兵器国による核兵器の取得や使用を導く行為の即時禁止や二〇二〇年までの核兵器廃絶と廃棄に向けたプログラム策定と実施を骨格とした「ヒロシマ・ナガサキ議定書」を発表した[45]。これを受け、第七回平和市長会議では、二〇一〇年NPT再検討会議における「ヒロシマ・ナガサキ議定書」の採択推進や「国連軍縮の一〇年　二〇一〇〜二〇二〇」の推進、平和や軍縮の分野における都市や自治体の参加型外交の推進を掲げた活動を展開することが決定された[46]。

二〇一〇年のNPT再検討会議開催時には、議長に「ヒロシマ・ナガサキ議定書」が提出され[47]、日本代表により議定書を支持する発言も見られた[48]ものの、採択された最終文書にはNPTの重要性が主張され、ヒロシマ・ナガサキ議定書への言及はなかった[49]。

一方、「ヒロシマ・ナガサキ議定書」と機を同じくして核兵器禁止を主眼に置く諸提案が提示されたことにより、同会議では核兵器禁止条約に関する議論も幅広く行われた[50]。また、最終文書には、核兵器の使用による破滅的な人道上の結果について深い懸念を表明し、国際人道法を含む国際法の遵守の必要性を再確認するという文言が入った[51]。以降、核兵器の人道的影響を主要なテーマとする国際会議が開催されるようになり、人道的アプローチから核軍縮を進めるという提案に多くの国が賛同するようになっていった[52]。

④二〇一〇年代の平和首長会議の目的と活動

二〇一〇年代の平和首長会議の取組は、「核軍縮への人道的アプローチ」が多くの国家の支持を得、核兵器禁止条約の締結が現実的になるといった国際社会の動きをさらに推進するものとなった。また、被爆者の高齢化などを受け、若者への平和教育など次世代への取組が盛り込まれるようになった。

　国際社会の「核軍縮への人道的アプローチ」を支持する流れは「二〇二〇ビジョン」の目指す方向性とも一致するという認識のもと、二〇一三年に開催された平和市長会議は、核軍縮関連の国際会議やＮＰＴ再検討準備会合への出席を始めとする「核兵器禁止条約」の早期実現のための取組を決定した。また、広島・長崎へのジャーナリストや外交官等の受け入れ、赤十字国際委員会や各国赤十字・赤新月社との連携、アボリション二〇〇〇やＩＣＡＮを始めとする国際的な平和関連団体との連携、国際的な都市・自治体連合に対する平和市長会議支持の促進など、国際的な政府間組織や会合における働きかけに加え、政府間以外の国際的な組織や活動とも連携するプロジェクトも強化することを決定した[53]。

　二〇一七年七月には、核兵器の人道的影響を強く意識した核兵器禁止条約が採択された。このため、平和首長会議は、次なる課題として、「市民社会の総意として、核兵器を廃絶することこそ今後のあるべき姿だという認識を核保有国に共有してもらい、条約の批准につなげ」ることによる「核兵器のない世界の実現」、また平和文化の構築や持続可能な開発目標（ＳＤＧｓ）の達成による「安全で活力ある都市の実現」を掲げた。このため、核兵器禁止条約への批准要請を行うプロジェクトとともに、平和文化の構築や若い世代への平和教育、核抑止によらない安全保障体制の実現要請などを行うとともに、各国政治家や国連職員など、より政策決定に影響力を持つ個人等が広島・長崎を訪問し、被爆者から直接証言を聞くことなどを推進していくこととなった[54]。

⑶他の自治体連合による核軍縮への取り組みとの比較

　このように平和首長会議は、時代に応じ方針や活動内容を変化させつつ発展してきた。それでは、他の自治体連合による核軍縮の取り組みと平和首長会議はどのような相違があるのだろうか。ここでは、非核・平和宣言を行なった自治体、すなわち非核自治体[55]のネットワークである国際非核自治体会議[56]の事例と比較してみたい。

一九五四年のビキニ水爆実験による第五福竜丸被災事件後、大規模に展開された原水爆禁止運動を経て、一九五八年のに愛知県半田市が日本の自治体として最初の非核宣言を行なった。その後、米ソの核軍拡競争による核戦争の脅威を背景に、ヨーロッパで大規模な反核デモや集会が相次いだ。そして一九八〇年にイギリスのマンチェスター市が非核都市宣言を行い、広く欧州やその他の地域における非核・平和宣言を行う自治体が拡大する契機となった[57]。一九八四年には、マンチェスター市で非核自治体国際会議が開催され、非核都市の国際ネットワークによる活動が開始された。

一方、この非核自治体国際会議は、「一九九二年六月に横浜市で開催された第六回まで行われているが、第六回を最後に中断」し[58]、平和首長会議のような継続的な活動とはなっていない。また、今日では、「どれほどの影響を社会に与えているか、政府の安全保障政策に影響を与えるものになっているかどうかを改めて考えなければならない」[59]と指摘されるなど、その影響力に疑問が投げかけられているのも事実である。

なぜこのような違いが生じるのであろうか。まず、自治体が行う非核・平和宣言は「スローガンとしての「非核」」[60]という意味合いが強く、具体的な核軍縮に向けての方策を示すという点がやや弱い。次に、「非核自治体運動は、反核・平和運動と自治体運動との接点に生まれ」[61]、反核・平和運動の機運の有無や、運動を行う市民団体の結束力の強弱[62]が、非核宣言を行う自治体の数に影響を与えるという点である。そして、非核自治体による国内ネットワーク形成は見られるが、国際的なネットワークを形成して国連などの国際機構や軍縮関連の国際会議と連携するという活動が展開されることがあまりない点も弱点と考えられる。

このように、核軍縮を目的とした地方自治体の活動は、その戦略や活動方針により、与える影響力の大きさや活動の継続性に差異が生じているのも実態である。

3　核軍縮と地方自治体―限界と可能性

各々の規模や組織化の様態、規模の大小により地方自治体が核軍縮に果たす役割の大きさも変化するのが実状であるものの、平和首長会議は、組織化された世界規模での都市間ネットワークと、国際機構等への参加や連携、時宜を得た活動計画の策定と実行により、核軍縮に対し一定の影響力を及ぼしてきた。しかし、「地方自治体」による活動という点から、いくつかの限界もあることを指摘したい。

第一に、地方自治体の自律度や裁量権は国家によって異なり、自治体が独自の政策を行えない場合がある点である。例えば、二〇一七年一二月現在、アジアでは北朝鮮やラオス、ミャンマーの自治体は平和首長会議に加盟していない[63]。また、外交政策に関する中央政府の方針により、自治体が行う外交活動が一定の制限を受ける場合もある[64]。

第二に、地方自治体による活動は、「自治体」であっても「NGO」の範疇として捉えられる点である。国際的なネットワークを有していても、地方自治体が核軍縮関連の国家間交渉や会合において及ぼせる影響力というのは、他者が許容した範囲に止まらざるを得ないという現状がある。

第三に、自治体が独自に外交活動を行なっているとしても、国家の行う外交と比べ、メディアに取り上げられにくく認知度という点で劣るという点である。また、二〇一一年に広島修道大学法学部が実施した調査によると、平和首長会議に関し広報活動を行っている加盟自治体が約三割強ある一方、特別な広報活動を行っていないと回答した加盟自治体も全体の約三割弱にのぼり[65]、自治体からの発信力にも課題があることがわかる。この背景として自治体が持つ人的・経済的資源の限界も指摘され[66]、地方自治体の行う活動の弱点となり得るだろう。

第四に、地方自治体という性格上、地域住民を主眼とした活動については実績や経験の蓄積があるものの、外交に関連する活動については、やや不得手な都市があるという点である。先に挙げた広島修道大学法学部の調査によれば、平和首長会議における主要目標の核兵器廃絶を達成するための取り組みとして、六割以上の自治体が挙げたのが「平和学習の強化」であった。これは、「学校での平和学習や住民への啓発活動」という地域住民を対象とした取り組みを主眼としており[67]、国境を超えたネットワークを築いて国際社会の課題に対し何らかの影響を与える活動とは異なっている。規模や背景が異なる自治体では、自ずと得手不得手の分野が異なってくるのも現状であろう。

4　おわりに

地方自治体が独自の外交活動を行い、国内外でネットワークを築き、国際社会の主要アジェンダに対し影響力を及ぼす機会は今後ますます増加するであろう。核軍縮の分野も例外ではない。二〇一七年に国連で行われた核兵器禁止条約の交渉会議や採択に日本政府は参加しなかったが[68]、平和首長会議の会長・事務総長として松井一實・広島市長と小溝泰義・広島平和文化センター理事長が参加し、核兵器禁止条約草案への支持を述べ、核保有国と核の傘下にある国に対し条約への参加と核軍縮への誠実な取組を訴えた。さらに、同年九月に行われた条約への署名式には、平和首長会議の副会長として田上富久・長崎市長が出席し、アントニオ・グテーレス・国連事務総長に対し、核兵器禁止条約の推進を確約するなど、核廃絶という共通の目的を持つ世界各国の自治体の連合を代表した独自の活動を展開している[69]。このような平和首長会議の活動は、自治体の国境を超えた連帯により国際的な問題に大きな影響力を与える典型例として挙げられ、「外交起業家（diplomatic entrepreneurship)」とも称される[70]。

　国により有する権限が異なり、地域によって異なる背景を有する地方自治体がネットワークを形成し、国際的な規範づくりや課題に立ち向かっていくためには、具体的かつ確固たる方針や戦略の策定はもとより、同じ価値観を共有する国家、国際機構、ＮＧＯなどとの連携が必須になる。しかし、平和首長会議の活動に見られるように、地方自治体は、今日「地球規模で考え、地域で行動する（Think Globally, Act Locally)」主体となりつつある[71]。核軍縮というグローバルな課題にローカリズム[72]という観点から立ち向かう地方自治体の役割は、今後ますます重要となっていくであろう。

注

1　A/Res/1(I) (24 January 1946).

2　Hersey, John, *Hiroshima* (Alfred・A・Knopf, 1946).

3　繁沢敦子「ジョン・ハーシーの『ヒロシマ』再考―六六年目の視点で読み解く―」『広島国際研究』第一八巻（二〇一二年）、二二頁。

4　黒澤満『核兵器のない世界へ・理想への現実的アプローチ』（東信堂、二〇一四年）、一一七―一一八頁。

5　"Bringing the era of nuclear weapons to an end", Statement by Jakob Kellenberger, President of the ICRC (20 April 2010). 核軍縮に対するＩＣＲＣの貢献については、黒澤、同右、一二〇―一二一頁を参照。

6　Treaty on the Prohibition of Nuclear Weapons, A/CONF.229/2017/8 (7 July 2017).

7　A/Res/71/258 (11 January 2017).

8　河野勉「岐路に立つ核軍縮・交渉の歴史と最近の動向」『人道研究ジャーナル』Vol.6（二〇一七年）、三三頁。

9　池尾靖志『自治体の平和力』（岩波書店、二〇一二年）、一九頁。

10　池尾、同右、一二頁。

11　池尾、同右、一九頁。

12　国連憲章第七一条。

13 Acuto, Michele, "City Leadership in Global Governance," *Global Governance*, Vol. 19, No. 3 (2013), p. 482. なお、本文中引用部分は筆者訳。

14 池尾、『自治体の平和力』、三〇—三二頁。

15 ファン＝デ＝プルイジンは、グローバル化や国際社会におけるアクターの多様化に伴って都市外交が掲載されてきたとし、都市外交を「都市が自らを代表し、且つ相互利益を促進する目的で、都市が国際政治上の主体との関係に関与する制度や過程」（筆者訳）と一般的に定義できるであろう、と述べている。Pluijm, Rogier van der with Jan Melissen, *City Diplomacy: The Expanding Role of Cities in International Politics* (Netherlands Institute of International Relations Clingendael, 2007), p.11.

16 大芝亮「国際組織と地方自治体ネットワーク・グローバリズムとローカリズムの協力の模索」『一橋論叢』第一一四巻第一号（一九九五年）、四五—四六頁。

17 大芝、同右、四五—四六頁。

18 Alger, Chadwick F., "Expanding Governmental Diversity in Global Governance: Parliamentarians of States and Local Governments," *Global Governance*, Vol. 16, No. 1 (2010), pp. 63-64.

大芝、同右、四七—五〇頁。

19 Alger, *ibid.*, pp. 64-67.

20 Acto, *op. cit.*, pp. 487-494.

21 United Nations Department for Disarmament Affairs, *The United Nations Disarmament Yearbook*, Vol. 7 / 1982 (1983), p.64. なお、この特別総会で承認された最終文書（Concluding Document）においても、同様の記載がある。A/S-12/32, *Concluding Document of the Twelfth Special Session of the General Assembly*, paragraph 59 (reproduced in *ibid.*, pp. 515-563).

22 池尾、『自治体の平和力』、三五頁。

23 平和首長会議ＨＰ「核兵器廃絶に向けての都市連帯推進計画」(http://www.mayorsforpeace.org/jp/outlines/cityplan.html)（二〇一七年一〇月六日アクセス）

24 『第３回世界平和連帯都市市長会議報告書』一—二頁。以下、平和首長会議報告書・理事会会合内容については、平和首長会議ＨＰ「会議等報告」(http://www.mayorsforpeace.org/jp/report/index.html#tab2)（二〇一七年一〇月六日アクセス）から入手した。

25 『第三回世界平和連帯都市市長会議報告書』二頁。

26 広島市『平和首長会議』（二〇一七年一〇月）三頁。

27 「平和市長会議行動計画（二〇一三年—二〇一七年）」、一頁。

28 「第八回平和市長会議総会・議案三「平和市長会議運営体制の充実方策について」（八月四日議決）」。なお、二〇一七年には、リーダー都市が新規事業の財源確保が必要とする際に、その事業への予算充当を目的としたメンバーシップ納付金の引き上げ（六、〇〇〇円）を行うことができる、と決定された。「平和首長会議行動計画（二〇一七年—二〇二〇年）」、七頁。

29 平和首長会議HP「加盟都市分布図・加盟都市数」(http://www.mayorsforpeace.org/jp/membercity/map.html)（二〇一七年一二月一六日アクセス）。

30 ニカラグア共和国のレオン市が二〇〇二年に平和市長会議（当時）に加盟したのを筆頭に、二〇一〇年までに国内全ての自治体（一五三市一県一行政区）が加盟した。平和首長会議ＨＰ「ニカラグアの全都市が平和市長会議に加盟しました」（http://www.mayorsforpeace.org/jp/whatsnew/news/100401_news.html）（二〇一七年一〇月六日アクセス）。

31 二〇一七年一二月一日現在、イランの加盟都市数は990都市にのぼる。平和首長会議ＨＰ「加盟都市　アジア」（http://www.mayorsforpeace.org/jp/membercity/map/asia.html）（二〇一七年一二月一六日アクセス）。

32 平和首長会議ＨＰ「加盟都市分布図・加盟都市数」（http://www.mayorsforpeace.org/jp/membercity/map.html）（二〇一七年一〇月六日アクセス）。なお、エルサレムはイスラエルの都市として二〇〇〇年に加盟している。

33 平和首長会議ＨＰ「平和首長会議資料」「平和首長会議への国内自治体加盟状況」（二〇一七・一二・一現在）（http://www.mayorsforpeace.org/data/pdf/01_monthly_updating/04_kokunaikameijyokyo_jp.pdf）（二〇一七年一二月一六日アクセス）。

34 第八回平和市長会議総会「平和市長会議運営体制の充実方策について」一―二頁。

35 「平和首長会議行動計画（二〇一七年―二〇二〇年）」六頁。

36 『第三回世界平和連帯都市市長会議報告書』三頁。

37 池尾、『自治体の平和力』、三五頁。

38 『第三回世界平和連帯都市市長会議報告書』三五―六五、七三―一三〇頁。

39 『第四回世界平和連帯都市市長会議報告書』（一九九八年）、二二九頁。

40 『第五回平和市長会議報告書』（二〇〇一年）、四三―四五頁、「総合的な行動計画について」二九八―二九九頁。

41 「第六回平和市長会議被曝六〇周年記念総会」（二〇〇五年）「開会式」三頁。

42 「平和市長会議の今後の取組みに係る事業計画及び概算経費」二頁。

43 池尾、『自治体の平和力』、三六頁。

44 平和首長会議ＨＰ「二〇二〇年までの核兵器廃絶を目指して」（http://www.mayorsforpeace.org/jp/history/2010_2001/2010_12_gallery.html）（二〇一七年一二月二日アクセス）。

45 Protocol complementary to the Treaty on the Non-Proliferation of Nuclear Weapons for achieving a nuclear-weapon-free world by the year 2020（日本語仮訳「ヒロシマ・ナガサキ議定書―二〇二〇年までの核廃絶の実現に向けた核不拡散条約（ＮＰＴ）の補足―」）平和首長会議ＨＰ「ＮＰＴ（核不拡散条約）再検討会議第二回準備委員会出席（二〇〇八年四月）」（http://www.mayorsforpeace.org/jp/history/2010_2001/2008_4_gallery.html）（二〇一七年一一月二六日アクセス）。なお、本議定書の特徴につき、黒澤、前掲書、四八―四九頁を参照。

46 「第七回平和市長会議総会行動計画」。

47 黒澤、前掲書、四九頁。

48 *2010 Review Conference of the Parties to the Treaty on the Non-Proliferation of Nuclear Weapons, Final Document*, Volume III, NPT/CONF.2010/50 (Vol. III) (2010), p. 61.

49 "Conclusions and recommendations for follow-on actions" in

2010 Review Conference of the Parties to the Treaty on the Non-Proliferation of Nuclear Weapons, Final Document, Vol. I, NPT/CONF.2010/50 (Vol. I) (2010), pp. 19-31.

50　様々な提案の概略については、黒澤、前掲書、九六—一一三頁を参照。

51　NPT/CONF.2010/50 (Vol. I), p. 19.

52　黒澤、前掲書、一一五—一三一頁。黒澤は、核軍縮は従来「伝統的な安全保障の側面から」議論されてきたが、特に「人間の安全保障」に代表されるような「個々の人間の安全保障を強調する」考え方が国際社会において取り入れられるようになったことから、核軍縮に対しても人道的な観点から議論されるという「大きなパラダイムシフト」が起こったとしている。黒澤、同右、一二八—一二九頁。

53　「平和市長会議行動計画(二〇一三年—二〇一七年)」「第八回平和市長会議総会　会議Ⅰ」。

54　「平和市長会議行動計画(二〇一三年—二〇一七年)」。

55　自治体が非核・平和宣言を行う方式は様々であり、「首長の発意」「議会の発意」「既成の市民団体や労働組合の請願署名運動」「超党派の草の根組織による請願署名運動」があるとされる。また、宣言の内容も、「行政区域内(上空・水域を含む)を非核化することを明確に意思表示し、それを実現する」「実現していないが、非核化することを目指している」「核兵器の廃絶を訴え、非核三原則の厳守を政府に要求する」など、様々なものが含まれる。川口徹「地方自治体の非核宣言—一九八〇年代を中心に—」『社学研論集』vol. 17(二〇一一年)、四四頁。

56　大芝、前掲論文、四六頁。

57　川口、前掲論文、注三七、五八頁。

58　川口、同右、注三七、五八頁。

59　池尾、『自治体の平和力』、二八頁。

60　池尾、同右、二九頁。

61　石川捷治「非核自治体運動についての覚書—一試論—」『法政研究』第五五巻第一号(一九八八年)、一〇三頁。なお原文では、「接点」の箇所に傍点が付されている。

62　この点については、川口、前掲論文、四八—四九頁を参照。

63　平和首長会議ＨＰ「加盟都市　アジア」(http://www.mayorsforpeace.org/jp/membercity/map/asia.html)(二〇一七年一二月一六日アクセス)

64　例えば、一九八〇年代後半から、「非核神戸方式」の導入を検討した地方自治体に対し、日本政府は、地方自治体の権限はあくまで「港湾管理」であり、外交・防衛は国の専管事項として制限をかける動きがあると指摘される。池尾靖志「地域から安全保障を考える視点—自治体の「平和政策」に着目して—」『明治学院大学キリスト教研究所紀要』第四七巻(二〇一五年)、一三三頁。

65　城忠彰「平和市長会議の形成と発展—演習授業のフィールドワークを手掛かりとして—」『修道法学』第三五号第一巻(二〇一二年)、七二—七五頁。

66　城、同右、七四—七五頁。

67　城、同右、八〇—八三頁。

68　「「核兵器禁止条約」交渉、日本は不参加表明」『朝日新聞』二〇一七年三月二八日。

69　平和首長会議ＨＰ「活動の歴史　二〇一七年」(http://www.mayorsforpeace.org/jp/history/2020_2011.html)(二〇一七年

一二月一六日アクセス)。

70 Acto, *op. cit.*, pp. 490-491.

71 Alger, Chadwick F., "Perceiving, Analysing and Coping with the Local-Global Nexus" in *The UN System and Cities in Global Governance* (Springer, 2014), pp. 72-75.

72 この用語は、大芝、前掲論文において用いられているものを引用した。

本稿の執筆にあたり、最上敏樹・早稲田大学教授より貴重なご示唆をいただきました。ここに記して感謝を申し上げます。

特集2：国際人道法と人道支援

自衛隊における国際人道法の普及の現状について

日本赤十字社事業局救護福祉部、前陸上幕僚監部法務官・元陸将補
軽部　真和

1　はじめに

自衛隊は、我が国の最大の力を持った集団であり主に外部からの敵に対し力を行使すべく態勢が取られている。その力を構成する兵員・装備の質及び量の観点から見ても、アメリカ、ロシア、中国は別として西欧主要国の軍隊と比肩すべき世界有数の力を保有している。すなわちハードウエア面では十分世界と伍していける能力を持つ自衛隊を日本は保有している。

一方自衛隊のソフトウェアとも言える法的位置づけは国内法上は、防衛省設置法と自衛隊法により規定されており「行政機関」の一つとして、また隊員は国家公務員法により「特別職国家公務員」と位置づけられている。

しかしながら自衛隊が一歩日本から外へ出れば、位置づけは変化する。すなわち部隊は国際法の規定する「軍隊」として、隊員は「軍人」として扱われる。

また国内であっても武力紛争が発生すれば武力紛争法（Law of Armed Conflict）及び国際人道法（International Humanitarian Law）の適用を受けることとなる。

それ故、自衛隊は、国内国外を問わず任務を遂行することを重視し（自衛隊に入隊時の宣誓文に明記され全隊員が「憲法及び法令を遵守し」という宣誓を行っている）入隊直後の若い隊員から上級幹部に至るまで、各種教育の機会を設け国際人道法普及の努力を継続してきている。

私の勤務の経験（戦車部隊、ゴラン高原ＰＫＯ、ユーゴスラ

ビア防衛駐在官、情報幕僚、作戦幕僚、国際活動教育隊長、統幕首席法務官、副旅団長、陸幕法務官）をもとに人道法の普及の現状の一端を紹介したい。

2　自衛隊の特性

(1)隊員の資質

自衛隊の採用方法は、全員が志願制であり自分の意志で入隊している。すなわち一つの就職先として考えている隊員が大多数を占めるということである。このため組織内で上昇することを動機として組織に尽くし定年まで真面目に勤め上げたいと思うのが普通である。一方多くの国が現在も徴兵制を採用しているが、これは国家による強制であり自分の意志とは無関係に、一定の年齢になると入隊せざるを得ない。すなわち嫌々その年限を勤めることだけを考えているため、仕事への意欲、組織への忠誠が高くなるはずがない。

また学歴であるが、自衛隊員のほぼ全員が高卒である。これは我が国の教育制度にも負うところであるが、読み書きもできない兵隊もいる国から考えると大変高い学歴水準と言える。

次に日本人としての特性であるが、勤勉、身ぎれい、時間や規律を守るなど江戸時代以降作られて来た日本人が当たり前と考える特性を多くの隊員が保持したまま入隊してくる。我々が当たり前と考える規律など無い国の軍隊は、訓練以前に、そこに多くの努力を注ぐ必要がある。

ゴランＰＫＯで他国軍であった事例だが、ガソリンタンク車が基地内の給油所に給油に行きポンプを挿した状態のまま、売店に買い物に行ってしまい、戻って来たらガソリンが付近に溢れ出し油溜まりとなっているというアクシデントがあった。急遽基地の全隊員に非常招集をかけ、皆でガソリンを砂やボロ布にしみ込ませ爆発は免れたが、このような常識中の常識ですら守ることができない隊員が他国にはいるのである。

すなわち本章で言いたい事は、自衛官は、日本人として自らの意志で入隊し、考える知識も十分保有し、社会慣習の観点からも、国際人道法の普及の基礎・基盤は初めから有しているということである。

旧日本軍と並べたて「自衛隊も戦争犯罪を犯すのでないか」という論調がまれに見られるが、ここに述べた通り、自衛隊は旧軍のように徴兵でもなく学歴も高くかつ民主主義社会において育った人間で構成されており、そもそもの隊員の基礎・基盤が旧軍とは大きく異なっていることを指摘したい。

⑵陸海空の特性

自衛隊内でも、その主たる活動の場ごとに、陸を主な活動の場とする陸上自衛隊、同様に海を主とする海上自衛隊、空を主とする航空自衛隊に分かれている。一見すると一つの自衛隊であるが、その活動の場において組織や隊員の気質も大きく異なっており、国際人道法の適用・運用・教育などにおいても差異がある。

海上自衛隊は、護衛艦が出港し一歩、日本の領海外の公海に出れば、平時であっても、そこは国連海洋法条約など国際法の支配する世界である。このためもあってか艦長の所在する司令所の書棚には必ず国際法辞典が置かれている。航空自衛隊も同様で、日本の領空外で行動することが多く、他国軍機とのちょっとした接触や他国の領空通過などが大きな外交問題に発展する事もあり、恒常的に国際法に気を使い任務に就いている。

また海上自衛隊、航空自衛隊は、艦長、機長が全てを判断し命令し、部下はその命じるままに動く事を要求される。すなわち艦長、機長こそが国際法に通じている必要性が高く、他の隊員のそれは低くなっている。

他方、陸上自衛隊は、一九九二年のカンボジアのPKO派遣までは、国土防衛に専念しており、国外に出るということは念頭になく、あくまで国土戦における人道法の普及が主であった。九二年以降、PKO、国際緊急援助活動など国外任務が常態化され変化してきているものの、海空に比し国外における活動ひいては国際法の必要性に関する意識には未だ差が残るところである。

また陸上自衛隊は作戦上・行動上も指揮官から最下級の隊員までがほぼ等しく武器を保有する。したがって指揮官の命令を仰ぐ時間の無い場合、個々の隊員の判断で武器を使用する事もあり、全ての隊員に判断能力が要求されるのである。したがって陸は、指揮官から最下級の隊員に至るまで内容にレベルの違いはあるが、人道法に関して承知する必要がより強いのである。

3　自衛隊の内部教育

⑴組　織

自衛隊には、ジュネーヴ条約第一追加議定書八二条（軍隊における法律顧問）に基づき陸海空自衛隊とも「法務」という組織を保持している。

防衛省のある市ヶ谷では、統合幕僚監部、陸海空の幕僚監部で各幕僚長の重要な幕僚（スタッフ）として所在する。ほかに陸上自衛隊であれば方面隊、師団・旅団まで、海上自衛隊であれば自衛艦隊、地方総監部まで、航空自衛隊であれば航空総隊、方面航空隊まで、それぞれのレベルの指揮官を法律的な観点から補佐し助言する機能を果たしている。またそれぞれの部隊の隊員に対する定期的な教育も重要な任務の一つであり、人道法の普及における教官の立場となっている。

(2) 教　育

陸上自衛隊の場合、隊員に対する教育は「陸上自衛隊の教育訓練に関する訓令」を根拠としており、これに教育内容、要領などが示されている。

その中で人道法に関わる一例を示すと、自衛官候補生課程（高卒隊員対象の入隊直後の基礎的な三ヶ月の課程）の場合、「課目：服務及び防衛教養。細目：防衛法制。到達基準：陸士として必要な防衛法制等の基礎的事項について概要を修得している。主要内容：一国際人道法（陸戦規則、ジュネーヴ条約及び特定通常兵器禁止制限条約）の基本的事項、二防衛関係法令（自衛隊法、警察官職務執行法及び刑法）の基本的事項　等」となっており、この内容を数時間の座学で学ぶこととなっている。その後、下士官である陸曹に昇任した段階、陸曹昇任後も階級が上がった段階においても約一〇時間未満の教育を受けることとなっている。

陸上自衛隊の指揮官となり部隊において隊員に人道法を普及する立場にある幹部自衛官については、より幅広くかつ詳しく人道法を習得させている。幹部自衛官は、防衛大学校または一般大学を卒業し入隊するが、その直後の幹部候補生課程、幹部上級課程で約一〇時間程度を全員が履修する。その後、選抜試で選抜された者は指揮幕僚課程では二〇時間を履修することとなる。幹部自衛官に対しては内容的にも時間的にもより重視して教育が為されており、このため幹部教育を担任する主要な学校教官には専門的な知識を有する法務特技保有者を配置しており、幹部学校には防衛法制教官室、小平学校には法務教官室を編制している。

また各地に所在する陸上自衛隊の部隊においては、平素は教育訓練を主軸に隊員は勤務しているが、この中でも国土防衛のための訓練においても従来為されてこなかった「法的要素を取り込んだ訓練」を推奨し人道法の普及により一層着意しているところである。

(3)研修、他機関との連携

上記以外にも、最新の人道法に関する情報収集、隊員の能力向上のためにも国内外における研修に参加している。

特に赤十字国際委員会(ICRC)の主催する作戦法規に関わる国外研修には、毎年二名程度派遣しているとともに、国内で開催されるセミナー、勉強会等にも積極的に参加している。

私もICRC主催の国外研修に参加したが三〇カ国以上の軍人のみならずNGO、政府関係者などが七・八名のグループに分かれ二週間の研修であった。当時は、丁度アフリカ諸国の国内紛争もあり、二国間の戦争と国内紛争における人道法の適用の差異、また戦闘員と文民の定義などの説明を受け、まさに日々人道法の新たな課題が現場で如何に扱われるか学び、目から鱗の心境であった。後半は各グループ毎に喧々愕々の議論が真剣に繰り広げられ、各国の人道法に対する熱意や真剣さに圧倒された覚えがある。まさに人道法を法律書の中でだけ捉えるものでなく、現場で生きているのだと実感させられた。

また大学で国際法を専門とされる先生方とも連携を図り最新の人道法の変更点なども収集し自衛隊の独善解釈とならないようチェックしている。陸上幕僚監部では、毎年「国際法セミナー」を開催し大学の国際法関係の教授を招き意見交換しており、また日赤看護大学の井上忠男教授とは不定期ではあるが、意見交換をさせていただき人道法の課題などについてご教授頂いている。

4 自衛隊の国際人道法普及における課題

自衛隊は、隊員の基盤もあり教育水準も高く、しっかり教育しているから何も問題はないかというとそうではない。アメリカ陸軍で二〇〇四年に発生したアブグレイブ刑務所における捕虜虐待事案を例にするまでもなく、民主主義国家で人道法を尊重し、最大の法務組織を保持するとともに厳格な軍法会議を有する軍隊でさえ、戦時という異常な状況になればあのような事案を現場の兵士は引き起こす可能性があるということを念頭に置くべきであろう。

私の考える自衛隊における普及における課題として一つが、自衛隊の国際人道法の普及は未だ座学(講義)中心で、実地訓練が少ないということである。教室で教官の講義を冷静に聞いている段階では、人道法に関して理解納得できたとしても、いざ有事の現場で、自分の同僚が殺され、水・

食料などない寒冷、熱暑、不眠などの劣悪な環境で精神的ストレスを受けている段階でも本当に人道法に基づき行動できるのか。実地訓練も、ＰＫＯ派遣前訓練などでは当然実施し、それ以外の訓練でも前述した「法的要素を取り込んだ訓練」を一部で行っているが今後更に必要性が増そう。

二点目が、敵に対する過剰な意識である。旧軍においても中国、朝鮮人に対する民族的蔑視、対米に対する「鬼畜米英」など過度に敵対意識を煽り、兵士を鼓舞し戦闘における士気を上げる効果を得た。しかし戦闘終了後においては、逆効果であり、この感情をそのまま捕虜や敵傷病兵にまでぶつけ、後に戦争犯罪として問われたのは周知の通りである。

この敵に対する意識が自衛隊にないかというと個人的には懸念がある。客観的に国家間の武力紛争を見つめ、敵兵士であっても国家の命令により家族、国民のために戦っているという認識を持ち、スポーツの国際試合の様に試合が終われば相互にリスペクトするという理念をリーダーとなる幹部自衛官は、頭の一部にでも保持していく必要があるのではないだろうか。日露戦争における旅順要塞陥落後、明治陸軍の乃木将軍は一九〇五年水師営の会見においてロシア軍の敗将ステッセルに対し不名誉と成らないよう帯剣を許し敬意をもって遇し、これが世界に感銘を与えたという事例もある。この点では自らの現役時代を思い起こすと不十分であったと猛省するところである。

5　おわりに

私は二〇〇〇年から三年間、ユーゴスラビア（現在セルビアとモンテネグロとコソボに分離）に防衛駐在官として赴任した。ユーゴ紛争直後であり、ユーゴ軍によるボスニア・ヘルツェゴビナにおける捕虜の虐待やスレブレニッツアにおける住民の虐殺なども盛んに報道されていた時期であった。そんな中でユーゴ軍の兵士とつき合ったわけであるが、ほとんどがプロフェッショナルな軍人であり、人道法に関しても素養は十分あったと感じた。（ユーゴスラビア軍の国際人道法の訓練を見学する機会もあった）では何故非人道的な事件が発生したのかと調べると、紛争勃発と同時に愛国意識に燃えた義勇兵が戦線に入り込んでいたという事がわかってきた。政府や軍としては、兵士の数が増加するとして受け入れたのであろうが、彼らの元締めにマフィア関係者が関与していたり、当然訓練など十分されていない血気盛んな若者が多数集まり要は質の低い若者集団であった。この義勇兵が軍の統制を離れ多くの犯罪を起こしていたという事実が分かって来た。

この教訓としてはユーゴ政府は国民に対し十分な国際人道法を普及できていなかったという事が挙げられるであろう。我が国を振りかえってもユーゴと同様な状況になるとは考えにくいが、私も自衛隊に入隊するまで明確に人道法を意識したことはなかったと思う。

これまで述べた通り自衛隊の国際人道法の普及状況については一定レールが敷かれてきている。

この上で今後の重要なポイントは国民と自衛隊の一体化ではないだろうかと考える。すなわち東日本大震災災害派遣活動において隊員は不眠不休のきつい任務をこなしていたが、そういう環境下にあって隊員のよりどころは、国民から寄せられた「自衛隊さん、ごくろうさま。ありがとう。」といった手紙や声援であった。

すなわち有事においても国民から自衛隊に対し如何なる敵に対してもまたいかなる状況にあっても人道法を守って欲しい、戦争犯罪を犯さない自衛隊であってほしいというメッセージが最も効果的であると考える。

このためには平素から自衛隊の行動に関心を持ってもらい連携を深めていっていただきたいと思うし自衛隊側も秘密の保全上問題のない教育、訓練であれば公開していくべきであろう。

また自衛隊の世界での位置づけを考慮すると、一流の軍事組織であり特に隊員の質の高さは超一流である。また戦後、幸いなことに一度も戦火を交えることなく平和国家として世界に主張し国連中心にＰＫＯなどにも貢献して来ている。加えて自衛隊の最高指揮官たる安倍首相は「積極平和主義」を打ち出しより日本の世界への外交的貢献度を高めようとしている。この点を更に広くＰＲし国際人道法の普及及び実践において世界の模範たる軍事組織としていくべきではないだろうか。

特集2：国際人道法と人道支援

人道アクセスの確保に向けた人道機関のアプローチ——ソマリアを事例に

新沼　剛
日本赤十字秋田看護大学講師

はじめに

本稿は、激しい戦闘が続く地域における人道機関の人道アクセスの確保に向けたアプローチについて考察することを目的としている。シリアやアフガニスタンで続く内戦が示すように、国際社会は人道危機への対応に苦慮している。多くの紛争地域では、紛争当事者からの直接的な攻撃、略奪や戦争税といった人道支援の妨害行為等により、効果的な支援を実施するのが困難な状況にある。Aid Worker Security Database によると、活動中に犠牲（殺害、誘拐、負傷）になった要員の数は増加傾向にあり、統計を始めた一九九七年は七三名だったのに対し、二〇一六年は二八八名に上っている。[1]

このような状況のなか、今日では「保護する責任」や「文民保護」等の概念の発展や民軍関係の緊密化等により、人道支援の軍事化という現象が発生している。[2] また、人道支援には、平和活動や開発援助との一貫性が求められるようになり、各支援活動間の「統合」の結果、人道支援の政治化も進んでいる。[3] その背景には、人道支援は被災者の生命を守り、苦痛を軽減する効果がある一方、戦争経済を維持し紛争を長期化させる要因にもなることから、人道機関は紛争の根源的原因にも対応すべきであるという、人道危機の安全保障化の動きがある。

本稿は、人道主義の二大系譜である「古典派人道主義」及び「新しい人道主義」を概観し、これらの視点から各人道機関の人道アクセスのアプローチの相違点を分析する。構成としては、第一節において人道主義の概念、行動規範、そして本稿の分析視点となる「古典派人道主義」と「新しい人道主義」の二つの系譜を概観する。前者として赤十字国際委員会（ICRC）、国際赤十字赤新月社連盟（IFRC）、一九一ヵ国の各国赤十字・赤新月社（NS）から構成される国際赤十字赤新月運動（以下、「赤十字運動」）、後者として国連人道機関を取り上げ、各機関の人道支援アプローチの相違を明らかにする。本稿では、クラスターアプローチの主導機関に指定され、かつ人的・財政的側面でも大規模な組織である国連難民高等弁務官事務所（UNHCR）、国連児童基金（UNICEF）、世界食糧計画（WFP）、そして緊急救援活動の調整を行う国連人道問題調整事務所（OCHA）を国連人道機関とする。[4] 第二節ではソマリアにおける武力紛争と人道危機の歴史的変遷を概観する。第三節では、同国で行われている国家建設と対テロ作戦が人道支援の軍事化と政治化を助長し、国連人道機関は「強硬アプローチ（Hardened approach）」を採用せざるを得ず、人道アクセスの確保が困難になっていることを批判的に分析する。第四章では、徹底した「同意に基づくアプローチ（Consent-based approach）」と地域に根差した活動によって、赤十字運動全体がソマリア国内で一定の人道アクセスを確保していることを指摘する。

尚、ソマリアは非常に分権的な社会で、北からソマリランド、プントランド、中南部ソマリアに分類できる。本稿では、人道アクセスが極めて制限されている中南部ソマリアにおける人道支援に焦点を当てる。

1　人道主義の概念と系譜

ソマリアにおける各人道機関の活動を検証する前に、本節では、その拠り所となる人道主義の基本的概念とその系譜について概観する。

(1)人道支援の概念

人道支援とは、被災者の命と健康を守り、苦痛を軽減し、人間の尊重を確保することを目的とした一連の活動をいう。具体的には、給水・衛生、食糧・栄養、居住・ノンフードアイテム、保健の各分野のニーズを充足するための「支援活動」と、暴力や抑圧からの解放並びに移動の自由等、権利擁護に関連した「保護」活動に分類される。[5]

「人道アクセス」とは、上記した支援と保護に関連したサービスを被災者に届ける支援機関の能力と被災者自身がそれらのサービスに届く能力をいう。[6] 本稿で主に議論されるのは前者である。尚、「人道アクセス」と類似するものとして、「人道的空間」という概念がある。しかし、「人道的空間」は専門家の間で合意された定義がなく、それが単に人道機関が安全に活動できる物理的空間のことをいうのか、それとも後述する人道主義の行動規範に基づき活動できる人道機関の自由裁量の余地を示すのか明確ではないため、本稿では「人道的空間」という用語は使用しない。[7]

⑵人道主義の行動規範と系譜論

国連人道機関、赤十字運動、並びに多くの非政府組織（NGO）は、第二〇回赤十字国際会議（一九六五年）で採択された『赤十字の基本原則宣言』の中に明記されている「人道」、「公平」、「中立」、「独立」を行動規範としている。元ICRC副総裁のジャン・ピクテはそれぞれの原則を以下のように定義している。「人道」とは、被災者の命と健康を守り、苦痛を軽減し、人間の尊重を確保することを意味する。「公平」とは、国籍、宗教、政治的意見等の相違による差別をせず、ただ被災者の苦痛（ニーズ）に従って支援を提供することをいう。「中立」とは、戦闘行為への参加だけでなく、政治的、宗教的、民族的性格の紛争には関与しないことを意味する。そして、「独立」とは、他のあらゆる組織からの干渉を許さず、組織としての自主性を確保することを意味する。これらの行動規範のうち、人道と公平は人道支援の中心的価値かつ目的でもある「本質的原則」に分類される一方、中立と独立は「本質的原則」を歪めずに現実に適用し、あらゆる党派からの信頼の獲得と被災者へのアクセスを可能にする「付随的原則（政治的原則）」に分類される。つまり中立と独立は、人道と公平という「本質的原則」を実現するための手段と見なされるのである。[8] 人道主義の倫理に基づくと、公平な人道活動は、中立的で独立的な方法で、思慮深く慎重に実施されるべきで、これらの行動規範を遵守することにより、人道と軍事・政治を明確に峻別することが可能になり、人道アクセスが確保されると想定されているのである。[9]

上記した「公平」、「中立」、「独立」といった人道規範に基づく活動を支持する系譜を「古典派人道主義」という。一方、人道主義が、①軍事、②ガバナンス、③開発に資するのであれば、治安・政治部門を含めた他の機関との連携・統合を積極的に進めるべきであり、これらの人道規範は絶対的なものではないという立場を採る系譜を「新しい人道主義」

という[10]。

(3)各系譜のアプローチの違い

デニス・ダイクズュールとマルクス・モケは、「独立―受託」を縦軸、「公平―連帯」を横軸にした図を用い、各人道機関の人道支援戦略を説明している。この図は人道主義の系譜を概観する上で有用である（図1）[11]。まず、縦軸は人道機関とドナー国との関係を表したものである。つまり、ドナー国との距離が遠い（「独立」側）程、組織（人材、物資、財政等）としての独立性が高く、ドナー国の軍事的・政治的戦略に左右されにくくなることを示している。逆に「受託」側へ寄ると、ドナー国からの資金や専門知識等に依存する傾向にあることを示している。

一方、横軸は人道機関と紛争犠牲者との関係を示している。「連帯（Solidarism）」とは、ある特定の紛争犠牲者（例えば、和平プロセスに協力的な集団）にだけ支援を供与する立場のことである。つまり、「連帯」側に近づく程、ニーズよりもむしろ政治的信条に基づき、支援対象者が決まることになる。

このことから、ニーズに基づく支援を基本とするとともに、ドナー国の軍事的・政治的戦略に左右されないよう組織の独立性を厳格に維持しているＩＣＲＣのような「古典

	公平					連帯
独立 受託	赤十字国際委員会 （ICRC）	国境なき医師団 （MSF）	OXFAM Save the Children UK Action Contra la Fam (ACF)	世界の医療団 （MDM） World Vision Cathoric Relief Service 国際救済委員会（IRC） Save the Children USA CARE	Norway Peoples Aid Islamic Relief 国際青新月 UNICEF UNHCR WFP	ビアフラでの宗派系組織 一般的な宗派系組織 民間企業、冷戦期の米国の非政府組織

図1　人道主義の系譜

（出典：Dijkzeul, D., Moke, M., "Public Communication Strategies of International Humanitarian Organization"）

派人道主義」の立場を採る人道機関は、図の左上に位置することになる。一方、ある特定の紛争犠牲者だけを支援するとともに、ドナー国からの資金に依存し、ドナー国の軍事的・政治的戦略にも一定の配慮をしながら（つまり、その戦略によっては、ニーズに基づく支援が展開されない場合もある）活動を行っている「新しい人道主義」の立場を採る人道機関は、「古典派人道主義」の人道機関よりも右下に位置することになる。例えば、財政面で大きくドナー国に依存する米国系NGOは最も右下に位置する。また、加盟国からの拠出金に依存する国連人道機関は、ICRCと米国系NGOとの間に位置することになる。

「古典派人道主義」と「新しい人道主義」との間には、紛争犠牲者へのアクセスの面で相違がある。「古典派人道主義」の立場を採る人道機関は、紛争犠牲者へのアクセスを確実なものにするために、あらゆる利害関係者から活動に対する同意の取り付けを行う。そして中立性を堅持するために、武装した護衛の活用は例外的な最後の手段となる。このようなアクセスの確保を「同意に基づくアプローチ（Consent-based approach）」という。一方、「新しい人道主義」の立場を採る人道機関は、中立的な支援によって紛争犠牲者へのアクセスが確保できないのであれば、中立性を放棄し、人道支援を妨害する紛争当事者を抑止するために軍隊の活用にも肯定的な立場を採る。このようなアクセスの確保を「強硬アプローチ（Hardened approach）」という[12]。

2　ソマリアにおける武力紛争と人道危機

ここでは、一九九〇年代から現在にいたるまでのソマリアの内戦と人道支援を概観する。ソマリアは一九六〇年に建国されたが、氏族間の対立が絶えず続き、これまで国連を中心とした国際社会は同国に軍事、政治、経済、人道各分野の介入を行ってきた。一九九〇年代前半、内戦の激化に直面し、国連は平和維持部隊を派遣したが、現地武装勢力と対立し、氏族間の和解や武装解除等の当初の目的を達成することなく、一九九五年三月に撤退した[13]。

第二次ソマリア活動（UNOSOMⅡ）の撤退後、国連は「維持する平和がない」ソマリアに軍事的関与を控えてきたが、政治プロセスへの関与は継続してきた。一九九五年四月一五日、国連は特別政治ミッションとして国連ソマリア事務所（UNPOS）を設立し、氏族間の和平と国家建設を推進してきた。国連や周辺諸国の仲介により、ソマリアには二〇〇〇年に暫定国民政府（TNG）、二〇〇四年には暫定連邦政府(TFG)が設立されたが、いずれの政府も脆弱で、汚職や買収選挙等が横行し、国民から正統政府と見なされなかった。

TFGが設立された時期、モガディシュを中心に中南部で中心的な勢力に台頭していたのが、イスラム法廷連合(UIC)である。UICは氏族横断的な組織で、司法、警察、財務等の統治機能を有し、中南部の治安の回復を実現していた。しかし、近隣諸国や米国はUICの台頭に警戒感を示した。エチオピアは、UICの中には同国で爆弾テロを実行したものがいると非難した。またUICがエリトリアと友好関係にあったため、エチオピアはUICに対し強い敵対心を抱いていた。最終的に、UICがTFGの拠点であるバイドアを制圧する恐れがあったため、エチオピアは米軍の支援の下、ソマリアに侵攻し、二〇〇七年一月に首都モガディシュを制圧することになる[14]。これにより、UICは解体されることになった。

UIC解体後、新たなイスラム勢力としてアルシャバーブが台頭し始める。UICと同様、アルシャバーブも氏族横断的な組織で、イスラム法(シャリーア)に基づく統治を志向していた。アルシャバーブは、エチオピア軍の駐留に伴う現地住民の反エチオピア感情に乗じ、その支持を拡大させ、進駐していたエチオピア軍やAUソマリアミッション(AMISOM)軍に対する攻撃を活発化させ、二〇〇七年から二〇一〇年にかけて、その勢力を拡大させた。アルシャバーブはUIC以上に統治機能の構築に傾注し、数多くの省庁を設立した。例えば、防衛省、諜報省、宗教担当省、内務省等を設置し、現地住民の統治を行っている[15]。それだけでなく、支配地域における人道支援を管理するために、外務省(Office for Supervising the Affairs of Foreign Agencies: OSAFA)の中に、「人道調整事務局(Humanitarian Coordination Office)を設置している[16]。

イスラム勢力の台頭に対抗するため、再び国際社会はソマリアにおける「国家建設」への介入を活発化させる。二〇〇七年二月、安保理は決議一七四四を採択し、AMISOMに対し、紛争当事者間の対話と和解の促進、TFGの関係機関の保護、国家安全保障安定化プログラム(NSSP)の推進の支援、人道支援に必要な安全の確保等の目的のために「必要なあらゆる手段」を採る権限を付与した。また、安保理は決議一八六三(二〇〇九年)に基づき国連アフリカ連合ソマリアミッション支援事務所(UNSOA)を設立し、AMISOMのロジスティック面の支援を始めている[17]。さらに、決議二〇三六(二〇一二年)では、TFGを引き継いだソマリア連邦政府（ＦＧＳ）に対抗するアルシャバーブやその他の勢力の脅威を軽減するために「必要なあらゆる手段」を採る権限をＡＭＩＳＯＭに付与している。一方、米国は「対テロ戦略」の視点から介入を活発化させる。二〇〇八年二月、アルシャバーブの幹部の多くがアフガニスタンにおいてアルカイダの軍事訓練を受けていることを理由に「国際テロ組織（Foreign Terrorist Organizations: FTO）に指定し、同年五月にはリーダーのアデン・ハシ・アイロを殺害している。その後も、米軍はたびたび、アルシャバーブのメンバーへの攻撃を行っており、二〇一四年九月には無人攻撃機による空爆によって、当時のリーダーのゴダネを殺害している[18]。

ＴＦＧ（並びにＦＧＳ）、それを支援する国際社会とアルシャバーブとの対立の先鋭化は、ＵＮＯＳＯＭⅡが撤退した一九九五年以降、中南部ソマリアに最大の人道危機をもたらした。アルシャバーブによるゲリラ戦や自爆テロの他、ＡＭＩＳＯＭの軍隊による報復攻撃によって、文民たる住民が巻き添えになったことにより、武力紛争による死者数は増加している。ウプサラ大学紛争データプログラムによると、武力紛争の犠牲者の数は、一九九〇年代後半から二〇〇〇年代前半にかけて年間約一、〇〇〇人以下で推移していたのが、二〇〇六年には一、〇〇〇人を超え、二〇一二年には約三、〇〇〇人にまで増加している[19]。また、難民と国内避難民を合わせた数も、二〇〇五年の約四〇万人から二〇〇九年には約一五五万人に急増し、その後も一〇〇万人以上の状態が続いている[20]。二〇一一年、国連は南部ソマリアの一部の地域が「飢餓状態」にあると宣言したが、同程度の干ばつが発生したにもかかわらず、飢餓には至らなかったケニア北部やエチオピア西部と異なり、南部ソマリアだけ飢餓が発生したのは、内戦による多数の避難民の発生、農業の破たん、武装勢力による人道支援活動の妨害、米国からの支援の減少等が原因であった[21]。

3　国家建設と対テロ戦略が国連の人道支援に与える影響

第二節において、国際社会による国家建設と対テロ戦略が中南部ソマリアで発生する人道危機と密接にかかわっている点を指摘した。本節では、国家建設と対テロ戦略によって、どのように国連人道機関の人道アクセスが制限されているのかを明らかにする。

(1)国家建設

ソマリアにおける国家建設には多くのアクターが関与しているが、ここではAMISOM、ドナー国、そしてTFG(並びにFGS)に焦点を当て、それらが人道支援活動に与える影響を分析する。

①政治プロセスの優先化

国家建設の文脈において、国連が担う役割は非常に大きい。UNOSOMⅡの撤退後、国連は軍事部門への関与を控えてきたが、特別政治ミッションである国連ソマリア政治事務所(UNPOS)を設立し、政治部門の関与は継続してきた。UNPOSのマンデートはソマリア国内の氏族間の和解と和平の推進であったため、TNG、TFGそしてFGSの設立に向けたプロセスにおいて重要な役割を果たしてきた[22]。

しかし、国連の政治部門は政治プロセスの推進のために、人道支援を利用してきた側面がある。特に、二〇〇七年一月にTFGがモガディシュを掌握してから、政治部門は人道機関に対し、TFGの国家建設事業を促進するような形で人道支援を実施するよう要請するようになる。例えば、TFGの正統性を維持するため、全ての人道支援はTFGを通して行うよう要請している[23]。また、元ソマリア担当国連事務総長特別代表(SRSG)のアハメドゥ・ウルド・アブダラは、支援物資が横流しされている現状を踏まえ、人道支援の中立性を主張する者は共犯者であると非難している[24]。つまりこれは、ニーズに基づく公平な人道支援が展開されないばかりか、TFGの権威付けというきわめて政治的な目的のために援助を利用することになり、その中立性が失われること意味する[25]。

また、ソマリアの国家建設に関与するアクターの国際人道法の遵守に対する姿勢からも、政治プロセスを優先していることが窺われる。TFGと対立するアルシャバーブ等の武装勢力との掃討作戦において、AMISOMが多くの一般住民を巻き込んでいることを既に指摘したが、これはTFGの軍隊についても同じことがいえる。しかし、より重要なのは、アルシャバーブの場合と異なり、TFGやAMISOMによる度重なる国際人道法の違反行為に対しては、国連が表立った非難を控えていることである。これは、現地住民の視点からは、国連は一般住民の保護よりもTFGの正統性の維持に配慮していると映るのである[26]。通常、現地住民は国連の政治部門も人道部門も「ひとつの国連」として認識しているため、このことは現地における国連人道機関の受容度を低下させることにつながるのである。

②統合化

国家建設とともに、国連ミッションの統合化の動きも見過ごすことはできない。現在、ソマリアには、UNPOSを引き継いだ国連ソマリア支援ミッション（UNSOM）が展開している。UNSOMには、決議二一〇二（二〇一三年）、二一五八（二〇一四年）に基づき、FGSの国家建設事業を支援する権限が付与されている[27]。UNSOMは組織的にも戦略的にも統合化が顕著な特別政治ミッションである。上記した二つの決議に先立ち、安保理は、決議二〇九三（二〇一三年）において、現地の国連カントリーチーム（UNCT）を統括する常駐調整官（RC）と人道支援を統括する人道調整官（HC）を兼務する国連事務総長特別副代表（DSRSG／RC／HC）を任命し、組織面から統合することになった。戦略面においても、決議二一〇二において、安保理は現地国連事務総長特別代表（SRSG）に対し、UNCTとUNSOMの一貫性のある活動を求めている。

しかし、ソマリアで活動する一部のNGOからは、統合化がソマリアにおける人道支援を阻害するのではないかという懸念が提起されている。UNSOM設立以降、国連人道部門の高官から人道原則の遵守への言及が減少する一方、国家建設や開発との統合の利点に関する言及が増加している[28]。また交渉によって人道アクセスを確保するのではなく、AMISOMによる「軍事的勝利」を背景にアクセスを確保する傾向が現れている[29]。これは、まだAMISOMによって解放されていないアルシャバーブ支配地域（解放された地域よりも人道上のニーズが高い地域もあると想定される）の住民の支援が後回しにされることを意味し、公平性にもとる支援になってしまう。さらに、上記したように、UNSOMは特別政治ミッションであるため治安維持の権限は付与されていないが、UNSOAがAMISOMのロジスティック部門の支援の任にあるため、結果として、「ひとつの国連」として国連人道機関もAMISOMの軍事作戦の一翼を担っていると現地住民に認識される。これにより、FGSと対立するアルシャバーブからの攻撃の可能性が高まり、一段と人道アクセスが制限されると想定されるのである。

また、決議二一五八では、アルシャバーブから奪還した地域において、FGSの安定化に向けた取り組みを支援することの重要性が強調されている。実際、二〇一五年七月、AMISOMの軍隊がアルシャバーブの支配地域であったバルデラを攻略した数週間後、UNSOMのDSRSG／RC／HCのピーター・デ・クラークが人道支援の早期再開を表明している。これは、UNSOMの人道部門が、ニーズに基づく公平な支援だけでなく、現地住民の人心を掌握するために平和の配当を与え、国家建設という政治的課題の進捗を支援することにも配慮せざるを得ないことを示唆していると見なすことができる[30]。

(2)対テロ戦略

米国を中心とした国際社会による対テロ戦略もまた人道機関の活動に大きな影響を与えている。二〇〇一年九月一一日に発生した同時多発テロ以降、国際社会はテロ対策の強化を求められていた。国際レベルでは、安保理は決議一三七三を採択し、テロ組織に対するいかなる支援も行わないことを加盟国に求めるとともに、安保理理事国で構成される「反テロリズム委員会」を設置し、加盟国のテロ対策の監視を行うようになっている。

一方、国レベルでは、米国は人道機関に対し、テロ対策関連法に基づきテロ組織やその協力者に支援物資が渡らないよう規制するようになっている。例えば、一九七七年に制定された国際緊急経済権限法（ＩＥＥＰＡ）を法的根拠に、米国国際開発庁（ＵＳＡＩＤ）、財務省海外資産管理室（ＯＦＡＣ）が「特別指定国民（Specially Designated Nationals: SDN）」に指定されている組織や人物との取引を禁止する条項を人道機関との贈与契約の中に盛り込むようになっている。さらに、ＵＳＡＩＤは自らが拠出する資金によって行われている支援がテロ組織の強化につながっていないかを監査する“Partner Vetting System: (PVS)”を導入している[31]。その他にも、米国愛国法においても、テロ行為に使用されることを意図していたかどうかに関わらず、支援物資がテロ組織に利用された場合、その援助供与者を処罰することができるようになっている[32]。米国のほかにも、類似するテロ対策関連法が、英国や豪州等でも施行されている。

テロ対策関連法はドナー国からの資金提供を困難にし、ＮＧＯだけでなく国連人道機関の活動にも大きな影響を与えている。アルシャバーブの国際テロ組織への指定以降、最大のドナー国である米国は、国連人道機関やＮＧＯ等への拠出金の再検討を始める。ＴＦＧ設立後、増加していたソマリア向けの支援額は、二〇〇八年の二億三七〇〇万ドルから二〇一一年の二〇〇〇万ドルに減少している。ＯＣＨＡは、米国による人道支援政策の変更が、多くの人道機関の計画に大きな影響を与えていると声明を発表している[33]。実際、米国から多額の拠出金を受け取っているＷＦＰは、二〇〇九年一一月に食糧支援を停止せざるを得なくなった[34]。

アルシャバーブは、同組織のメンバーに対する経済制裁を決定した決議一八四四（二〇〇八年）の採択、そして米国による国際テロ組織への指定以降、国連職員や支援活動を行う欧米人を「正当な攻撃対象」と見なし、自爆テロや襲撃を繰り返すようになっている。また、国連が飢餓を宣言（二〇一一年七月〜二〇一二年二月）している最中、二〇一一年七月にアルシャバーブが無条件で国際支援を受け入れると宣言した際、米国財務省はOFACの規制を緩和し、アルシャバーブ支配地域にも支援物資を届けられるようにしたが、アルシャバーブは米国やWFPの食糧支援は中立性を欠いているという理由で、その支配地域における活動を再開させることができなかった[35]。

主要ドナー国によるテロ対策関連法が人道支援に悪影響をもたらす中、国際社会は何も対策を講じなかったわけではなかった。安保理は決議一九一六（二〇一〇年）を採択し、国連人道機関や赤十字運動等の活動資金が凍結されることはないことが確認されている。だが、決議一九一六はこれらの人道機関に対し、支援の横流し等の情報をHCに提供することを要請するとともに、HCに対し、このような事案が発生していないか安保理に四ヵ月ごとに報告するよう要請している[36]。つまりHCからの報告の内容によっては、安保理による追加制裁（人道支援の政治化）の余地が残されることになったのである。

このように、米国等の主要ドナー国によってテロ対策関連法の強化が図られ、人道支援は極めて政治化している。人道機関はドナー国から資金を獲得するのが困難になったことに加え、現地スタッフの雇用や支援活動の監査等に掛かる管理コストの上昇に直面している。さらに、アルシャバーブから活動への同意を獲得することが困難となり、人道アクセスも低下している。結果的に国連人道機関は、AMISOMの軍事力を背景にした「強硬アプローチ」を取らざるを得ず、同軍によって解放された地域以外では活動が困難になっている。

(3)小　括

ソマリアにおける国連人道機関による人道支援は、国家建設と対テロ戦略というきわめて政治的な文脈の中で行われている。国家建設というガバナンスにかかわる事業を推進するために、特別政治ミッションであるUNSOMのもと、国連は政治部門と人道部門の統合を図っている。本事例は、統合が紛争犠牲者の不利益となる可能性があることを示唆している。対テロ戦略については、人道支援コミュニティや現地社会に不信を増幅させ、人道アクセスの制限につながっている。ドナー国から厳しい条件が人道支援に必要な資金に課せられた結果、最も支援の必要な人々に支援が届けられない事態が生じている。テロの撲滅という政治的課題と人道支援が連結されたことにより、ソマリアにおける人道支援の環境は悪化している。

(4)赤十字運動による人道支援

前節では、系譜的に「新しい人道主義」寄りの国連人道機関による人道支援が、必ずしも人道アクセスの確保につながっていないことを指摘した。本節では、アルシャバーブ支配地域においても人道支援を継続している赤十字運動を構成するICRCとソマリア赤新月社の活動に焦点を当てて、なぜ同地域への人道アクセスを確保し、活動を継続できるのかを分析する。

①人道原則と"Safer Access"

赤十字運動は、「古典派人道主義」の立場を採る組織として、公平性、中立性、独立性を行動規範として活動を行っているが、これらの人道原則は必ずしも人道アクセスを保障するものではない。武装勢力にとっては人道機関に味方に付いてもらった方が利益になるため、必ずしも中立性はその武装勢力にとって都合の良いものではない。また、公平性に基づき、被災の程度に応じて支援物資を配布すれば、より少ない量の支援しか受け取れなかった武装勢力から見ると、人道機関の支援は敵対する勢力への加勢に見えてしまうのである。ソマリアにおいて、国連人道機関だけでなく、人道原則を最も厳守するICRCでさえもアルシャバーブ支配地域から二〇一二年一月に一時的に追放されたのは、人道原則にも限界があることを示している。[37]

しかし、だからといって、人道原則の効果を過小評価するのではなく、その有用性にも着目する必要がある。[38] 上記したように、利害関係者からの受容と同意を得るのに人道原則は非常に重要である。赤十字運動では、人道アクセスの確保のために、ICRCとNSによって作成された"Safer Access (SAF)"という指針が活用されている。SAFは、二〇〇三年に公表され、国内で発生した紛争において、NSが現地社会から受容され、安全とアクセスを容易にするための方法が明記されている。SAFによると、人道アクセスを確保するためには、「アクセス」、「認知」、「受容」、「安全」で構成される「SAFサイクル」を円滑に回転させる必要があるとされている。[39] NSは平時から民族、宗派等の区別なく国内全土で活動しなければならない(アクセス)。

そのような公平な人道支援は、全ての利害関係者に肯定的に捉えられ、信頼関係の構築に寄与する（認知）。そして、その信頼関係は、利害関係者のＮＳの活動に対する理解を促進し（受容）、最終的に現地における安全な活動が保障され（安全）、より確実なアクセスが実現される。

いうまでもなく、赤十字運動以外の多くの人道機関もＳＡＦに類似する枠組みや人道原則に基づいて活動を行っているわけだが、赤十字運動が他の機関と違うのは、それをアドホックではなく組織的に導入している点である。ＩＣＲＣとＮＳは、現地社会からの受容を獲得するために、紛争当事者から一般住民まで、幅広い人々と対話する。そして、紛争当事者内でも、指導部から前線の戦闘員に至る、幅広い層と対話する。ジャクソンによると、アルシャバーブが人道支援に対し警戒感を示すのは、①人道支援はスパイ行為である、②人道支援そのものが効果的でないと見なすからであると主張している。このことから、人道アクセスの交渉を行う際には、人道原則に基づいて活動を行うと確信させることが重要であることが分かる。また、アルシャバーブ内でも、前線の戦闘員は人道機関に対し否定的な感情を抱いているが、シュラ（Ｓｈｕｒａ）と呼ばれる指導部は前線の戦闘員ほどには否定的な感情を抱いていないという[40]。したがって、様々なレベルの紛争当事者と交渉し、同意を取り付けることが「同意に基づくアプローチ」の前提となる。

②ソマリア赤新月社

赤十字運動が他の人道機関よりも迅速に人道アクセスを確立できるのは、その組織的特徴にある。上記したように、赤十字運動はＩＣＲＣ、ＩＦＲＣ、そして一九一ヵ国にあるＮＳから構成されている。通常、他の人道機関は紛争地で人道支援を行う場合、現地のＮＧＯと契約を結び活動を行う。ソマリアの場合、国内に数多くのＮＧＯが存在するが、組織としての信頼性には大きな幅があり、国連人道機関や国際ＮＧＯが信頼できる現地の事業実施パートナーを見つけるのは容易なことではない。しかし、赤十字運動の場合、ＩＣＲＣが紛争下における人道支援を主導するが、活動を行うときは紛争国のＮＳと協働する。ＮＳは平時から現地で幅広い人道サービスを提供しているため、その国の文化や慣習等に精通している。したがって、紛争が発生した場合、ＩＣＲＣは速やかに紛争国のＮＳと連携し、人道支援を展開することができる。

赤十字運動が他の人道機関よりもアルシャバーブ支配地域にアクセスできるのは、ソマリア赤新月社の存在に負う面が大きい。ソマリア赤新月社は、同国独立から三年後の一九六三年に設立されたソマリア国内で唯一の全国展開（ソマリランドとプントランドも含む）している組織である。指導部に当たる「執行委員会」は、主要な氏族から選出された九人のメンバーで構成されているため、ソマリア赤新月社はソマリア政府や地方の有力者と太いパイプを築くことを可能にしている[41]。このことが紛争当事者とのアクセスをめぐる交渉に大いに役立っている[42]。また、ICRCとソマリア赤新月社は互いに補完的に活動を行う。ICRCの国際要員は必ずしもソマリア全土で「受容」されているわけではない。ICRCの国際要員がアクセスできない場所には、ICRCの要員に代わってソマリア赤新月社の職員が派遣され、人道支援を提供する。これにより、赤十字運動総体としての人道アクセスを維持することが可能なのである。さらに、ソマリア赤新月社は全国に一九の支部と一三〇の区部を構えており、それぞれの地域で保健サービス、救急法の講習、ボランティアの育成等、地域に根付いた活動を行っている。したがって、仮にある支部がアルシャバーブのような武装勢力の支配下に入り、外部からの支援が届かなくなったとしても、その地域に住む支部の職員やボランティアが人道上のサービスを提供することができるのである。

激しい戦闘が続くソマリアにおいて、ソマリア赤新月社が今日まで活動を継続できたのは、「独立性」を尊重してきたためである[44]。ソマリア赤新月社は、同国内において、ICRC以外の機関と連携して活動を行うことはない。上記したように、ソマリアではUNSOMだけでなく国連人道機関も紛争当事者や現地住民から中立な機関と見なされていない。このような政治的環境において、これらの機関と連携することはソマリア赤新月社の人道原則に基づく活動を脅かすことになるのである。もちろん、ソマリア赤新月社を含めた赤十字運動は、国連人道機関、国際移住機関（IOM）、NGO等で構成される人道カントリーチームの調整会議に参加するが、あくまでオブザーバーとしての参加であり、どこでどのような活動を行うのかは自分たちで決めるという姿勢をとっている。このように、組織としての自主性を担保し、他の人道機関との峻別を図ることで、現地社会から中立かつ独立な機関として信頼され「受容」を獲得してきたのである。

(3)小　括

本節では、SAFの策定を通し、赤十字運動が人道アクセスのアプローチの制度化を進めてきたことを確認した。治安、政治、開発、人道等、幅広い部局から構成される国連システムと異なり、赤十字運動の構成体は一貫して人道原則を遵守している。このような一貫性のあるアプローチが、現地社会からの「受容」を可能にしているのである。

おわりに

本稿は、「新しい人道主義」寄りで「強硬アプローチ」を採用する国連人道機関と異なり、「古典派人道主義」に属し「同意に基づくアプローチ」を採用する赤十字運動が、アルシャバーブ支配地域における人道アクセスの確保に成功していることを明らかにした。それでは、ソマリアにおける赤十字運動の活動は国連人道機関による活動にどのような示唆を与えうるであろうか。ここでは、「ＳＡＦサイクル」の構成要素である「受容」の視点から簡単に述べたい。

二〇〇六年に公表された『統合ミッションの指針に関する覚書（Note of Guidance on Integrated Missions）』では、政治、開発、人道、法の支配、治安等、幅広い平和構築活動を必要とする紛争後社会において、統合は指導的指針であると位置づけられている[45]。したがって、人道原則を厳格に遵守する「古典派人道主義」に国連人道機関が後戻りすることはもはや想像できない。つまり、赤十字運動のように一貫した「同意に基づくアプローチ」を採ることは困難なのである。

だが、このような制約がある中でも、国連人道機関とＵＮＳＯＭはその能力の範囲内で現地社会からの「受容」を獲得するために努力を続ける必要がある。まず、ＡＭＩＳＯＭの軍隊とソマリア国民軍（Somali National Army: SNA）による国際人道法の違反行為を抑止する制度を構築する必要がある。この点については、二〇一三年、国連事務総長は「人権配慮政策（Human Rights Due Diligence Policy: HRDDP）」を承認し、平和活動に当たる国連以外の治安部隊に対する人権の尊重の促進・奨励が進められている[46]。ＨＲＤＤＰとは、平和活動に当たる国連以外の治安部隊（ソマリアの場合、ＡＭＩＳＯＭやＳＮＡに相当）が国際人道法、国際人権法、難民条約等の国際法上の違反行為に加担することを抑止することを目的とした指針である[47]。すなわち、拷問や性的虐待のほか、予期される軍事的利益との比較において巻き添えになる文民たる住民の死亡や傷害、民用物の損傷等が著しく過度な攻撃が行われた場合等に、国連は当該治安部隊に対する支援を停止することができるとされている[48]。また、決議二〇三六における勧告に基づき、二〇一五年、AMISOMには「文民犠牲者追跡分析対応室(Civilian Casualty Tracking Analysis and Response Cell: CCTARC)」が設置されている[49]。CCTARCは、AMISOMの軍隊による戦闘行為に一般住民が巻き込まれた事件の追跡、一般住民にもたらされた被害の発生原因の分析、個別事件への対応と補償等を行う制度である。HRDDPとCCTARCは、AMISOMやSNAに対し戦闘行為において戦闘員と一般住民の区別に配慮することを促し、結果的に現地住民の間にAMISOMやSNAに対する不信感が広がることを抑止することができる。これによって、AMISOMから武装警護等の支援を受ける国連人道機関に対する不信感の拡大も抑止でき、現地社会からの「受容」にもつながると考えられる。

また、統合の問題についても、現地の治安情勢、人道支援の政治化の程度、現地住民や武装勢力が抱く支援機関に対するイメージ、人道コミュニティの分断の可能性等を踏まえ、統合度を決定すべきである。戦闘が激しい地域に展開するミッションの場合、安易に組織面の統合化を図らず、例えば、現在のようなDSRSG/RC/HCからHCの機能を分離したDSRSG/RCのダブルハットに留め、政治部門との峻別を図り、「受容」の獲得への悪影響を最小限にすることも検討すべきであろう[50]。

さらに、人道アクセスを促進するためのアドボカシー活動の強化も求められる。二〇〇一年の同時多発テロ以降、人道アクセスの確保に向け、国連が高官レベルで非国家武装勢力と交渉する機会は限られているとされる[51]。しかし、一九九一年に採択された総会決議四六／一八二では、国連の高官にはすべての紛争当事者から「同意」を獲得することによって人道アクセスを促進する責務があると明記されている[52]。国連人道機関(特にOCHA)は、紛争当事者との交渉と「同意」の獲得が国際的に認められた人道アクセスの確保のための手段であることをFGS、ドナー国、AMISOM等に周知していく必要がある。また、二〇〇三年に主要ドナー国、国連、赤十字運動、NGOの間で合意した『人道援助における原則と優れた実践(Principles and Good Practice of Humanitarian Donorship)』や二〇一六年の世界人道サミットで議論された『グランドバーゲン(Grand Bargain)』等でも指摘されているように、ドナー国に対し使途条件のない資金の拡大を求め、人道支援に係る資金が政治目的に利用されないようにする仕組みを構築するための活動も地道に続けていく必要がある[53]。

本稿は、「古典派人道主義」と「新しい人道主義」という二つの系譜から、赤十字運動と国連人道機関の人道アクセスの確保に向けた政策について考察した。赤十字運動については、“Safer Access”の枠組みのもと、ソマリアにおいて一定の人道アクセスの確保に成功していることを確認した。しかし、“Safer Access”の有効性を検証するためには、ソマリアの事例だけでは不十分である。したがって、今後、“Safer Access”が他の紛争地または紛争後社会においても有効なのか検証する必要である。一方、国連人道機関については、全体として、政治部門との「統合」や国際社会による対テロ戦略によって、人道アクセスが阻害されていることを指摘したが、ＵＮＨＣＲやＷＦＰ等の個別の政策にどのような影響を与えているのかまでは十分に分析しきれなかった。この点についても、より詳細な分析が必要である。

　最後に、「古典派人道主義」と「新しい人道主義」は人道アクセスへのアプローチこそ異なるものの、紛争犠牲者の救済という目的を共有している。したがって、両者を二項対立的に捉えるのではなく、相互補完的な人道主義の潮流と見ることも可能である。今後、こうした視点から赤十字運動と国連人道機関の活動を考察してみたい。

謝　辞

　本稿は平成二七年度「学校法人日本赤十字学園教育・研究及び奨学金基金」の研究成果の一部であり、同基金教育研究報告書に加筆・修正したものである。本研究を実施するにあたり、インタビューにご協力下さったＩＣＲＣ、ソマリア赤新月社、国連諸機関の職員の方々に感謝申し上げます。

注

1　Aid Worker Database, https://aidworkersecurity.org/incidents/report/summary (accessed on 20 October 2016).

2　International Commission on Intervention and State Sovereignty (ICISS). [2001], *The Responsibility to Protect*, International Development Research Centre.
UN. [2006], S/RES/1674.

3　UN. [2008], *United Nations Peacekeeping Operations: Principles and Guideline.*

4　クラスターアプローチとは、二〇〇五年に行われた人道支援改革の一環として構築された人道支援調整システムである。同アプローチでは、給水・衛生、保健等の分野別に主導機関が定められ、そのリーダーシップのもと、ニーズ調査、優先順位付け、対応計画の作成等を行うものである。同アプローチにおいて、ＵＮＨＣＲは「キャンプ調整・管理」、「仮設住宅」、「保護」、ＵＮＩＣＥＦは「教育」、「給水・衛生」、「栄養」、ＷＦＰは「ロジスティックス・通信」、「食糧安全保障」の主導機関となっている。

5 The Sphere Project, [2011]. *The Sphere Project: Humanitarian Charter and Minimum Standards in Humanitarian Response.*

6 UNOCHA, [2011], *To Stay and Deliver*, p.5.

7 Hubert, D, Brassard-Boudreau, C [2014], "Is Humanitarian Space Shrinking?" in *Negotiating Relief: The Politics of Humanitarian Space*, eds. Acuto, M, London, Hurst & Company.

8 公平性の確保は、人道を広く行き渡らせるのに不可欠な原則である。公平の原則は、国籍、宗教、民族等による区別なく被災した者はすべて支援の対象であるとする「無差別の原則」と、支援の優先度は被災者の苦痛の度合いに従うべきであるとする「比例の原則」から構成されている。仮に重症の負傷兵が一〇人と軽症の負傷兵が一〇人いたとしよう。「無差別の原則」の観点からは、二〇人全ての負傷兵が治療の対象になる。「無差別の原則」に加え「比例の原則」にも従うと、重症の負傷兵から治療することになる。仮に「比例の原則」に従わず、軽症の負傷兵から治療したならば、場合によっては重症の負傷兵の何人かは命を落とすことになるかもしれない。このように、公平の原則は最大多数の被災者に人道を実現するための原則といえる。

人道主義において遵守されるべき本質的で絶対的な価値である人道と公平と違い、中立と独立は相対的な価値であり、それ自体に道義的価値はない。これらの原則は、紛争地において、紛争当事者からの信頼の獲得を容易にするとともに、人道機関の活動に対するあらゆる干渉を回避することによって、公平な救援活動の遂行を可能にするためにＩＣＲＣが経験的に導き出した活動上の原則である。中立は「軍事的中立」と「イデオロギー上の中立」から構成されており、前者はある特定の紛争当事者への軍事的便益の供与を控えることを意味するのに対し、後者は政治的、人種的、宗教的、イデオロギー的性質の紛争に加担することを控えることをいう。一方、独立は、極めて政治的な機関である国家からの干渉を避け、人道原則に基づいて、自立した活動を展開する上で非常に重要な原則である。特に、その国の法律に従って政府の人道的事業を補助する機能を持つNsの場合、組織としての独立性が確保されなければ、政府の政策だけを執行する単なる「役所」になってしまう。ピクテ、Ｊ．（一九七九）、赤十字の基本原則―人道機関の理念と行動規範―井上忠男訳（二〇〇六）、参照。

9 Slim, H., [2015], *Humanitarian Ethics: A Guide to the morality of Aid in War and Disaster*, London, Hurst & Company, p.66.

10 山下光（二〇一四）、「新人道主義とポスト冷戦期の世界政治　人道援助の危機を契機にして」『国際政治』一七五号、一四四―一五七頁、参照。

11 Dijkzeul, D, Moke, M., [2005], "Public Communication Strategies of International humanitarian Organizations," *International Review of the Red Cross*, 87(860), pp.673-691. 以下の論考に、ダイクズュールとモケが作成した図の邦訳がある。上野友也（二〇一三）、「新しい人道主義　国際管理と統治の手段としての人道支援」『公共学研究』第一三巻一号、一一一―二二一頁。

12 Fast, L., [2015], "Securitization and Threats to Humanitarian

Worker,” in *The Routledge Companion to Humanitarian Action*, eds. Ginty, R, New York, Routledge, pp.313-323.

13　国連は一九九二年四月に停戦監視を主要目的に第一次ソマリア活動（ＵＮＯＳＯＭⅠ）、さらに同年一二月には人道支援活動の安全な環境を確保するために米国主導の総合タスクフォース（ＵＮＩＴＡＦ）の派遣が承認され、同国の治安は一時的に回復した。一九九三年三月にはＵＮＯＳＯＭⅠの後継として、第二次ソマリア活動（ＵＮＯＳＯＭⅡ）を設立し、氏族間の和解、武装解除、警察の再建等、軍事・政治部門も含めた幅広いマンデートを付与したが、現地武装勢力との対立が激化し、パキスタン兵二四人が殺害された。最終的に、ＵＮＯＳＯＭⅡは一九九五年三月に撤退することになる。

14　Lewis, I., [2008] *Understanding Somalia and Somaliland: Culture, History, Society*, Columbia University Press, pp.88-89.

15　遠藤貢（二〇一五）『崩壊国家と国際安全保障　ソマリアにみる新たな国家像の誕生』有斐閣、一七七―一七九頁。

16　Jackson, A., Aynte, A., [2013], *Al-Shabaab Engagement with Aid Agencies*, HPG Policy Brief, No.53, p.2.

17　現在は国連ソマリア支援事務所（United Nations Support Office in Somalia: UNSOS）がＵＮＳＯＡの事業を承継している。ＵＮＳＯＡの活動は以下に詳しい。United Nations Support Office for AMISOM (UNSOA), UNSOA Booklet.

18　前掲書15、一九〇頁。

19　Uppsala Conflict Data Program (UCDP). Somalia: Number of Death, http://ucdp.uu.se/#country1520(accessed on 19 March 2018).

20　United Nations High Commissioner for Refugees (UNHCR) [2016], UNHCR Statistics, http://popstats.unhcr.org/en/overview (accessed on 19 March 2018).

21　Menkhaus, K., [2014], “Leap of Faith: Negotiating Humanitarian Access in Somalia’s 2011 Famine,” in *Negotiating Relief: The Politics of Humanitarian Space*, eds. Acuto, M, London, Hurst & Company, p.122.

22　二〇〇八月一一月、ＴＦＧとイスラム主義反政府勢力の同盟体である「ソマリア再解放同盟（ＡＲＳ）」との間でジブチ和平協定が締結された。しかし、同協定にはアルシャバーブは参加していなかったため、アルシャバーブに敵視されることになった。結果的にＵＮＰＯＳはアルシャバーブと対立するＴＦＧを政治的側面で支援する役割を果たすことになった。遠藤貢（二〇一五）『崩壊国家と国際安全保障　ソマリアにみる新たな国家像の誕生』有斐閣、七九頁、参照。

23　Above note 21, p.131.

24　Kenyan Daily Nation., [2009], Ould-Abdallah, Ahmedow, “Why the world Should not Let Somalia Go to the Dogs.”

25　Collinson, S., Elhawary, S., Muggah, R., [2010], *States of Fragility: Stabilisation and Its Implications for Humanitarian Action*, HPG Working Paper, p.15.

26　Bradbury, M. [2010], *State-building, Counterterrorism, and Licensing Humanitarianism* in Somalia, Feinstein International Center Briefing Paper, p.11.

27　UN, [2013], S/RES/2102, UN, [2014], S/RES/2158.

28　Action Contre la Faim (ACF), [2015], *Consequences of the Structurally*

Integrated UN Mission in Somalia on Principled Humanitarian Action and Access to Population in Need, ACF Case Study, p.3.

29 Ibid, p.4.

30 ＵＮＳＯＭ職員へのインタビュー（実施日：二〇一五年一〇月一五日）。

31 Pantuliano, S., Mackintosh, K., Elhawary, S., Metcalfe, V., *Counter-terrorism and Humanitarian Action: Tensions, Impact and Ways forward*, HPG Policy Brief, 43, p.5.

32 Ibid, p.4.

33 UNOCHA, [2009], *Humanitarian Overview*.

34 Hammond, L., Vaughan-Lee., [2012], *Humanitarian space in Somalia: a Scarce Commodity*, Humanitarian Policy Group. p.5.

35 Ibid, p.10.

36 Above note 26, p.13.

37 Office for Supervising the Affairs of Foreign Agencies (OSAFA). [2012], Closure of the International Committee of the Red Cross.

38 Above note 6, p.16, 41.

39 International Committee of the Red Cross (ICRC). [2013], *Safer Access: A Guide for All National Societies*.

40 Jackson, A., [2014], *Negotiating Perceptions: Al-Shabaab and Taliban Views of Aid Agencies*, Policy Brief, 61, p.3.

41 British Red Cross, Somali Red Crescent Society. [2013], *Principles in Action in Somalia*, p.18.

42 Ibid, p.22.

43 Above note 39, p.60.

44 ＩＣＲＣソマリア代表部ナイロビ事務所職員へのインタビュー（実施日：二〇一五年九月七日）。

45 UN, [2006], *Note from the Secretary-General Guidance on Integrated Mission*.

46 UN, [2013], A/67/775/S/2013/110.

47 田村恵理子（二〇一五）「国際連合による「人権配慮政策」の国際法的意義」『宮崎公立大学人文学部紀要』第二二巻一号、九七―一一二頁。

48 停止されうる「支援」には、「訓練、教育、助言、能力構築、制度構築及びその他の技術協力で、非国連保安部隊の作業能力の向上を目的とするもの；非国連保安部隊の運営、管理又は指揮統制に直接の責任を負う文民又は軍事当局へのアドホック又はプログラム的な支援；給与・奨学金・手当及び経費の支払を含む財政的支援（財源を問わない）；非国連保安部隊による現業活動への戦略的又は戦術的支援；非国連保安部隊による現業活動への作業上の支援（発砲支援（fire support）及び戦略・戦術計画作成を含む）；並びに、国連部隊及び非国連保安部隊による共同作業」等が含まれる。前掲書四七、一〇三頁。

49 UN, [2012], S/RES/2036.

50 IAP Working Group, [2013], *Integrated Assessment and Planning Handbook*.

51 Jackson, A., [2012], *Talking to the Other Side: Humanitarian Engagement with Armed Non-state Actors*, HPG Policy Brief, 47, p.3.

52 UN, [1991], A/RES/46/182.

53 Good Humanitarian Donorship [2003], 23 *Principles and Good Practice of Humanitarian Donorship*. Inter-Agency Standing Committee, The Grand Bargain: A Shared Commitment to Better Serve People in Need, https://interagencystandingcommittee.org/system/files/grand_bargain_final_22_may_final-2.pdf (accessed on 25 December 2017).

特集2：国際人道法と人道支援

国際人道法の普及と赤十字——運動体の原点の探究

日本赤十字社事業局国際部企画課派遣係長
齊藤　彰彦

国際人道法（以下「人道法」）を構成するジュネーヴ諸条約には「条約の普及」と題して、平和時から条約本文を広く普及することを義務付ける条文がある。しかし同条には誰が何をどう普及したらよいのか、具体的なことまでは書かれていない。そうした中、赤十字は「人道の実現」という自己のマンデートのため、それを法的に支える人道法の普及をそれぞれがおかれた多様な文脈で実践している。

今回筆者はまさにそうした普及活動の一つともいえる、オランダ赤十字社と同国ライデン大学とが共催する「理論と実務における国際人道法」という一週間の集中講座（二〇一七年七月九日〜一五日）に参加した。そこで人道法の普及はどのように実践されたのか。本稿では本講座の紹介と赤十字の観点からみたいくつかの考察を述べたい。

多様な人道法のかたち

「理論と実務における国際人道法」という講座名にも示されているように、軍隊関係者、赤十字関係者、学術関係者といった、それぞれ第一線で人道法実務に携わる講師により多様な講義がもたれた。内容を簡単にみておこう。

人道法は古くは戦争法と呼ばれ、国際法の中でもとりわけ長い歴史を持つ。時間軸において人道法の内容がどう広がりをみせてきたのかをみれば、人々が戦争（武力紛争）にどう法的に向き合ってきたのかを知ることができる。現代に目を向ければ今の紛争の形は、国家の軍隊同士が衝突するようなわかりやすい構図ではなく、国家ではない武装集団や一般市民を装った本来戦闘とは無関係な人々が暴力行為(テロリズム行為等)を企てるような一国内の内戦(非国際的武力紛争)が増えていたり、一見、非国際的に見える武力紛争でも、その背景に第三国の介入が疑われたり、治安維持や国連の平和維持活動のように外国の軍隊が介入する例がある。つまり何が人道法が適用される武力紛争なのか、わかりにくい紛争の形が多くみられるようになっている。軍隊関係者がおかれたこうした現実は複雑で、知らなければならないルールは多い。

一方、人道法は戦闘に無関係な文民(一般市民)や医療従事者を保護の対象としているにもかかわらず、そうした人々の犠牲は絶えることがない。それは赤十字のような人道支援団体にとっては最も憂慮すべき問題であり、そのために人道法がより多くの人々に理解され、受け入れられるための普及活動がますます重要になっている。他方この問題の背景には、本来人道法で保護されるはずの人々が紛争に巻き込まれる頻度や範囲が拡大している現実(市街地での紛争やテロリズム行為の増加といった事象)があり、学者の間では、文民がどのような行為に着手すればその保護が失われるのか、また、どのような条件で保護の地位は保持されるのかといった、人道法の法的解釈に関する盛んな議論が交わされている。また、科学技術の進歩に伴い、地理的な範囲や人間のコントロールを超えて作動するような新しい戦闘の方法・手段(ドローンやサイバー兵器、ロボット兵器など)も急速な進歩を遂げており、その規制の是非やあり方について、産業界や政策決定者も巻き込んだ議論も生じている。要約すれば、どの講師にも共通した問題意識として、古いルールと新しい現実のギャップにどう対処するかという点が根底に見えてくる。

座学の講義以外にも、学んだ知識を応用する参加型のプログラムも設けられた。ペイントボールシミュレーションでは、遊戯用のエアガンを用いたサバイバルゲームを屋外で体験しながら人道法のルールを学んだ(例えば赤十字標章を掲げたり、投降を表明した者は攻撃をしてはならない、というルールの順守)。また国際刑事裁判所(International Criminal Court、以下「ICC」。人道法の重大な違反行為等を犯した個人を処罰する条約により設置された国際機関)模擬裁判では、仮想の紛争事例について裁判官、弁護士、検察官、紛争犠牲者といった役割に分かれ、裁判形式で議論を交わした。机上の知識を実際に用いることで自己理解を深めることができ、同時に、参加者同士の交流を深める良い機会にもなった。また、国際法実務を取り扱う多くの国際機関が所在す

講義	
講義名	講師
A. 導入　赤十字運動	オランダ赤十字法律顧問 Mirjam
B. 国際人道法　過去、現在、未来	国際司法裁判所判事 John Dugard
C. 武力紛争の区別	ライデン大学准教授 Robert Heinsch
D. 文民保護	ライデン大学教授 Horst Fischer（元オランダ赤職員）
E. 戦闘員と捕虜	アムステルダム大学講師兼オランダ防衛アカデミー准教授 Jeroen van den Boogaard（元オランダ赤職員）
F. 国際人道法の普及における ICRC の役割	ICRC 本部研究員 Juliane Garcia Ravel
G. 敵対行為：一般原則と目標識別	アムステルダム大学兼オランダ防衛アカデミー教授 Terry Gill
H. 敵対行為：自律兵器とサイバー戦	アムステルダム大学兼オランダ防衛アカデミー教授 Paul Ducheine
I. 非国際的武力紛争の法	オランダ外務省法律顧問 Mireille Hector
J. 人道支援と災害対応法	ローマ・トレ大学准教授 Giulio Bartolini
K. 国際人道法と国際刑事法の相互作用	ライデン大学教授 William Schabas
L. 国際人道法と国際人権法の相互作用	ライデン大学教授 Helen Duffy
M. 国際人道法の執行と履行	ドイツ赤十字社国際部次長 Heike Spieker
N. ライデン大学 IHL クリニックプロジェクト	ライデン大学大学院生

アクティビティー	
内容	講師
a. オランダ赤十字本社訪問	オランダ赤十字安否調査担当職員、ボランティア
b. 国際刑事裁判所（ICC）訪問	ICC 職員
c. ペイントボールシュミレーション	オランダ赤十字法律顧問 Mirjam
d. 模擬裁判	ライデン大学准教授 Robert

るハーグという地の利を生かし、実際にICCを訪れる機会を得た。裁判所職員二名と二時間超にわたって盛んな質疑応答を交わし、現実の世界で人道法がどう機能しているのかを肌身に感じることができた。確かに、生身の人間の生命と尊厳を扱う人道法の学習において、「理論として見てきたルールを武力紛争という現実の場にどう役立てるのか」というプラグマティックな思考は欠かせないものである。

赤十字のエッセンス

本講座はライデン大学とオランダ赤十字社が共催するもので、全体の進行(ファシリテーター)もそれぞれの職員(教員)が務めた。

冒頭、オランダ赤十字社の職員が赤十字運動についての概要説明を行った。人道法について既に深い知識に到達した学生であっても、必ずしも赤十字運動に詳しいわけではない。未来の法律家や学者の卵でもある学生たちにとっては、人道法の背景にある「人間の生命と尊厳の尊重、保護」といった赤十字の基本理念に触れておくことはきわめて重要である。この点において、全体の進行役を務めたライデン大学Robert准教授は、ドイツ赤十字社、ドイツ軍、ICCで法律顧問を務めた経歴を持ち、理論と実務を兼ね備えた素養を発揮しながら、参加者の疑問にも首尾良く答えていた。もちろん、参加者の主たる関心は、赤十字運動ではなく理論と実務における生きた人道法の姿を学ぶことであって、ファシリテーターには、赤十字にも学術的議論にも双方に深い見識が求められることは言うまでもないだろう。

この他、赤十字のエッセンスに触れる場面として、オランダ赤十字社本社を訪問し、赤十字職員やボランティアから安否調査活動についての説明を受けた。安否調査活動とは、言い換えれば離散家族支援(Restoring Family Link, RFL)のことで、紛争や災害などを理由に離ればなれになった家族の再会を支援する、とりわけヨーロッパの赤十字社にとっては歴史の長い活動の一つである。赤十字による安否調査活動は人道法に明確に規定されているもので、初日の講義で受けた赤十字の歴史が人道法とどう有機的に結びつくのかについて、あらためて理解を深めることができた。

例えば安否調査担当部署のアーカイブでは、先の大戦におけるアンネ・フランクの安否調査を依頼するカード

ライデン大学
ハーグキャンパス外観

講義の様子

(Tracing Request Card) の実物を見ることができたり、実際に安否調査活動に携わるオランダ人の赤十字ボランティアからは、昨今の中東からの難民流入に伴い急増している安否調査活動の実態について説明を聞くことができた。赤十字・人道法・地域的背景という三つの視点から、例えば日本ではどのような普及プログラムを考えることができるだろうか。他国の赤十字社による人道法普及の実践例として、日本の赤十字社の職員である筆者にとってはとりわけ興味深いプログラムだった。

理論と実務の対話

参加者には、実際の紛争地で働くICRCスタッフや国連機関の職員、大学教員など、既にある程度の専門知識を備えた者も含まれていた。例えばウクライナで活動するICRCスタッフからは、同国での紛争が人道法上どう評価されるのかといった質問が挙げられた。確かに、自分たちがおかれた状況にどのルールが適用されるのかを知ること（人道法の解釈の仕方）は、その現場での活動のあり方に直結する重要な問題である。また、一九四九年ジュネーヴ第四条約（文民条約）の成立史を研究する別の参加者（研究者）は、

オランダ赤十字社本社社屋
（ハーグ中心部からトラムで約 20 分）

同社安否調査アーカイブ

国際刑事裁判所正門

ペイントボールシミュレーション受付前

同条約の起草過程に日赤の戦時救護の歴史が大きな影響を与えていたことを教えてくれた（文民条約の草案は、一九三四年に日赤で開催された赤十字国際会議で採択され、「東京草案（Tokyo Draft）」とも呼ばれている）。異なる国や言語、文化的背景や問題意識を持つ参加者間の対話において、人道法は、「紛争」という現実的課題を議論する際のひとつの「共通言語」としても機能している。

実務との接点という観点からの試みとして、ライデン大学からは「国際人道法クリニックプロジェクト」という取り組みが紹介された。今日、紛争地の実態を伝える報道（メディア）の多くは「人道法が守られている」というにはほど遠い映像ばかりである。しかし他方で、私たちは現実に人道法が守られている実例をどれだけ知っているだろうか。同プロジェクトはそのような問題意識から、人道法が適切に守られたことで実際に人々の生命の保護や紛争後の平和構築に貢献した実例（Good Practice）を明らかにし、人道法に対する人々の認識をより積極的なものに促すこと（「人道法は役に立たない」というネガティブな認識から脱却すること）を目指している。具体的に同プロジェクトでは、学生が主体となってそうしたGood Practiceを収集し、その成果をＩＣＲＣやAMNESTY INTERNATIONALといった人道法普及の担い手たちに提供しているという。プロジェクトの成果はウェブサイト『IHL in Action（https://ihl-in-action.ICRC.org/）』で公開されている。ただし、人道法が守られているからといって、決して紛争そのものが肯定されるわけではない。同ウェブサイト上にも「本ウェブサイトにある順守事例はＩＣＲＣの見解を示すものではない」「武力紛争の犠牲者の苦しみが無視されてはならない」といった注意書きが添えられている。「守られていない」という誤解をぬぐう努力も重要だか、赤十字にとっては「守られているかどうか」という問いの先に「人道法をいかに紛争犠牲者の苦しみの緩和に役立てることができるか（人道の実現）」という究極的なゴールがあることも忘れてはならない。

赤十字にとっての原点

人道法を構成するジュネーヴ諸条約は半世紀以上前に成立したもので六〇〇近くの条文で構成されている。そしてその内容は時代の変化に応じて常に課題を突き付けられている。そのようなダイナミズムの中で、人道法の普及とは何をどうやって実践したらよいのだろうか。オランダにおける人道法普及の実践はその問いに対する多くのヒントを与えてくれた。

今回の集中講座で感じたことはまず、人道法の学習において隣接する関連法域の知識がますます欠かせなくなっているということである。プログラムの実に三分の一ほどが、国際刑事法、国際人権法、災害対応法といった、人道法とその理念を共有する他の国際法との関係性について焦点をあてたものである。人道法に限らない、人間の生命と尊厳を脅かす事態に対処する「総体的な」国際法の理解が重要になっている。また上にも述べたような、市街地での紛争やテロリズム行為の増加、新しい技術進歩に伴う戦闘手段の多様化、本来人道法で保護されるはずの医療従事者への攻撃など、人道法の話題を彩る現代的課題はますます事欠かなくなっている。人道法の全体像を理解する際に、それをとりまく周辺の国際法の発展や現代の武力紛争が直面する様々な現実的課題についても、幅広い視野が求められている。

またこれと並んで今回の講座の中で何度も強調されたのが「人道法をいかに守らせるか」という視点だった。警察や裁判所のような法執行機関のない国際法の学習においては、知識そのものを知ることと並んで、これをどう現実世界と結びつけて実りあるものにするかという思考が重視される。とりわけ人道法は、国際法で禁止されている武力行使(武力紛争)という状態を前提にして機能をはじめる。人道法が様々な場面で語られ、大きな期待が寄せられる一方で、そもそも人道法は「戦争という悪の中の善」という限界の上に成立していることも忘れてはならないだろう。

赤十字の原点は「人間の苦しみ」を緩和するために行動を起こすという「人道」の原則であり、その実現を法的に保護する点こそ、赤十字にとっての人道法の最も重要な価値である。しばしばＩＣＣや国連の人権機関による試みは、不処罰のまま放置されている犯罪人は誰か、人権侵害をどう明るみにするかといった、「正義」や「平和」といった理念が先行する。そうした試みの周辺ではときに、「敵」や「味方」、「テロリスト」や「同盟」といった人々を分断する言葉が浮かび上がる。様々な価値観や法規範が錯綜する中で、「すべての人々の苦しみに等しく手を差し伸べる」という赤十字と人道法のシンプルな原点を見つめなおすこと。今回の集中講座はそのような気付きをあらためて筆者に与えてくれた。そのエッセンスを簡潔に言い表した以下の条文をもって、本稿を締めくくりたい。

「傷者又は病者である者は、すべての場合において、尊重し、且つ、保護しなければならない。それらの者を権力内に有する紛争当事国は、その者を性別、人種、国籍、宗教、政治的意見又はその他類似の基準による差別をしないで人道的に待遇し、且つ、看護しなければならない。」（一九四九年ジュネーブ第一条約（傷病者保護条約）第一二条）

　本条はこの条約全体の礎石である。本条は本来の意味におけるこの条約を開始し、この条約全体を通じてそれを支配していることは事実である。この条文に置かれている大原則から、以下各章において紛争当事国に課されているその他の一切の義務が生じる。この原則は文明の美しい花であって、一般民衆の道徳及び公衆の良心にしっかり受け付けなければならないものである。（赤十字国際委員会ジュネーブ条約解説）

特集2：国際人道法と人道支援

国際人道支援における日赤の安全管理について

日本赤十字社事業局国際部参事
斎藤　之弥

赤十字の国際人道活動に派遣要員として従事しようとする日本赤十字社の職員たちは派遣に際して危機管理研修の修了が必須条件となっている。まず、国際赤十字・赤新月社連盟（以下、ＩＦＲＣ）の Learning Platform にあるインターネットを使った"Stay Safe"という研修コースで要員個人にかかる安全対策を学んだ後、日赤本社で集合研修を受ける。その集合研修の冒頭で参加者たちにいつもひとつの質問を投げかけてきた。「国際活動に際して最も大切なことは何か。」すると様々な答えが返ってくるが、そのたびに「皆さんが笑顔でミッションから家や職場に帰ること」ではないか、と安全管理の重要性と問題を提起している。近年の人道支援活動では特に多くの従事者、赤十字の同僚たちが犠牲となっている中、さらに重きを置かなくてはならない課題として安全管理の意識を喚起し、ノウハウを涵養することがこの研修の目的であり、何より要員の派遣に必要なことだからである。

1　人道支援を取り巻く安全環境

赤十字を含め国際人道支援を取り巻く安全環境は変化している。リスクとしては、紛争が長期化していること、様々な武装勢力が跋扈し、必ずしも国際人道法が遵守されない状況になっていること、武力紛争の戦術として医療施設や医療要員、ボランティアなどの救援要員を攻撃対象とし、保健医療サービスの砂漠化を図ることさえもあること、銃器が氾濫し、武装勢力による活動が拡散していることなどがある。また、自然災害の激甚化や、新興感染症の流行もある。従来からあるが、事案の発生頻度が高い身近なものとして、疾病や交通事故、一般犯罪も大きなリスクとなっている。

　政治的要因や個人を保護する必要性、事案の生じた場所が壁や検問などにより物理的に隔たれていることなどにより、すべての情報が正確に集積されてはいないが、二〇一六年には国際機関から地元の民間支援団体まで人道支援に従事する一九九人の要員たちが殺害、重傷、誘拐といった深刻な被害に遭っている。これらの人たちが所属する機関ごとに区分すると、国連機関五一人、国際ＮＧＯ一三一人、地元ＮＧＯと地元赤十字社三四人、赤十字国際委員会（以下、ＩＣＲＣ）一二人、ＩＦＲＣ一人、他二人であり、要員たちを区分すると国際スタッフ四〇人、現地スタッフ一五九人であった。従事する要員たちの全体数が不明であるため、どの程度リスクの度合いが高いかは判然としないが、人道支援に従事する壮健な人たちが一般社会において殺害、重傷、誘拐の被害に遭遇する割合に比べると、はるかに高いものであることは想像に難くない。

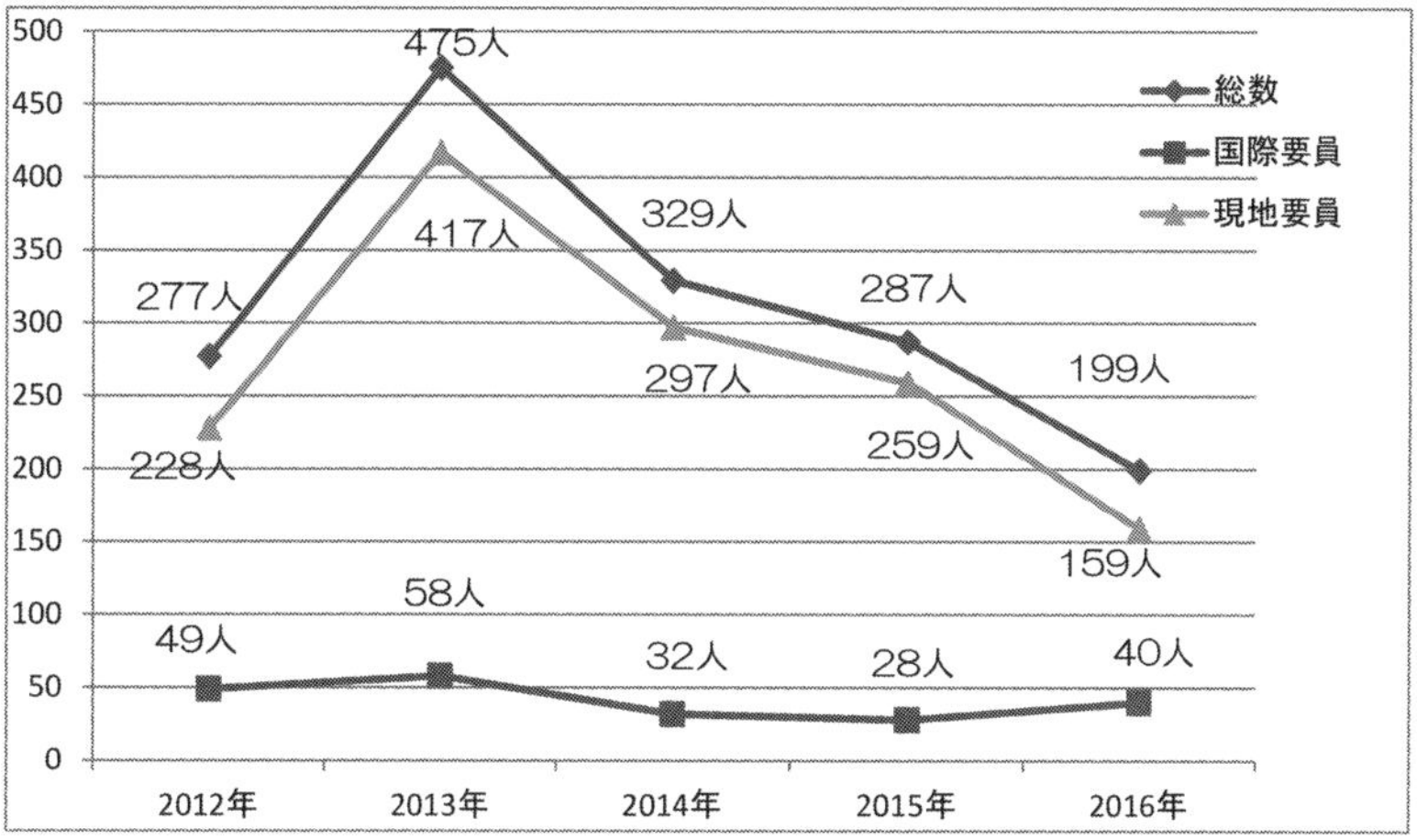

図１　人道支援機関における重大事故・事件による被害者数

データ出典：Aid Workers Security Database/ 米国支援庁（USAID）による

表１　人道支援機関における重大事故・事件の被害原因　（単位：人）

被害原因	2012 年	2013 年	2014 年	2015 年	2016 年
被害者総数	277	475	329	287	199
・爆発、爆撃など	52	113	61	77	30
・銃撃など	113	182	101	112	70
・誘拐被害者総数	99	150	121	81	63
うち誘拐後に解放	92	141	120	68	63
うち誘拐後に殺害	7	9	1	13	0
・その他	13	30	46	17	36

データ出典：Aid Workers Security Database/ 米国支援庁（USAID）による

もっとも、人道支援活動に従事する人たちは増えている。ＩＣＲＣの安全管理担当者によると、現在は一〇年前の二倍程度の人たちが従事していると推定されている。過去五年間で人道支援機関における重大事故・事件の被害者数は（参照：グラフ二）二〇一三年に被害者が四七五人に達して以降、減少傾向にあることから、様々な援助機関や団体が安全管理に多大な努力を払ってきたことが推測される。また、被害の内容が治安情勢の比較的良い国や地域とは異なることがうかがわれ、平時とは異なる安全対策が講じられる必要がある。（表１参照）

２　安全の七つの柱

そして、一人ひとりの要員が「笑顔でミッションから家や職場に帰る」ために、引き続き安全管理に鋭意の努力が払われなければならない。大きな事案が生じる度に世論でも組織としての安全配慮義務、“Duty of Care”が問われ、今日もいかに組織として要員の安全管理を図るかが課題となっている。では、日本赤十字社は国際人道活動に向けて、いかに要員の安全管理を図っているのか。

まず、赤十字の安全管理の基礎には「安全の七つの柱」がある。これは要員候補者が初めに学ぶことであり、赤十字運動全体で共有されている安全管理の視点でもある。また、これらを念頭にして現地の状況が調べられ、安全対策が講じられるものでもある。以下にそれらの概要を示す。

安全の７つの柱　Seven Pillars of Security

●受容 Acceptance
●識別 Identification
●情報 Information
●通信 Telecommunication
●規則 Rules and Regulations
●行動 Behavior
●防御 Protection

(1) Acceptance 受容

赤十字は脅威を緩和するための最も重要な戦略に「受け入れられること」を置いている。赤十字は政治・宗教・文化的に中立で公平な人道支援機関として、すべての紛争当事者から受け入れられなければならない。受け入れられるために赤十字は、その使命や人道・公平・中立に基づく活動内容を広く知らしめる必要がある。また、赤十字の要員もまた、活動地域の文化や習慣および政治、社会、治安などの状況を受け入れることが肝要である。

(2) Identification 識別

現場において受容が達成されたら、識別されなければならない。識別の最も明確な手段は、事務所、住居、車両などへの赤十字標章の使用である。要員はワッペンや身分証明を身に着け、赤十字の要員として識別される必要がある。困難な状況下で視認性を高めるため、赤十字の旗が使用されることがある。

また、二〇〇三年にイラク・バグダッドで人道支援機関が武装勢力の標的となって以来、識別が必ずしも安全を保障しないどころか要員をさらに危険にさらす場合や戦略的に人道支援機関を標的とする事案も各地で生じている。安全確保の手段として国際赤十字は標章を示さないこともある。要員たちは時と場所を選びながら、明確に識別されるよう、あるいは目立たないよう、"High Profile" あるいは "Low Profile" で、活動を行い、生活を送っている。

(3) Information 情報

信頼できる情報は要員に潜在的なリスクの存在を想起させ、事案を予測させることになる。まずは本当に信頼できる情報源なのか否か、バイアスの度合いも判別する必要がある。事案の発生した時にも的確な対応を可能にする点から、正確な情報は安全管理の上で不可欠な要素であるといえよう。

安全管理に関する情報共有には、指揮命令系統を常に意識する必要がある。すべての要員は、取扱注意・守秘義務の対象となる軍事・政治・個人情報等の機密性に注意し、情報を収集、分析、伝達・共有する。すべての安全確保に関する情報や事案は報告されなければならないし、特に治安悪化に関する情報には注意を払わなければならない。

(4) Telecommunication 通信

信頼できる通信機器、可能であれば複数の通信システムを用いることが安全の確保には必要不可欠である。また、通信機器が安全を向上させるのではなく、個々の要員が通信の正しい知識を持ち、適切に使用し、通信網が確立されることで安全が向上される。情報伝達、現場での移動管理と現在地モニタリング、治安状況の悪化に対する警告等に通信設備は非常に重要な役割を担う。通信規則を遵守し、緊急連絡方法等を確立する。複数の通信手段を持ち、交信範囲内で活動することが肝要である。特に携帯電話網のようなコントロールされやすい外部のネットワークなどに依存したものではなく、衛星携帯通信や無線網等の独立した通信システムを用いることが、治安情勢が不安定な状況下では有効である。

(5) Rules and Regulations 規則

すべての要員と現地職員は、活動地固有の安全管理規則に従って行動する。その規則はすべての関係者によって理解され遵守されなければならない。安全管理規則はその活動地にふさわしい行動と安全管理上の脅威に対する予防策、対応策の両方が記載されている。

国際赤十字に派遣される際には、Code of Conduct（行動規範）を理解し、署名することとなる。派遣された国の法令や行政令、社会規範を尊重することである。また、安全管理規則と共に、現地では治安悪化時の不測事態対応計画と避難計画、緊急医療搬送の計画が用意されており、これらに即して行動できるようにしておくことを約束するためである。

現地固有の観点について付記すると、地域的な要素のみならず、政治日程や宗教行事、現地で用いられている暦や曜日、農閑期や農繁期、雨季や乾季等に即して注意喚起がなされることが多々ある。

(6) Behavior 行動

安全は組織の管理、統率力、要員個人の資質と行動にかかっている。それぞれが危険に対し自分が許容できる程度・範囲を自ら判断し行動する責任を持つことになる。要員は自分の許容度を超える危険を感じたら、上司や本社に相談して対応を求めることが肝要であり、それでも改善が見込めないときは〝No〟といえることが大切である。これは要員個人にもチーム全体にも望まれることである。

また、個々人の心と体の健康、ストレスに対する自己責任も重んじられる。アルコールや喫煙に対する依存をなくすことである。（言わずもがなであるが、麻薬や違法な薬物の使用、飲酒運転などは絶対に許されない。）要員個々人の適切な資質と行動が安全確保につながる。逆に言えば、ひとりの要員の不用意で軽率な行動が組織全体への信頼を損ない危機を招くことになる。組織としても個々人としても、公平で中立な行動が安全確保には不可欠である。

(7) Protection 防御

民間人に対して無差別的に攻撃の危険が及ぶ恐れのある場合は、その被害を軽減するために防護室、窓ガラスへの飛散防止フィルム、警報装置等の設置、警備員の配置など、防護策を講じる必要がある。また、事務所や住居は治安の悪い場所は避け、政治的・軍事的・宗教的に標的となりやすい場所や多くの人々が集まる場所からは離れているべきである。周囲の状況、複数の避難路等、事務所・住居の防災設備や緊急避難方法などは定期的に検査、見直しをする。稀にして警察・軍隊等から武装警護を受ける場合もあるが、中立を図る上から最終的手段といえる。もし国際赤十字の活動に武装警護が必要とされる場合は、ＩＣＲＣ、IFRCそれぞれのジュネーブ本部が最終決定を行うことになっている。

安全管理における七つの柱は以上のとおりである。赤十字の活動は厳しい環境の中で緊急に対応しなければならないことが多いため、安全管理についても共通言語として要員の間で共有されていることが必要である。様々な国と地域から職員やボランティアたちが集まるので、なおさら安全管理の共通言語が必要不可欠な要素となっている。

(8)安全管理のアプローチ（参考）

なお、安全を図るため何処に力点を置くかは、組織や団体により様々であるが、安全管理の「受容＝Acceptance」、「防御＝Protection」、「抑止＝Deterrence」を頂点とする三角形、〝Security Triangle〟で考えると理解しやすい。地元の人々に受け入れられることで支援と安全を確保する方法、被害が及ばないよう物理的に防ぐことで被害を軽減する方法、危害を加える可能性がある相手に「やったら、やられる」と思い留まらせることで安全を図る方法がある。そのなかでも赤十字は「受容」に最大の力点を置く特徴がある。それは拉致、誘拐などの深刻な事案においても、当事者の理解を深めることで早期の無事解放、被害を最小限に抑えることにつながっている。また、「抑止」は赤十字には最も遠い頂点と考

Security Triangle

えられるが、地元の理解や協力をもって行う活動においては、もし何か事案や問題が生じたら、支援が止まってしまうことなど、受益者や関係者側の期待する持続性の観点から「抑止」がはたらくこともある。

また、赤十字運動のみならず、人道支援に従事する民間援助団体にも、組織としての行動規範が求められている。人道支援機関がルワンダ等で多くの困難に立ち向かった一九九四年以降、「災害救援における国際赤十字・赤新月運動および非政府組織（NGO）のための行動規範」(Code of Conduct for the International Red Cross and Red Crescent Movement and Non-Government Organizations in Disaster Relief)として人道憲章と共に団体、機関としての規範が示されてきた。それには一〇項目のコミットメントがあり、組織としての姿勢や活動のあり方から、問題となる遠因を予防し、安全を図ることにつながっている。参考となるよう以下に示す。

3　日本赤十字社の安全管理

次に、日本赤十字社が講じている要員への安全管理について、要員の育成から派遣、帰国後まで段階を追って述

災害救援における国際赤十字・赤新月運動および
非政府組織（NGO）のための行動規範（Code of conduct）

- 人道的見地からなすべきことを第一に考える。
- 援助はそれを受ける人々の人種、信条あるいは国籍に関係なく、またいかなる差別もなしに行われる。支援の優先度は、その必要性に基づいてのみ決定される。
- 援助は、特定の政治的あるいは宗教的立場の拡大手段として利用されてはならない。
- 我々は政府による外交政策の手段として行動することがないよう努める。
- 我々は受益者の文化と習慣風習を尊重する。
- 我々は地元の対応能力に基づいて災害救援活動を行うよう努める。
- 援助活動による受益者が緊急援助の運営に参加できるような方策を立てることが必要である。
- 救援は、基本的ニーズを充たすと同時に、将来の災害に対する脆弱性をも軽減させることに向けられなければならない。
- 我々は、援助の対象となる人々と、我々に寄付をしていただく人々の双方に対して責任を有する。
- 我々の行う情報、広報、宣伝活動においては、災害による被災者を希望を失った存在としてではなく、尊厳ある人間として取り扱うものとする。

べる。

⑴派遣の前

国際人道支援を志す要員候補者たちは、まずは安全管理の基本を学ぶことになる。「危機管理研修Ⅰ」として、ＩＦＲＣの Learning Platform で e-Learning の“Stay Safe”（要員個人の安全管理）を受講する。また、緊急救援や開発協力の要員となるための研修でも安全管理を学ぶことになる。ＩＣＲＣが発行した“Staying alive”やＩＦＲＣが発行する“Stay Safe”などの文献やガイドラインを読むことも大切である。現場で活動に従事した者であれば、これらの文献はいずれも行間を読むことができるほど内容が示唆に富んでいることに気がつくであろう。ただし、様々な武装勢力が活動を広げるにつれて、これらの文献も内容の改訂が行われる予定である。

次に「危機管理研修Ⅱ」として集合研修を受ける。主な項目は、人道機関を取り巻く環境、リスクの捉え方と軽減の仕方、要員個人の安全対策、フィールド移動中の安全対策、誘拐や爆発物、銃撃への対処、自然災害（二次災害）や感染症の予防、群衆・暴徒への対応、女性の安全等である。研修期間はわずか三日間であるが、集中して講義や演習に臨むことができる貴重な機会となっている。また、ＩＣＲＣ等が作成した新たな教材も活用し、より現実に即したものとして研修の内容を更新してきた。

これらの研修を経て、ようやく国際活動の要員として登録された後、派遣の前までに行われることは次のとおりである。まず、国際部の安全管理担当職員が派遣先の治安や安全管理情報を収集、分析すると共に、派遣の直前に要員へブリーフィングを行っている。国際赤十字の安全管理に関する情報や民間の危機管理会社による情報、日本国政府をはじめとする各国外務省等の情報が元になるが、国際赤十字の現地代表部が用意する“Welcome Pack”に安全対策にかかる概要や規範なども含まれており、それらを要員と共有している。

また、危険度が高いと日本国政府が示している国や地域への派遣に際しては、外務省等への派遣通知および便宜供与依頼、外務省の「たびレジ」や場所によって安全管理機関によるメーリングリストへの登録、緊急連絡先の確認、通信手段の提供を行う。健康管理上の措置としては、予防接種（日本赤十字社和歌山医療センターが作成したガイドラインに照らして実施）、健康診断、医師による健康相談、海外旅行傷害保険の付保と特別労働災害保険の加入を行う。海外旅行傷害保険には、渡航先により戦争担保特約を付帯している。要員が携行すべき医薬品セットの支給と使用説明、さらに初派遣の場合はストレス・マネージメントのブリーフィング、派遣同意書への署名が行われて、ようやく派遣となる。

なお、派遣に際しての同意内容で安全管理に関わる要点は、まず行動規範の遵守、派遣に関する安全管理上の留意事項等の理解および承諾がある。そして、派遣の中止と帰国についても記されている。特に、安全について懸念がある場合は、いつでも国際部等に相談する体制を整えており、もしも派遣先の安全が十分に確保されず、所要の措置を講じても安全確保が難しいと要員が判断する場合は、いつでも派遣を中止して帰国することができることが重要である。それによって要員個人が不利益を被らないように配慮していることも大切な要件である。

さて、日本赤十字社には他の機関ではあまり耳にしない「初派遣」という言葉がある。国際人道支援に内部から人材を育成し登用してきた組織ならではの長期的な視点から生まれた言葉であろうと思われる。安全管理の観点からも、要員の派遣には段階を追ったものとしている。単独の「初派遣」は平時の現場でＯＪＴを伴うものとしている。緊急のチームによる派遣では先輩要員との派遣を念頭にしている。また、数は少ないが事業のモニタリング等に先輩要員と一緒に出張を任せることもある。さらには良い指導者のいる国際赤十字の現地代表部への派遣が求められており、要員の活動経験に応じて上級の、つまりは環境や課題が厳しいミッションに派遣していくこととなる。段階を踏むことが安全管理上の要点にもなっている。

⑵派遣中

派遣中の安全管理として、まず要員が現地に着任すると、国際赤十字の代表部で安全管理のブリーフィングを受けることとなる。これには現地の行動範囲等の規程や安全管理規則、緊急避難計画の説明、通信機器の使用方法の説明等が含まれる。日本赤十字社は国際赤十字と協力して、定期的な治安情報の提供や状況の変化による注意喚起を行っている。なお、国際赤十字の代表部や地域代表部には、安全管理担当者が常駐しており、要員と緊密な連絡を行っている。

派遣期間中は、国際部から安全管理上の措置や調整が行われる。必要に応じて宿舎の安全確認と相談、警備員の手配等も講じられる。要員が疾病に罹患した際の対応も行われる。近年に事例はないが、緊急な医療搬送の手配と調整も行えるよう、準備している。派遣先や周辺国で大規模災害、紛争や騒擾、大規模な事故や事件が発生したときには安否確認も行われる。要員に対する事件や事故への対応には二四時間、国際部と連絡が取れるように図られている。事件や事故については、再発防止に向けた取り組みも必要であり、その内容、深刻度に応じて現地と調整し、助言指導を行っている。

もちろん、要員の所在が常に本社と共有されていることが必要であり、紛争地などで所在を秘匿しておく必要性が高いＩＣＲＣへの派遣中を含め、国際部は要員と日常的に連絡を取り合っている。以前はＩＣＲＣに派遣すると、安全管理の観点から国際部による連絡は避けられてきたが、現在は様々な支援国赤十字社からの派遣も多くなり、派遣元としての責任も重視されるため、適切な連絡を直接取ることが求められている。

国際部のみならず、本邦からのサポートとしては、日本赤十字社医療センターの医師による健康相談、専門医による遠隔診断がある。健康相談に応じる医師は国際人道支援の現場での経験を有するため、要員の置かれた環境や症例傾向、医療事情等を踏まえた助言指導を行うことができる。これらとは別に、女性の要員が多いことから、女性の健康・安全相談を二四時間体制で受け付けている。医療センターの看護師長たちが女性に対する深刻な事案が万が一生じた場合の対処を図ることとなっている。この場合にはプライバシーの確保が肝要となる。また、身内ではない第三者機関による「こころのケア相談」、海外における医療サービス情報の案内も保険会社系列の安全管理会社に電話やメールで対応できるよう、危機管理上の仕組みを整えている。

(3)帰国後

要員が活動を終えて帰国すると、直後に「こころのケア」のカウンセリングを例外なく受けることになる。気兼ねなくどのようなことでも話ができるよう、第三者機関に委託しており、その内容は一切開示されない仕組みになっている。年に一回、統計的な傾向のみの説明があり、全体としての助言を基にあくまで制度や仕組み上の予防措置を講じるよう検討が行われている。また、要員は帰国後に健康診断を受ける。

要員の帰国に際して国際部では安全管理のデブリーフィングと派遣アンケートも取りまとめており、それらの結果は次の安全管理に反映されている。海外で人道支援に熱心に取り組んだ要員が、帰国して環境の異なる元の職場に無事に復帰できるよう、自分自身の中で活動を整理し、日常生活に戻るための準備期間も必要である。そのため、派遣後は慰労休暇が付与されている。

以上、要員の派遣に伴う一連の安全管理は、日本赤十字社の国際活動における安全管理体制要綱に基づき、安全管理のチェックリストに照らし、かつ派遣先となる国や地域の特質に合わせて行われている。また、必要に応じて国際部から担当者が現地に出向いて情勢や安全管理の状況を踏査し、国際赤十字や地元の関係者と容易に意思疎通できる関係を築いている。

しかしながら、要員が安全対策の知見を涵養し、自分事として対策を図り、日本赤十字社が組織として安全管理を講じても、それだけでは十分ではない。元より絶対に安全であるという神話も保障も存在せず、どこを探しても絶対に安全であるという場所もなくなった今日の世界では、要員が「笑顔でミッションから家や職場に帰ること」ができるよう、安全管理とその体制の拡充に弛まぬ努力が求められている。

4　安全管理の施策、動向について

これら一連の安全管理は、日本赤十字社のみならず、ICRC、IFRC、主要な支援国赤十字社により、それぞれの特質をもって類似した内容で取り組まれてきたことである。

(1)赤十字運動の中における安全管理の動向

しかし、赤十字運動全体としてはどうか。複合災害のコンテクストにあっても混乱なく要員の安全管理を図るために、ICRC、IFRC、日本赤十字社を含む主要支援国赤十字社一三社が集まり、"Movement Security Forum"（赤十字運動安全管理フォーラム）が結成されている。両機関や各社が異なる安全管理の手法や内容をもって様々な現場で支援に臨んできた状況から、二〇一五年の代表者会議で赤十字運動の協力と調整の強化の一環として安全管理に関する課題が提起された。

それを受けて同フォーラムでは、世界各地の治安情勢が複雑化する中、ICRCあるいはIFRCの傘下で安全管理をシンプルに共有できるよう枠組みをつくること、安全管理の範囲として法的枠組みにも適用できるものを追求すること、安全管理の枠組みから情報共有のあり方、研修の内容まで、さらに策定していくことになっている。共通の枠組みと同じ用語や定義で意思疎通を図れるようになることが、本部と本社レベルでも代表部や現場にいる要員の間でも必要である。

また、万が一要員に重大事案が生じた際に、日本赤十字社が被害の拡大を防ぎ、関係機関や要員の家族、メディアなどと的確かつ円滑な対応を行うことができるよう、二〇一七年に安全管理体制要綱が改定された。安全管理体制業務処理要領及びチェックリストも改められ、前述のとおり、要員の派遣前、派遣中、帰国後の安全管理が日々実施されている。

⑵安全管理による派遣の可否

動向としては以上のとおりであるが、変わらないこともある。大規模災害や紛争において日本赤十字社は赤十字運動の優先度に即し人道支援を行っているが、要請を受けたとしても無闇に要員を派遣するわけでは決してない。安全管理上、派遣を行わない場合があり、これまでの安全管理体制要綱に示された内容と同じである。また、つぶさに派遣が要請されている国や地域の情勢とリスクを調査している。大枠として日本赤十字社が要員を派遣しないと安全管理体制要綱に定めている場合は、以下のとおりである。

・ICRCが交渉先を特定できないなど無政府状態にある。
・日本人が明らかに攻撃、拉致の対象とされている。
・ICRC、IFRC等がすでに安全上の理由で撤退しているか撤退を決定しており、かつ派遣国の赤十字・赤新月社も機能していない。
・放射能や化学物質等による被ばく・汚染の可能性が著しく高く、かつその防護対策が十分にできない。
・生命や健康に重大な危険を及ぼす可能性が高い伝染病が蔓延しており、かつその防護対策が十分にできない。
・その他上記に準じて派遣が危険と考えられる。

派遣要請元をはじめ、各方面から情報を得て、国際部が派遣の可否を判断しているが、これらの恐れがある場合は要員派遣を見送ることとなる。逆に言えば、派遣先において適切な対策が講じられ、リスクを回避することが可能であれば派遣を行うことになる。また、赤十字が要員を派遣するのは成果のある人道支援を行うためであり、そのための安全管理という位置づけであることに違いはない。そして、要員が安全を確保できるよう、組織としての安全配慮義務、"Duty of Care"を果たす。すべては要員が「笑顔でミッションから家や職場に帰る」ためである。

出典・参考文献

・「日本赤十字社国際救援・開発協力要員安全管理体制要綱」
・「日本赤十字社国際救援・開発協力要員安全管理体制業務処理要綱」
・「派遣同意書」
・"Stay Safe" 国際赤十字・赤新月社連盟
・"Staying Alive" 赤十字国際委員会
・「災害救援における国際赤十字・赤新月運動および非政府組織（ＮＧＯ）のための行動規範」The Sphere Project Humanitarian Charter and Minimum Standards in Humanitarian Response

特集2：国際人道法と人道支援

貧困と格差解消のアクターに関する考察

――開発教育と企業のCSRの視点から

日本赤十字広島看護大学教務学生課課長補佐
角田　敦彦

はじめに

近年、日本では二〇二〇年の東京オリンピックを前に、新たな国立競技場の建設など首都圏の再開発やこれにともなう施設のバリアフリー化など大規模な公共事業や公共投資が進みつつある。

しかしながら、首都圏以外の地域では、二〇一一年の東日本大震災、二〇一六年の熊本地震など災害からの復旧・復興に依然多くの課題を抱えている。さらに一部の地域では人口流出やそれにともなう高齢化、限界集落化が進み、都市部と中山間地域の開発や経済の格差が広がっている。

また、世界に眼を向けると、二〇一六年、英国は欧州連合（EU）からの脱退を表明し、二〇一七年には米国のトランプ政権が発足し保護主義的な外交政策を進めている。これらの動きは、第二次世界大戦後、国際連合（国連）創設によって国の大小に関わらず、寛容と相互扶助とによって共に経済的、社会的発展を遂げよう[1]という融和の精神を後退させるものともいえよう。

特に東西冷戦構造崩壊後は、民族や宗教、さらには貧困や経済格差に起因する様々な紛争が顕在化しており、東アジアにおける新たな核武装の問題など人々の平和への思いには程遠い不安定な状況が続いている。

国連開発計画（二〇〇五）は、「人間開発報告書」において、貧困が暴力の温床となり一九九〇年以降の武力紛争の半数以上が開発途上国で起こっていると報告している。また、これらの地域では、爆弾や銃撃など紛争の直接的な被害者よりも病気、栄養失調によって死亡する者の方が多いとも述べており、貧困は紛争を作り出すだけでなく長期化させるという負のスパイラルを招くとしている。

本稿ではこのような貧困と格差に着目しつつ、1章では一九六〇年代以降、開発途上国の貧困や先進諸国との経済格差を是正するため、国連などの政治的な動きと並行して、個人あるいは非政府組織（NGO）レベルで行われてきた国際理解教育、特に開発教育に焦点を当て、その歴史と可能性について考察する。

次に2章では、企業がグローバルな経済活動を進めるうえで、その顧客や事業を展開する地域に対して負う社会的責任（Corporate Social Responsibility: CSR）に着目する。そして企業がこれを果たしつつ企業自身の利潤を両立させるソーシャル・ビジネスの事例を検討する。

これら二つのアプローチにより、国レベルの開発援助と同様に開発途上国における貧困や先進諸国との格差解消のために、企業がCSRを通じてどのように貢献できるのかを検討する。また企業の顧客であり、援助者であると同時に受益者ともなりえる市民に対して開発教育がどのような役割を果たすのかについて検討を試みるものである。

1　開発教育の歴史と発展

(1) 開発教育のはじまり

開発教育協会によれば、開発教育とは、「私たち一人ひとりが、開発をめぐる様々な問題を理解し、望ましい開発のあり方を考え、共に生きることのできる、公正な地球社会づくりに参加することをねらいとした教育活動」とされている。

開発という概念自体は、一九六一年、国連が「国連開発の一〇年」の発足を決議[2]し、副題に「国際経済協力のためのプログラム」と銘打ったように、この時の開発の目標は開発途上国の経済成長を主眼に南北問題を解決しようとしたものであった（United Nations, 1961）。また、この決議に伴い、国連貿易開発会議（UNCTAD）、国連開発計画（UNDP）など開発援助に関わる多くの国連機関が設置された。

しかし、外務省（一九七一）によれば当時、国連が掲げた開発途上諸国の経済成長の目標は、国内総生産（GDP）の年間成長率五％というものであった。しかし、同諸国の人口増加率によって相殺され、実質的な成長率は先進国のそれよりも低いものとなり、さらに世界貿易に占めるシェアの減少とこれに伴う対外債務の増大により、結果として先進諸国と開発途上国の格差がさらに広がるという失敗に終わった。

この失敗からは、今日の人道支援などでも注目されている、支援対象の社会的、政治的、文化的側面の尊重やフェアトレードといった重要な視点やキーワードも見えてくる。

その後一九七〇年代に入り、ベトナム戦争の終結とカンボジア内戦に伴い、インドシナ三国から大量の難民が流出し、一部はボートピープルとして日本近海にも漂着するようになった。これに対し、日本においても国連難民高等弁務官事務所（UNHCR）の要請を受けた日本赤十字社のような既存の人道支援機関のほか、様々な国際協力NGO組織が支援に立ち上がった。その活動は難民救援以降も、農村開発、教育、保健、住居など、特にアジア地域の農村やスラムが抱える貧困問題に広がった。

同じ頃、アジアやアフリカの開発途上国での活動から帰国した人々は、日本国内に開発途上国の現状に対する無知や根強い偏見があることに気付いた。さらに貧困などに起因する脆弱性によって深刻化する災害への緊急救援の必要性や、被害の軽減、伝染病などの予防といった開発協力事業への関心の低さを実感した。これらに問題意識を持った人々は自分たちの活動に対する理解と協力を得るため、開発途上国の現状を伝えるとともに、欧米の開発教育を紹介するなどの活動を始めた。

(2)開発教育と開発途上国の内発的発展への期待

開発教育自体は戦後、特に一九六〇年代以降の国際開発援助の反省や疑問の中から、「北」の欧米各国で生まれてきた教育活動である。その転換期となったのは、一九八九年、東西ドイツの統一に象徴される東西冷戦構造の終焉により、「南北問題」（南北格差）に焦点が当てられた時期である。

南北問題において「北」と呼ばれる先進国においては、開発途上にある国々の状況を疑似的に体験する中でこれらの国々が抱える問題を学び、南北の格差を解消する態度を育むことを目指してきた。

一方「南」においては、村落開発等の実践の場で、貧困や保健衛生の問題に直面している住民自身が、自らの村落の抱える問題に「気づき」問題解決の方策を支援者と共に「考え」「行動」することを促す教育が重視された。これによって、以前は一方的に支援を受け取る側と考えられてきた住民など受益者を中心に据えた、参加型の発展を期待したのである。

これは、近代資本主義に基づいて開発を進めた結果、環境破壊、さらなる格差の拡大、貧困といった問題をもたらしたことに対して、地域住民が主体となり自らの生活環境を整備するオルタナティブ思想の一つといえる。このような発想には、経済優先の考え方によって発展の果実を享受するべき人間が疎外されてきたことへの反省が込められている（鶴見、一九七六）。この「南」における参加型の発展は「内発的発展」と呼ばれ、一九七〇年代以降、その基本的な考え方が形成された。

さらに鶴見・川田（一九八九）は、内発的発展を次のように定義した。

「内発的発展とは、目標において人類共通であり、目標達成への経路と、その目標を実現するであろう社会のモデルについては、多様性に富む社会変化の過程である。共通目標とは、地球上のすべての人々及び集団が、衣・食・住・医療の基本的必要を充足し、それぞれの個人の人間としての可能性を十分に発現できる条件を創り出すことである。それは、現在の国内および国際間の格差を生み出す構造を、人々が協力して変革することを意味する。（中略）

地球規模的で内発的発展が展開されれば、それは多系的発展となる。そして、先発後発を問わず対等に、相互に手本交換をすることができる。（鶴見・川田、一九八九、四九―五〇頁）」

実際、グローバル化の進展に伴い、「北」から「南」にもたらされた外来型の開発によって、開発途上国の社会や経済に政府の努力だけでは対応できないリスクを負わせる事例も生じている。これは、構造調整政策によってアフリカなどの開発途上国経済が国際競争に巻き込まれ、もともと競争力の弱いこれらの地域の産業が急速に衰退したことからも明らかである。

外国の資本が開発途上国の経済に多大な影響を及ぼし、この影響で地方部から都市部への人口流出が加速し、結果として地方部で伝統的に維持されてきた相互扶助システムが崩壊した。

この開発途上国における地方部から都市部への人口移動は、多くの出稼ぎ労働者を生み、労働力を失った地方部と都市部の格差をますます広げることとなった。

また、江原（二〇〇三）は、内発的発展における教育の重要性について以下のように述べている。

「内発的発展は、豊かな人間性を育てる教育によって支えられるとされている。社会的レベルだけでなく、個人としての人間発展を考える際の概念としても考えることができ、教育的な意味合いも大きい。「南」の自立のみならず「北」の変革を促す基盤を作る思想であり、教育開発が目指すべき指標としての価値を有すると考えられる。（江原、二〇〇三、一七頁）」

しかしながら、単に「北」と「南」を地政学的に分類することは、グローバリゼーションが進む二〇〇〇年代以降の世界においては困難となりつつある。かつて「南」に分類されてきた地域においても、近代化や工業化の流れの中で、「北」と同様の問題を抱える地域が生まれてきた。また、「南」における参加型開発の知見は、日本のような「北」における様々な問題解決に生かせると考えられ、今日「北」と「南」は相互に関係し、お互いの蓄積を生かして協働していくことが重要とも考えられる。

(3)学校教育における開発教育

一九八〇年代以降、日本社会に「外国人労働者」が増加し、国内における国際化が進むとともに、一九八九年には日本の政府開発援助（ODA）の額が米国を抜いて世界一の額となり、国内においても開発援助への関心が一気に高まった。[3] 国内における国際化の進展にともない、同年には文部省（当時）により新しい学習指導要領が告示され、国際社会に生きる日本人としての資質を養うことや、国際社会において信頼される日本人を育てる観点から各教科等の内容の改善が図られた。これによって教育関係書籍でも国際関係の記述が増え、教科書においても様々な国際協力NGOの活動が紹介されるようになった。また、この改訂では、思考力、判断力、表現力等の能力の育成のほか、自ら学ぶ意欲や主体的な学習の仕方を身につけることを重視したとされている。また、二〇〇〇年から段階的に導入された「総合的な学習の時間」では、教科を超えた横断的な学習とともに児童生徒の自発的な学びを重視するようになった。

これに対して開発教育が取り上げるテーマは、貧困、人の移動、環境、子ども、ジェンダー、国際協力などの問題が多い。これを学校で展開することは、児童生徒が開発途上国の状況を知り、より広い視野で世界を見ようとする態度を育成するうえで重要となる。その目的は、学習者が開発途上国に存在する様々な問題を知り、その本質は何かということを考え、解決に向けて取り組む姿勢を養うこと、または解決のために自分自身の生活を見なおし、行動変容を起こすことにある。

実際、開発教育の手法の多くは、討議やグループワークを取り入れ教師と児童生徒が共に考え学びあうことを重視している。これに教科で習得する知識を有機的に関連付けることで、より発展的な学びを提供することができよう。

2　社会開発における企業の社会的責任（ＣＳＲ）と可能性

⑴企業の社会的責任（ＣＳＲ）

ＣＳＲ：Corporate Social Responsibility は、企業が社会においてどのような使命を持ち、具体的にどのような貢献をするべきかという事柄である。日本においては古くは江戸時代の近江商人による「三方良し」[4]にも見られ、特別新しい企業哲学とはいえないが、戦後の高度経済成長期以降、現代に至るまで再三議論されてきた問題でもある。バブル経済崩壊後に企業の不祥事や地球環境問題が顕在化してくると、それまでの利益至上主義から企業と社会の持続可能性が一層重視されるようになり、ＣＳＲに関する議論が高まってきた。

一般的なＣＳＲの概念について経済産業省は、その政策[5]の中で、「企業が社会や環境と共存し、持続可能な成長を図るため、その活動の影響について責任をとる企業行動であり、企業を取り巻く様々なステークホルダーからの信頼を得るための企業のあり方」としている。

企業とは本来利潤追求を目的とする事業体であり、活動資金を出資した株主に配当という形で還元することが最優先されるものである。しかし他方で企業は社会と経済の中に存在する被造物であるとする考え方もある。つまり企業にとって真の目的は顧客創造であり、利潤はその手段であるというものである（Drucker, 2001）。企業が顧客創造によって成長を続けるためには、社会からの信頼も重要である。このため、企業は自らの経済活動がもたらす環境負荷への対応や、多国籍の企業であれば進出先の国や地域などにおいて、社会や顧客への説明責任を果たす取り組みを行う事例がみられる。

⑵ＣＳＲの変遷

日本におけるＣＳＲの問題は一九七〇年代、日本の高度経済成長にともなった環境問題（公害）から始まり、一九九〇年代には、環境負荷への関心の高まりから、ISO一四〇〇〇一といった環境基準への適合が注目されてきた。こういったことは、企業活動が社会や環境に対していかに負荷をかけのかを企業自身が自覚し、予防を含めて改善する、あるいは結果に対して責任を取るかを社会に示すものである。

その後、責任を取るという消極的な取り組みよりもむしろ、企業が社会と一体となってそれらの問題に積極的に取り組むことが、企業の持続可能な成長にも不可欠であるという考え方が広がった。

しかし、これらの貢献活動は、企業がその利益の一部を社会に還元するという発想から始まっており、すでに何らかの社会貢献活動を行っているNPOなどに寄付という形で協力する方法が主流であった。この方法では、企業にとって税制上利益の一部を経費に転換できるというメリットと、NPOを通じた社会貢献活動を行っているというイメージアップの効果はあるが、反面、あくまで企業が一定以上の利益を上げないと継続できないという問題点もある。

⑶企業戦略としてのCSRと顧客の情報リテラシー

CSRを経営上の経費とする考え方の一方で、社会貢献活動が中長期的な自社の成長につながるような分野で行われる戦略的なCSRとはどのようなものであろうか。それには、「マテリアリティ（重要性の原則）」の考え方が挙げられる。これは本来財務に関する情報のうち、投資家の投資判断に重要な情報である「マテリアル」を分析評価することを意味する。これを社会貢献の視点で見ていくと、自社と関連性の高い事柄と、社会的な重要性の高い事柄を組み合わせ、企業と社会双方にとってより重要性の高いものにCSRとして取り組んでいくことになる。

企業がある国や地域で活動をする場合には、様々な認可や許諾を得る必要があり、同時に住民からその企業が受け入れられないと思わぬ反対運動などに遭い、その後の活動に深刻な問題を残すこととなる。これに対応するため、企業は事業実施地域で学校建設や道路整備など地域の発展に寄与することで住民の反発を和らげようとすることがある。

さらに、CSRを直接的にビジネスと統合させる事例もある。これはマーケティングや顧客取り込みにCSR活動を組みこむコーズ・リレーテッド・マーケティング（cause related marketing）と呼ばれる手法で、消費者が商品を購入する際に、その商品の品質や価格だけでなく、社会貢献に参加できるという付加価値をつけるのである。これにより消費者の購買意欲を高め、利益と同時に企業価値を高めようというものである。

例えば、ペットボトル入りミネラルウォーターの売り上げに対して、開発途上国の飲料水供給事業に一定の寄付を行うというような広報の事例がみられる。ただしこの事例には、企業の広報戦略から開発途上国への支援に貢献できるという良い面ばかりを強調するが、ペットボトルの消費は同時に廃棄という環境負荷をもたらす問題も内包する。

消費者としての我々は、企業のCSRの効用を評価しつつ、その裏で別の問題が生じていないのか、企業の広報やメディアのみの情報に頼ることなく様々な情報を活用し状況を正しく知る力（リテラシー）を身につける必要がある。

⑷世界や社会の要請にこたえるCSRとしてのソーシャル・ビジネス

現代社会は、気候変動による地球温暖化やこれに関連する自然災害、貧困やそれに起因する紛争、格差社会など、人類の生存や存続を脅かす様々な問題が生じている。これらの問題は特に開発途上国においてその影響が大きく、国際社会は持続可能な社会実現のため、「ミレニアム開発目標[6]」およびその後継の「持続可能な開発目標[7]」を採択した。そして、企業も前述の事例のように、これらの問題にいかに関わるかという点がCSRの目標として挙げられるようになっている。

貧困や格差といった問題への取り組みと、企業としての戦略的アプローチを融合させた取り組みとして、二〇〇六年バングラデシュに設立されたグラミン・ダノン・フーズの事例がある（Yunus 2010）。これは、乳製品の大手企業ダノン社とグラミン銀行が提携しバングラデシュでヨーグルトの生産販売を行うもので、同国における栄養不良の問題や女性の社会参加、そしてダノン社の販路拡大を両立させた取り組みと言えよう。このような経済活動を「ソーシャル・ビジネス」と呼び、開発途上国の社会開発に貢献するCSRの事例として注目されている。

ソーシャル・ビジネスは、社会開発として取り組もうとする場合、本来営利を目的とする企業が、このビジネス自体を維持できなければならない。

そのためには、①ビジネスモデルとして、企業が獲得する利益と受益者の発展への寄与とのバランスが維持できるかという問題と、②企業の関係者と顧客が開発途上国の状況を理解し、開発的な視点で協力を続けていけるかが問われる。この二つの課題が両立できなければ、そのビジネスモデル自体、持続可能なものとはならないであろう。

ソーシャル・ビジネスを始めようとする場合、①については、通常の企業進出で実施する市場調査に加え、進出先が抱える問題点についての客観的な分析で株主への説明責任を果たすことが必要である。そして②については、企業内部のみならず、顧客も開発途上国の問題を理解し、これを支援する企業を応援するような意識や態度の醸成が必要である。

まとめ

CSRは、企業がその生産活動の中で生み出す環境負荷を軽減するといった、「企業の社会的責任の履行」という伝統的なものに加え、ソーシャル・ビジネスなどによって「積極的に開発途上国の問題解決に取り組む」という開発教育的責任を含むものへと、その意味を拡大している。

このような拡大は社会の要請ともいえるが、企業が積極的に責任を果たすことにより、2章2で例示した公害（環境負荷）のようにかつては利潤追求と社会貢献とは相反するものという見方から、これらは矛盾するものではなく世界の様々な問題解決に貢献できるというCSRの可能性を示唆する。また、その活動を持続可能なものとするために、企業内部と顧客の双方に対して、企業研修や学校教育などあらゆる場面を通じて開発途上国の実情を学ぶ機会を提供することが有効である。さらには、企業が開発教育CSRとしてこれらを社会へ広めていくこともまた、有効であろう。

この意味でCSRには、ソーシャル・ビジネスのように企業が開発途上国の問題解決に直接寄与できる可能性と、CSRを通じた啓発活動によって先進諸国に暮らす我々への開発教育という貢献とが期待できる。

さらに、企業内部にも開発教育を積極的に取り入れ、企業が持続可能な社会を創造する当事者であることに気づき、企業を取り巻く環境への広い視野を持つことは、企業が社会問題に対する積極的な対応能力を持つことを示す機会となる。延いては企業自身の成長や顧客創出のきっかけとなり、さらに発展的なCSRに取り組む動機づけになると考える。

開発教育そのものがかつて、開発途上国の現状により多くの人々の関心を向けたいという個々人の思いから始まったことを想起すると、個々の企業もまた、そのCSRを通じて社会が途上国の問題に目を向けるよう世論を形成することに貢献できるであろう。

一方、そのような活動を見守る我々市民は、情報化社会にあってなお、正しい情報の取捨選択は容易ではない。企業がCSR活動を広報し、市民の支持を得ることが開発の視点から好ましいのは当然のことであるが、情報を受け取る市民はそれらを鵜呑みにすることなく、多角的に分析することを忘れてはならない。

そのうえで、企業と市民とが一体となって「共に生きる社会」の実現をめざすならば、開発教育は公教育、企業のCSRいずれの場においても、依然重要性を持ち続けるであろう。(了)

注

1　国際連合憲章　前文(抜粋)
(前略)基本的人権と人間の尊厳及び価値と男女及び大小各国の同権とに関する信念をあらためて確認し、正義と条約その他の国際法の源泉から生ずる義務の尊重とを維持することができる条件を確立し、一層大きな自由の中で社会的進歩と生活水準の向上とを促進すること並びに、このために、寛容を実行し、且つ、善良な隣人として互いに平和に生活し、国際の平和及び安全を維持するためにわれらの力を合わせ、(中略)すべての人民の経済的及び社会的発達を促進するために国際機構を用いる(後略)

2　A/RES/1710 (XVI)

3　その後一九九〇年を除き、一九九一年から二〇〇〇年までの一〇年間援助額で世界一の援助実績であった。

4　中世から近代にかけて近江の国(滋賀県)の商人が、企業活動を通じて自らの利益追求だけでなく、顧客満足や社会貢献があってはじめて自らの企業(商家)の発展があるという意味で「売り手良し」「買い手良し」「世間良し」の「三方良し」を経営哲学とした。

5　企業会計、開示、CSR(企業の社会的責任)政策

6　二〇〇〇年九月に開催された国際ミレニアム宣言をもとにまとめられた開発分野における国際社会共通の目標(MDGs: Millennium Development Goals)。二〇一五年の達成期限に向けて、飢餓の撲滅、初等教育の普及、ジェンダー平等推進、環境の持続可能性確保など八つの分野での取り組みが進められてきた。

7　二〇一五年九月に開催された「国連持続可能な開発サミット」において「我々の世界を変革する：持続可能な開発のための二〇三〇アジェンダ(二〇三〇アジェンダ)」が採択された。このアジェンダでは、貧困の撲滅、持続可能な社会を実現するための一七の開発目標(Sustainable Development Goals: SDGs)を設定。これらの目標において、MDGsをさらに具体化し持続可能な生産消費形態の確保、気候変動とその影響を軽減するための緊急対策など企業や消費者の取り組みについても言及されている。

引用文献

江原裕美(編)(二〇〇三)『内発的発展と教育―人間主体の

社会変革とＮＧＯの地平』東京：新評論。（一七頁）。
開発教育協会（編）（二〇一〇）『開発教育二〇一〇 Vol.57―オルタナティブな経済と開発教育』東京：明石書店。
――― 開発教育とは。http://www.dear.or.jp/de/index.html.（二〇一七年一〇月二五日）
外務省（一九七二）『わが外交の近況』一五（一四）。
経済産業省。企業会計、開示、ＣＳＲ（企業の社会的責任）政策。http://www.meti.go.jp/policy/economy/keiei_innovation/kigyoukaikei/.（二〇一七年一〇月一八日）
国連開発計画（二〇〇五）『人間開発報告書二〇〇五年版―岐路に立つ国際協力：不平等な世界での援助、貿易、安全保障』東京：古今書院（一九五―二〇〇頁）。
髙木保興（編）（二〇〇四）『国際協力学』東京：東京大学出版会。
鶴見和子（一九七六）『漂泊と定住と―柳田國男の見た自然と社会のむすび目』、展望一〇月号、東京：筑摩書房（八〇―八三頁）。
鶴見和子・川田侃（編）（一九八九）『内発的発展論』東京：東京大学出版会（四九―五〇頁）。
Drucker, P.F.　上田惇生（編訳）（二〇〇一）『【エッセンシャル版】マネジメント―基本と原則』東京：ダイヤモンド社（一五頁）。
三宅隆史（二〇一一）MDGsからSDGsへ　田中治彦（編）・湯本浩之『SDGsと開発教育―持続可能な開発目標のための学び』東京：学文社（五八―七二頁）。
文部科学省.（資料）学習指導要領等の改訂の経過。http://www.mext.go.jp/a_menu/shotou/new-cs/idea/__icsFiles/afieldfile/2011/03/30/1304372_001.pdf.（二〇一七年九月二四日）
United Nations (1961). *1710 (XVI). United nations development decade: A programme for international economic co-operation(I) In Resolutions adopted on the reports of the second committee.* 1084th plenary meeting. General Assembly-Sixteen Session, 17.
Yunus, M.　千葉敏生（訳）（二〇一〇）『ソーシャルビジネス革命―世界の課題を解決する新たな経済システム』東京：早川書房（七一―七二頁）。

特集2：国際人道法と人道支援

メディアが語らないイタリアの庇護申請者の実態

元日本赤十字国際人道研究センタースタッフ・国際関係研究科（国際平和学）修士
檜垣　章代

二〇一五年六月、イタリア赤十字やカリタスインターナショナル等、様々な団体のボランティアが、イタリアのミラノ駅構内のいたるところで、奮闘していた。中東やアフリカから押し寄せて来た庇護を求める大勢の人々に対して、食糧や衣類や日用品の供与、庇護申請の登録を行うためであった。

あれから月日が経ち、庇護を求める人々やボランティアは公共の場所から姿を消し、ビジネスマンや旅行者で賑わういつものミラノ駅に戻っている―警備員や銃を持った兵士の数が増えたこと以外は。駅にいた人々はどこへ行ってしまったのか？　別の国へ？　人の流入が止まったのか？　それとも収容施設に入れられたのか？　はたまた本国へ送還されてしまったのか？　これらの疑問を端に、イタリアの庇護申請者を取り巻く状況を探る。（本稿に登場するのは、「難民」[1]としての滞在資格申請中のEUに滞在している者で、彼らを「庇護申請者」と呼ぶことにする。）

イタリアにおける庇護申請者増加の背景

「難民危機」という言葉の通り、二〇一一年のアラブの春以降、EUに難民・庇護申請者の数が激増している。ドイツでは一九九二年に旧ユーゴからの難民・庇護申請者四三万人を受け入れた実績があるが、二〇一五年はそれとほぼ同数の四四万人を受け入れている。（EU全体の一／三の数）しかし、EUでは初めて一年間に一〇〇万人が流入し、今まで積極的に受け入れをしていない国々も巻き込んだため、ＥＵの一大事となっている。

二〇一六年三月、ＥＵ―トルコ声明[2]合意により、ＥＵはトルコ経由の庇護申請者及び経済移民の渡航を制限した。その結果、ＥＵへ流入する全体数は減少したけれども、北アフリカ（主にチュニジア、リビア）から地中海を経由してイタリア南部から入国する人々は後を絶たない。イタリアの新規の難民申請数は八・三万人（二〇一五）から一二・一万人（二〇一六）と四六％増加しており、ＥＵ域内の新規申請者の一〇％を受け入れている[3]。イタリアに到着する人の特徴として、東・西アフリカ、及び南アジア（パキスタン、バングラデシュ）の人々で、七五％弱はモビリティの高い若い男性（一八～三四歳）である。

実は、地中海ルートは難民危機以前から存在する密航ルートであり、その背景には第二次世界大戦後、ヨーロッパの高度成長期時の移民の積極的な受入れや、リビアの独裁者カダフィが国力増強のためにアフリカ、遠くはアジアからも移民を受入れた歴史がある。この流れに集まったのは、体力のある青年層であった。しかし、昨今のアフリカ諸国でのイスラム過激派の台頭とリビア崩壊による混乱で人々がイタリアに押し寄せているのである。

この状況乗じて密航斡旋業者もさらに活発に密航ビジネスを展開し、移動を後押ししている。リビアからイタリア南端のランペドゥーザ島までの海路は相場六～一〇万円であるという。ということは、命の危険から逃げて来た人の流れに、右記相当額を支払う能力のある経済活動も目的とした人も混じっていることが推察できる。墓田が指摘するように、移動者には純粋な難民だけではないことを留意する必要がある[4]。実は、イタリアでは、資格の審査数に対する難民資格（最初の有効期間五年、更新あり）と準保護資格（五年更新あり）[5]の交付率がＥＵ二六カ国の中で低い[6]。（ただし、二年更新ありの人道的観点からの保護の資格の交付率はＥＵ内で二番目。）例えば上位のナイジェリア人、バングラデシュ人、セネガル人は庇護申請者数の七五％、七四・二％、七三・九％が棄却されている[7]。

さらに、かつてない規模の人々の流入は、「排斥」を生む。ＥＵ諸国で難民や移民を排除しようという極右翼政党が支持を伸ばしている。難民・庇護申請者、難民に紛れてＥＵに入国したテロリストがパリやベルリンでテロを起こした事件を取り上げ、ＥＵ市民が生得の権利と信じている安全を脅かしていると主張し、また自国の経済問題を難民や移民の流入に重ね合わせて問題視する発言を繰り返す。「排斥」の流れは「治安」という名の下、国境に検閲を復活させ、または、封鎖してＥＵ圏内の自由な行き来が制限されつつある。この各国の国境警備強化以前、庇護申請者はイタリアから陸路で難民の受入れに積極的なドイツやスウェーデンに比較的たやすく向かうことができた。しかし、国境管理により北上できなくなったことで、イタリア国内に滞留する人々が増加している。

概して、イタリアでは南部から人がひっきりなしに押し寄せているのと同時に、イタリアの北部から別の国へ抜けるルートが閉ざされたため、イタリアでは庇護申請者が増えているのだ[8]。

受入れの実態

国際慣習法上、生命や自由を脅かされた人々を追放及び送還することは出来ないので（ノン・ルフルーマン原則）、入国者一人一人を審査した上で対応を取らなくてはならない[9]。それ以前に、分別ある政府が人道的に目の前の溺れる者を見捨てるわけにもいかない。それでも二〇一五年には三、七〇〇人、二〇一六年には五、〇〇〇人を超える人々が地中海で命を落としている。さらに、ＥＵの理念として、ＥＵはその領域にいるすべての人の人権と基本的自由の保障を掲げているため、政府は審査を待つ庇護申請者にも当然それらを保証しなくてはならない。では、実際にイタリアはどのように庇護申請者の受入れを行っているのだろうか？

現システムでは、主に三段階に分かれている。第一段階では、イタリアに到着後、政府が運営する大規模な収容センターで、登録、検診、第一回目の難民申請を行う[11]。その後、地方都市に振り分けられ第二段階では、衣服や住居等の提供から、人道的観点からの保護の申請[12]、イタリア語や中学校卒業レベルの教育（イタリア語を使用し一五〇時間）を受けられる。冒頭のミラノ駅にいた庇護申請者の中には、第二段階の受入れプログラムを受けながら生活している人々もいると思われる。そして、第三段階では、さらに社会に溶け込めるように高等教育や就業訓練を受けられる場が提供される。この最終段階のプログラムはＳＰＲＡＲと呼ばれる。第二段階以降は各自治体がプログラムを主導するため、プログラムの内容には自治体ごとに異なる。例えば、未だに一切庇護申請者の受入れを許可していない自治体もあれば、ミラノ北部のある自治体では、ＳＰＲＡＲは中学レベルの教育を卒業し、かつ公的保護資格が得られた人のみが受講できる、としっかり規定するところもある。現在の動向として、入国から数年経つ者が増加し、彼らの社会的・経済的な自立が新たな課題として浮上してきているため、難民・庇護申請者の社会統合を促すSPRARプログラムの数が急速に増えている。

ここで、自治体レベルでの受入れプログラムの実働部隊を紹介する。イタリア各地にある非営利組織とソーシャルエコノミーの要素を併せ持つ社会事業団、「ソーシャルコーポレーション」という事業体である。特徴として、就業者や地域社会、環境に良いことを実現しながら、利害関係者を満足させられるような中長期的な経済成長も目指すという半営利・半非営利の性質を持つ。「難民危機」以前は教育、医療、障がい者の就業促進、環境保護、社会的弱者保護といった地域社会が必要とする活動をそれぞれ担っていたが、自治体によってはソーシャルコーポレーションとNGO／NPO団体や教会組織とともに共同事業体を設立し、包括的に政府から受入要請のあった庇護申請者を受入れている。

筆者が聞き取りを行ったソーシャルコーポレーションは、受入れプログラム中、一貫して地域の人々との繋がりを意識し、難民・庇護申請者に対する理解が得られるように、また庇護申請者が地域社会から孤立しないように気を配る。彼らの独自の取り組みとして、例えば、イタリア語の会話の授業では、あるNGOが体験型の授業を展開する。参加者四人に対して一人の市民ボランティアがグループとなり、街中を散策しながらイタリアの習慣やルールを学び、映像や音楽を使いながら、できる限り地域の人々と関わる機会を作っている。語学の習得は、アパートに戻っても続く。同居するメンバーは異なる国籍・人種で振り分けられている。トラブルが起きることは承知の上だが、同郷で寄り集まって、集団でのプログラムからの脱落を防止するとともに、地域の中で暮らすことにより、イタリア社会に早く順応できるように考えた仕組みである。就業支援では、地元企業にインターンの機会をお願いし、引き続き雇用してもらえるよう支援をしている。SPRAR受講中の一九歳マリ人の青年は、「何も知らないまま一七歳でイタリアに来て、新しい人生が始まった。イタリアで就職先を確保して、イタリアで家族を持って暮らしたい。」と語る。

受入れる力の限界?

自治体での努力により、庇護申請者の受入れ数は伸びているものの、しかしながら、受入れプログラムから「自立」という文字はまだ見えてこない。見えてきたのは新たな課題である。

まず、受入れプログラムを修了しても就職が決まらないということである。現在、イタリア経済は他EU加盟国と比較しても不況で、特に若者の失業率が高い。受入れプログラム受講者層は、ちょうど二〇代〜三〇代の男性であり、彼らの競争相手は同じく求職中のイタリア人や移民である。二〜三年近くかけて、語学や職業の訓練は経たものの、それらの効果が経済的に自立に結びついていないケースが散見される。

もちろん、プログラムには期限があり、期間満了や、SPRARを修了すると通常、全ての支援は打ち切りとなる。これが結果として、保護される地位を獲得していながら、経済活動も公的サービスを受けられない住所不定者の増加につながっている。さらに悪いことに、人道的観点からの保護資格が得られなかった場合、プログラムの途中でも支援が打ち切られる。法律上は、自国へ送還されるが、大抵の場合、不法にイタリアやEU域内で滞在することを選択する。このような人々は、犯罪に加担する可能性があるし、また不法労働者の一部となり、イタリア南部のトマトやオレンジ農園で搾取されたり、都市部の三K仕事を請け負ったりと、社会の底辺を支えるという構図がある。滞在許可が下りず、友人に誘われて南部の農園で働いた人によると「低賃金で朝から晩まで死ぬほど働かされ、マフィアが牛耳っているので簡単には逃走できない。命の危険は時折感じており、自分は経験しなかったが、銃撃戦に遭遇することもあるらしい。」と語る。もしかしたら、冒頭のミラノ駅にいた人々の中にもすでに働いている人がいるかもしれない。

当然、イタリア政府や自治体は、住所不定者や不法滞在者を生む仕組みや、彼らを保護しきれていないことを承知しているけれども、現時点では、有効な手立ては取れておらず、ロマ人等の不法滞在者の支援を行うNGO／NPOが住所不定者への援助を行なっている。

さらにプログラムの支援スタッフには、制度化された受入れプログラムは、かえって庇護申請者の自立心を奪い、一般の地域住民から遠ざけるかもしれないという懸念がある。プログラムでは、語学や中学教育の先生、支援スタッフ、場合によっては市民ボランティアのような、庇護申請者に理解のある限られた人々との接触という守られた空間を創り上げてしまう。同時に地域に溶け込めないことや見えない将来への不安が、庇護申請者らの学びに対する意欲までも奪っている。

地域の人々の中には、庇護申請者に同情はするけれども、生活環境が変わっていくことに不安と脅威を感じ、物理的にも心理的にも距離を置き始める人もいる。教会のあるボランティアは、教会のオープンスペースには様々な人種や国籍の人に解放しているものの、問題が頻発し、「共存するには本当に忍耐がいる」とこぼす。さらに宗教や文化的違いを理由に挙げ「社会に溶け込もうとしていない」とみなす人々もいる[13]。

結論は出ていない

イタリアにはかつてないほどの人が流入している。EU域内、加盟国の中、住民の間でも分裂が広がっている。このような状況に、誰も全体像も将来像も描けずにいる。

安住の地を求めて海を渡って来た難民・庇護申請者は、言葉や文化、さらに偏見や排斥の壁が立ちはだかり、新しい社会に対してオープンマインドになりづらい環境がある。この状況で、母国や居住地を離れた理由を難民・庇護申請者の国や環境のせいだと片付けてよいものか？　より良い人生を送りたいという気持ちは誰にでもある。離れた理由の背景を大局的に考える視点も必要ではないだろうか？

イタリア語学校のマネージャーは言う。「混沌とした中で今できることは、私たち市民の地道な受入れと同時に社会的・経済的に自立した保護資格を持つ人を輩出し、地域に循環する流れを作ることだ」と。

注

1　一九五一年の「難民の地位に関する条約」では、「人種、宗教、国籍、政治的意見やまたは特定の社会集団に属するなどの理由で、自国にいると迫害を受けるかあるいは迫害を受ける恐れがあるために他国に逃れた」人々と定義されている。今日、難民とは、政治的な迫害のほか、武力紛争や人権侵害などを逃れるために国境を越えて他国に庇護を求めた人々を指すようになっている。UNHCR日本 http://www.unhcr.org/jp/what_is_refugee（参照日：二〇一七年一〇月一九日）

2　二〇一六年三月一八日にEUとトルコ間で結ばれた合意。トルコからEUに渡る非正規移民や難民認定を受けられなかった庇護申請者の渡航を停止・送還し、計六〇億ユーロの費用（予定）はEUが拠出する。European Council. EU-Turkey Statement. http://www.consilium.europa.eu/en/press/press-releases/2016/03/18-eu-turkey-statement/ (Accessed: 22/10/2017)

3　各国の新規難民申請者の受入れ割合は以下の通り。ドイツ六〇％、フランス六・三％、ギリシャ四・一％、英国三・二％、スウェーデン一・九％（二〇一六年）eurostat. news release. http://ec.europa.eu/eurostat/

documents/2995521/7921609/3-16032017-BP-EN.pdf/e5fa98bb-5d9d-4297-9168-d07c67d1c9e1 (Accessed: 19/10/2017)

4 墓田桂『難民問題』中央公論新社、九〇頁

5 Subsidiary protection といい、難民資格の条件には当てはまらないが、母国や主に活動していた居住地に送還した場合、非常に危険であると判断された場合に交付される資格。難民資格に比べ、ＥＵ内をビザなしで自由に行き来できないことや運転免許証が得られない等、制限がある。

6 eurostat, First instance decisions by outcome and recognition rates, 4th quarter 2016, (2017) http://ec.europa.eu/eurostat/statistics-explained/index.php/File:First_instance_decisions_by_outcome_and_recognition_rates,_4th_quarter_2016.png (Accessed: 25/10/2017)

7 aida. Statistics: Italy.
http://www.asylumineurope.org/reports/country/italy/statistics (Accessed: 22/10/2017)

8 二〇一五年九月からイタリアとギリシャから別のEUの国々へ二年かけて計九・八万人の庇護申請者の分担を開始した。残念ながら各国の貢献度にもばらつきがあり、(チェコ共和国、ポーランド、ハンガリーの受入数はほぼゼロ)、二〇一七年九月時点で二九、四〇一人(ギリシャ:二〇、三二三人、イタリア:九、〇七八人)と達成率三〇%という結果となった。

UNHCR. EU emergency relocation mechanism. https://reliefweb.int/sites/reliefweb.int/files/resources/EU%20Emergency%20Relocation%20Mechanism%20as%20of%20%2027%20September%202017.pdf (Accessed: 20/10/2017)

9 ＥＵからの圧力により、イタリア政府は自国の管轄内に庇護申請者を入れない対策を進めている。「ホットスポット」という、表向きは身元確認、審査、指紋登録を行い、迅速に他加盟国に移送する機関が指紋採取を強要したり、拘禁したり、時には暴行事件等、人権侵害が報告されている。

Amnesty International. *Hotspot Italy: How EU's flagship approach leads to violations of refugee and migrant rights* pp.14-29.

10 UNHCR. Operational Portal. http://data2.unhcr.org/en/situations/mediterranean (Accessed: 19/10/2017)

11 法律では申請から三三日で結果が出るとあるが、実際は半年から一年かかっている。

Asylum Information Database, Country Report: Italy, 2016. 25

12 難民資格を得られなかった場合に申請する。結果を受け取るまでに一～二年近くかかる。

aida. *Applications and granting of protection status at first instance: 2016.*
http://www.asylumineurope.org/reports/country/italy/statistics (Accessed: 21/10/2017)

13 Pew Research Center. *Europeans Fear Wave of Refugees Will Mean More Terrorism, Fewer Jobs.*
http://www.pewglobal.org/2016/07/11/europeans-fear-wave-of-refugees-will-mean-more-terrorism-fewer-jobs/ (Accessed: 22/10/2017)

特集3：赤十字と災害対応

有事における日赤の医療救護

――未体験ゾーンを巡る議論の経緯

日本赤十字国際人道研究センター所長
井上　忠男

有事法成立過程での関係省庁との議論

平和憲法下で戦争を放棄した戦後の日本は、国内がいわゆる「戦時下」になることは想定してこなかった。当然、戦後の日本赤十字社（以下、「日赤」）も、かつてのいわゆる「戦時救護」とは無縁の時代を長い間享受してきた。救護活動とは自然災害や事故等への対応を意味し、海外の紛争地域に派遣された一部の要員を除き、わが国の国民を対象にした救護活動のすべてが平時の活動だった。

ところが平成一六年の有事関連法の成立により、わが国の有事（武力攻撃事態等）において国民を保護するための法体系が整った。この法律により、有事の日赤の役割も明記されたが、当時の社会情勢の中では、一般国民にとっても「武力攻撃事態」は何となく現実感、切迫感のない出来事と響いていたように思う。

あれから一三年。北朝鮮の核開発とミサイル問題や尖閣諸島を巡る周辺状況の緊張の高まりもあり、事態は俄かに現実味を帯びてきた。当時の誰もがこれほどの環境の激変を予測しなかったのではないか。

では、一体、わが国有事が発生し、戦後の日本が全く未体験な領域に入る時、日赤はどのような対応を取ることになるのか。法に基づき関係機関の国民保護計画が整備されたとはいえ、実際に現場でどのような問題が起きるのかについてはまったく未知である。そこで本稿では、当時、日赤の有事法対応担当であった筆者が有事法成立過程において関係省庁と交わした議論を手掛かりに、有事の日赤活動に潜む幾つかの課題について考えてみたい。なお、ここでは日赤の「外国人の安否調査業務」や「捕虜の取り扱いに関する法律」における役割等については扱わない。

1　医療救護を巡る議論

⑴国民の保護が主であるが……

日赤の有事（以後「武力紛争時」を意味する）の活動は、国民保護法の成立以前から既に日本赤十字社法（昭和二七年八月）や「日本赤十字社定款」（同年一〇月）に明記されている。つまり、戦後の平和憲法が戦争を放棄したとはいえ、日赤関連法においては日赤の活動は戦時の活動も想定してきた。社法第一条及び第二七条は「（業務）日本赤十字社は、第一条の目的を達成するため、左に掲げる業務を行う。（一）赤十字に関する諸条約に基く業務に従事すること。」と規定し、定款第四七条が「本社は、第三条の目的を達成するため、……（一）戦時、事変等において、赤十字に関する諸条約に基き、戦傷病者の救護、捕虜抑留者の援護及び文民の保護に従事すること。（傍線筆者）」と規定している。そして先頃、戦後初めて国民保護法によりわが国への武力攻撃事態等における日赤の役割が具体的に明記されたことになる。

しかし、国民保護法では、指定公共機関としての日赤の業務は、国民（一般市民）の医療救護に限定され、戦前のような軍隊（現在では自衛隊）の傷病者の医療救護を行うことは課されていない。他方、社法や定款では「戦傷病者の救護、捕虜抑留者の援護」が規定され、「赤十字に関する諸条約に基づく業務」とはジュネーヴ諸条約で規定される軍の傷病者への救護も含まれると読める。別言すれば、有事関連法の議論が行われていた当時、ジュネーヴ諸条約追加議定書の当事国でなかったわが国は、一九四九年のジュネーヴ諸条約が規定する軍の衛生部隊の補助機関としての役割も担う可能性は理論上あり得たといえる。同条約は現在も有効だからである。

では実際に、今日の日赤が有事において軍の傷病者を救護することはあり得るのだろうか。この点について当時の内閣官房担当者は、「国民保護法上は、日赤が自衛隊の傷病者を救護することは想定していないが、日赤が（ジュネーヴ諸条約あるいは日赤社法、定款等から）独自の判断により自衛隊の傷病者を救護することを排除するものではない（要旨）」との見解だった。つまり、国民保護法はあくまでも国民（民間人＝文民）の保護を日赤の任務としているが、自衛隊の傷病者の救護を行うか否かは日赤の自主的判断の問題だとした。

歴史的に見れば、軍の補助機関として各国に設立された赤十字社ではあるが、第二次大戦後は、主要国において軍の補助機関としての赤十字社の役割は事実上終焉を遂げ、軍の傷病者への医療救護は軍の衛生機関が自己完結的に行っているのが実際のようだ。その意味で第二次大戦の教訓をもとに成立した一九四九年のジュネーヴ諸条約上の赤十字社の任務は、諸国の軍隊が衛生部隊を充実させた戦後世界では、事実上空文化しているといえるだろう。

では、わが国自衛隊の場合はどうだろうか。この点について当時の防衛庁（現防衛省）担当者は、「武力攻撃事態の様態にもよるが、万一、隊員の負傷者が大量に発生するような場合には、自衛隊の医療部隊だけで自己完結できるかどうかは不明である。仮に自己完結できない場合には、民間の医療機関に支援を求める可能性はゼロではない（要旨）」との意見だった。そのような場合、防衛大臣は各都道府県知事に協力要請を行い、知事の要請を受けて医療協力を医療機関に求めることになるだろうが、その場合、この活動の公的性格から国立病院機構の病院やジュネーヴ諸条約上に役割が規定される赤十字社に医療救護等を要請する可能性が考えられる。

(2)傷病兵救護では軍法に従うのか

では、軍（自衛隊）の傷病者を救護する場合に未知な問題が生じるのだろうか。ここからはあくまでも仮定の議論と承知おき戴きたい。

まず一九四九年のジュネーヴ諸条約の視点から考えると、医療救護にあたる「場所」がどこかで問題が異なる可能性がある。仮に野戦病院（戦闘地域以外の場所に設置されたもの）や自衛隊病院のような自衛隊が管理する施設での活動を要請された場合、赤十字等の救済団体の要員は、場合によってはジュネーヴ第一条約第二六条の「第二四条（軍隊の専従要員の保護）に掲げる要員と同一の任務にあたるものは、衛生要員等と同一の地位に置かれ」、それらの団体の職員は「軍法に従わなければならない（subject to the military laws and regulations）」とする規定が議論になるかもしれない。第二六条の「軍法に従わなければならない」の文言は、一九〇六年の条約改正以前の「軍の指揮下に入る（placed under military command）」（一八六三年の赤十字規約第六条）のコロラリーであり、端的には、自衛隊の指揮下で活動するということを意味する。この場合、軍法とは何かが問題となるが、軍刑法のような軍法が存在しないわが国の場合、自衛隊を規律する自衛隊法がそれに当たるといえる。同法第一一八条以下には罰則規定があり、これに違反した場合には民間人も処罰されることがある。

さて、仮に自衛隊の指揮下で活動する場合、戦後、そのような経験のない日赤要員にとりこれは未知の体験になるのだろうか。この点について当時の防衛省関係者は、「これまでの日赤の活動の経緯から、いきなり自衛隊の指揮下に入ることは不安や抵抗感もあると思う。実際には柔軟な対応がなされるのではないか。必ずしもジュネーヴ諸条約の規定に囚われる必要はないのでは(要旨)」との見解だった。

では、実際に、条約条文とは異なる柔軟な運用は法的に可能なのだろか。筆者がジュネーブのICRC法律顧問にこの点を照会したところ、その答えは、「(その場合でも)条約の規定通り、軍法に従わなければならない(要旨)」というものだった。

この問題は、実は一〇〇年以上前にも議論されている。戦前の戦時救護の根拠となっていた日本赤十字社令や救護規則は陸海軍両大臣と日赤社長との協定により定められ、軍の衛生部隊に編入された日赤救護員は軍属として扱われ、軍の指揮下で活動した。これ自体はジュネーヴ条約の趣旨に反せず違法なことではない。このシステムは明治三四年の旧日本赤十字社定款にも明記され、日赤救護員は軍人に準じた待遇を受けることになったが、同時に軍法への従属関係がどうなるのかという問題が生じた。

この点を疑問に思った当時の佐野常民社長は、「(救護員は)軍の指揮下に入るといえども、軍の懲罰令により処罰されることはないと理解しているがその通りでよいか(要約)」という趣旨の質問状を陸海軍両大臣宛に提出した。これに対し、陸軍大臣からは、「陸軍刑法、懲罰令の適用を受ける(要旨)」との回答が、他方、海軍大臣からは、「お伺いの通りである(要旨)」との回答があった。軍属として扱われることや軍の指揮下に入ることは、軍法の適用関係など日赤職員の懲罰問題にも係る問題であり、佐野社長としては曖昧にできない重要な問題であった。しかし、陸海軍双方の見解は異なり、統一されていなかった。(以上、拙稿「自衛隊の衛生活動に従事する日赤要員の法的地位に関する考察」秋田赤十字看護大学紀要 Vol.16、二〇一四参照)

(3)日赤の自主性は担保される

上記の議論は、有事関連法制定前の関係機関とのやり取りである。あれから一〇年以上経過した現在はどう考えるべきなのだろうか。この間、ＩＣＲＣも第二六条の解釈を見直すようになった。結論から言えば、赤十字要員が仮に自衛隊の傷病者救護に配属されたとしても、「軍法にしたがう」の文言が議論になる可能性はほとんどないと思われる。

まず第一に、篤志救護団体の職員は軍法にしたがい、軍の要員と同一の地位(same footing)に置かれる場合でも、この規定は要員に適用されるもので救護団体に適用されるものではないというのが基本である。その上で軍の要員と「同一の地位に置かれるものとする」の文言は、これらの要員が実際に軍の要員の地位(status)を得ることを意味せず、要員は常に文民としての地位を維持すると解釈されている(二〇一六コメンタリ、二〇七七〜二〇八〇)。したがって軍に配属された赤十字の要員の待遇は、赤十字社と国の当局(わが国の場合は防衛省か)との協議により決定され、戦前のように軍の医療部隊の一部に編入されることはない。この考え方は、一九五二年のコメンタリと基本的に同じである。これは軍への支援活動であっても、その活動はあくまでも赤十字社の自発性に基づく活動であることを担保しようとするためである。

さらに、第二六条の規定は、「第二四条に掲げる要員と同一の任務にあたるもの」を対象としており、その要員とは「専従の衛生要員」を意味すると考えられ、「専従の衛生要員と同一の任務」に当たるために軍から「記章及び身分証明書を受ける」(一九五二コメンタリ)ものが対象となる。このような自衛隊の業務に「専従」で派遣される日赤要員は通常考えられず、仮に日赤要員が自衛隊の傷病者救護等に派遣される場合でも、それは一時的なものであり「もっぱら従事(exclusively engaged in)」するものではないと思われる。だとすれば、第二六条が規定する要員と同一のものではなく、「たとえ軍の要員のために活動したとしても、二四条で規定する活動に従事するものではなく、赤十字社の要員」(二〇一六コメンタリ、二〇七三)としての立場を維持することになると考えられる。なお、これらの日赤要員の活動も、ジュネーヴ第四条約第二〇条や第一追加議定書第一五条の規定により保護されるのは当然である。

(4)軍民を区別しない第一追加議定書の原則

これまでの議論は、一九四九年のジュネーヴ諸条約の視点からの議論であるが、現在、わが国は一九七七年のジュネーヴ諸条約追加議定書(特に第一議定書)の当事国であり、同条約の原則に照らして考える必要がある。

第一追加議定書（第八条〜一二条）では、軍人の傷病者と文民（民間人）の傷病者をあえて区別せず、医療要員（組織）も軍のものであるか民間のものであるか、常時のものであるか臨時のものであるかを問わず、その医療活動を保護している。また第一追加議定書には、一九四九年の条約のような「軍法にしたがう」の文言も、軍の傷病者への支援活動における指揮権に関する記述も存在しない。したがって赤十字社の医療活動は民間人は勿論、軍人に対する活動であれ、またその活動が国や自治体からの要請に基づくものであれ、それらは社の自主的な判断により行われるものであるという理解が根底にある。

実際には、自衛隊の傷病者を救護する場合、活動の場所によっては自衛隊との間で活動条件等についての協議が必要になる可能性はある。例えば、情報の保護や活動で知り得た内容の守秘義務などの一定の規則を順守することを求められることが想定される。これらの問題についてジュネーヴ諸条約は、軍に配属された赤十字要員の待遇は、国の法律や国の当局との協議に委ねており、戦前のように一方的に軍規に従うことを要請されることはない。

⑸民間人の動員計画はない

さて、当時の防衛庁関係者との意見交換から半年余り後のことだろうか。ジュネーヴのＩＣＲＣ本部から各国赤十字社宛てに次のような質問状が出された。「現在においても、（ジュネーヴ諸条約の規程同様に）軍隊の衛生部隊の補助機関としての役割を担っている赤十字社があれば回答願いたい（要旨）」というものだ。筆者は、筆者のＩＣＲＣへの先の質問がこの各社宛て照会の背景にあるのではないかと推測した。こうした調査研究を背景として二〇一六年のジュネーヴ諸条約解説（コメンタリ）の改定も行われたものと考えられる。

さて、自衛隊傷病者の医療救護に伴う問題については、その後、防衛省関係者と議論したことはなく、同省もこの問題を特に研究した形跡はない。それは赤十字要員がこうした活動に動員されることを自衛隊も日赤も想定してこなかったためと思われる。

なお、自衛隊法第一〇三条二項には、防衛出動時において輸送・土木・医療従事者等に自衛隊の業務への従事を要請できるとする「業務従事命令」に関する規定がある。これは武力攻撃時に兵站輸送や戦闘地域に取り残された民間人を避難誘導するため民間輸送業者等の活用を想定した規定である。もっとも、有事関連のいかなる国内法も、民間人(医療者も含む)を戦闘地域で活動させることは想定しておらず、戦後、業務従事命令が発動されたこともない。現代の民主社会においては強権的な国民の動員は社会的な抵抗感も強いだろう。とはいえ、法は個人等が自らの意志でそうした地域(戦闘地域を含む)での活動を申し出た場合、それを排除するものではない。そのような場合には、おそらく申し出た個人と国との間で自由意志に基づく契約行為が交わされ、身分保証を行った上で業務に従事してもらうという措置が取られる可能性がある。

いずれにしろ、これまでの議論はあくまでも「理論上の議論」であり、誤解のないように付言すれば、有事において防衛省が民間の医療者を動員するような具体的な計画があるわけではない。ここでは、法解釈の視点から有事における赤十字活動を精査した場合、これまで議論の俎上に登ってこなかった幾つかの「ブラックボックス」が存在するかもしれない、といった問題意識の喚起に留めたい。実際の有事にどのような問題が生じるのか、あるいは生じないのか、実は分からないことがまだ少なくない。わが国有事とは、戦後の日本国民の誰もが経験したことのない「未体験ゾーン」だからである。

2　赤十字標章を巡る議論

(1)赤十字標章を表示できるのは誰か

有事には、赤十字標章の使用と管理の主体が平時とは一変することが大きな特色である。

平時に赤十字標章を使用できるのは、基本的に日赤と自衛隊の医療機関(衛生部隊)のみだが、武力攻撃事態には、国や自治体の当局の許可を得た者(医療活動に専従する者に限る)ならば誰でも保護目的の赤十字標章を使用することができる。つまり、平時の日常社会では全く赤十字標章を使用したことのない団体が、赤十字標章を表示する事態が生まれることになる。

「赤十字標章等及び特殊標章等に係る事務の運用に関するガイドライン」(平成一七年八月二日)によれば、国は、国立病院機構や自治体病院など公的な医療機関(具体的には指定行政機関又は都道府県職員)には、赤十字標章を当局が交付するが、その他の民間の医療機関は、それぞれが独自に標章を作成し、表示することとしている。そのためのひな形を「厚生労働省の赤十字標章、特殊標章及び身分証明書に関する交付要綱」(同年)で定め、各都道府県に示しているが、自ら作成することになる民間の医療機関にとっては、標章の素材選びから印刷、発注（手作りも可と思われる）など手間のかかる作業を強いられることになる。そこで当初、関係者の議論では、自治体の指定ごみ袋のように、コンビニ等で買えるように予め赤十字標章を作成しておく案なども出されたが結局、各自が作成し許可を得るという方法に落ち着いた。いずれにしても、万一の場合には、赤十字標章の使用に習熟した日赤に対し、民間の医療機関から標章作成に関するアドバイスを求められる可能性はある。

さらに有事には、日赤も日頃使い慣れた赤十字標章の保護的使用について、国の当局（厚生労働大臣）に許可を求めなければならなくなる。これは日赤にとっては面倒な話でもある。これについて当時の厚労省関係者は、「実際には、赤十字標章の使用に習熟した日赤が使用することに何ら問題はないと思う。出来るだけ柔軟に対応したいと思うが、法律は法律なので、事後でも結構だから使用許可申請は出していただくことになるのだと思う（要旨）」との話だった。厚労省の公式見解ではないが日赤にとっては、もし柔軟な対応が取られるならば有難いことというべきだろう。

⑵ 直ちに保護標章を表示するのか

さて、一方で素朴な疑問も残る。内閣総理大臣が武力攻撃事態を国民に宣言した場合、国民保護法に基づき、直ちに赤十字保護標章を表示しなければならなくなるのだろうか。

武力攻撃の様態にもよるが、今日では、第二次世界大戦のような総力戦としての地上戦が長期にわたり展開されることはほとんどの者が想定していない。最も想定される攻撃形態がミサイル飛来のような「着弾道攻撃」や「テロ攻撃」とされるが、このような状況で保護目的の赤十字標章を一斉に表示することの意義、その緊急性、実用性、実効性の有無は不透明である。

赤十字標章の使用（表示）に関するジュネーヴ諸条約上の規程は、第二次大戦の教訓を元にしている。しかし、現代において、かつてのような戦争形態が長期に続くことのリアリティーはほとんどない。だとしたら武力攻撃時に保護の赤十字標章を特に国内において表示することの意義はどれほどのものだろうか。少なくとも飛来するミサイルに赤十字標章は識別できないし、地上部隊の上陸や航空攻撃でもない限り、敵の識別を意識した表示に決定的な意味を見出すのは難しいように思う。もっとも、保護標章の表示は「敵部隊」による識別を意図するだけではなく、同じ国民が医療目的の要員を認識し、その円滑な活動を尊重、保護し、協力する意識を喚起させる役割も持つといえるが、その場合でもその重要性は「敵への周知」ほど高くはないだろう。

これに関して国民保護法は、赤十字標章等、特殊信号又は身分証明書を交付し、又は使用させることが「できる」(第一五七条二項)とあり、使用させる判断は任意であり、武力攻撃事態だからといって即座に表示しなければならないわけではないと理解できる。仮に法律通りに表示するとなると、医療機関は、赤十字標章と身分証明書の職員への交付、交付台帳への記録、管理など雑多な業務を強いられることなり、ただでさえ混乱を来している武力攻撃時に更なる業務負荷を強いられることになる。医療活動の円滑な実施のための保護標章の表示が、却ってその負担になるという皮肉な結果になる可能性もある。しかし、実際の有事にはどのような運用がなされるのかは未知である。

(3)保護標章は平時から使用可能に!?

赤十字標章には保護標章と表示標章の二つの使用方法があることは赤十字関係者なら誰もが知っている。逆に、このことを理解している一般国民は皆無といってもよい。こんな複雑な議論は赤十字関係者の内部だけに止め、一般国民がシンプルに理解できる標章の使用方法はないものかと思いたくなる。

保護標章としての使用は、武力紛争時(戦時)にのみ認められるため、平時において建物やその屋根に赤十字標章のみを大きく表示することは、たとえ赤十字社所有の施設であっても許されないとされてきた。しかし、国民保護法の成立以後、この「定説」は覆ったともいえる。

国民保護法において武力攻撃時の日赤の役割が明記されたことにより、日赤は厚生労働省の同意を得れば、平時から保護標章を表示できる道が開かれたといえる。その根拠は、一九六五年の赤十字国際会議(政府代表も参加)で採択された『各国赤十字社による赤十字標章の使用規則』(一九九一年の赤十字代表者会議にて改訂)にあり、同規則第一三条は、赤十字社は、「当局の同意を得て、武力紛争時における医療目的の任務が明確に定められている組織及び輸送手段を識別するために平時から標章及びその他の特殊信号を使用することができる」としている。このような平時からの使用を認められるのは、おそらく国民保護法により明示的に有事の役割が規定された日赤だけとなるだろう。この特権を生かさない手はない。厚労省がこうした日赤の要請を拒否する理由は見当たらないように思う。

保護標章の平時からの使用が認められれば、有事のドタバタの中での保護標章の表示や使用許可申請など面倒な業務を軽減できるかもしれない。また少なからずの日赤病院では「保護標章紛い」の標章（社名を付記しない赤十字標章）を大きく建物に表示している事例があるが、これらを修正させる手間も省くことができる。もちろん、表示的使用と保護的使用の違いの理解が曖昧になるリスクはあるが、何らかの効率的かつ負担の少ない実際的な運用を考える必要があるように思う。標章の使用規則は、赤十字関係者ですら理解できないほどに複雑化し過ぎたのである。

⑷特殊標章に関する国民への教育啓発

国民の保護のための措置を実施する際の政府の基本的な方針は、平成一七年三月二五日に閣議決定された「国民の保護に関する基本指針」（平成二九年一二月一部修正）に示されているが、この中で政府は、赤十字標章等の使用の意義について国や自治体等が国民に教育・啓発することとしている。（四章四節六）

指針によれば「国［内閣官房、外務省、厚生労働省、消防庁、文部科学省］は、地方公共団体等と協力しつつ、ジュネーブ諸条約及び同第一追加議定書に基づく武力攻撃事態等における標章等の使用の意義等について教育や学習の場などの様々な機会を通じて啓蒙に努めるものとする。」とある。この中の「地方公共団体等と協力（傍線筆者）」の文言は、案の段階では「地方公共団体と協力」となっており、「等」がなかった。内閣官房から案を見せられた筆者は、この点に違和感を覚えた。国や自治体が果たして赤十字標章等の使用方法、意義について国民に的確に教育・啓発するノウハウや実績を持っているのだろうか。赤十字標章の使用方法等の教育啓発に長年の実績とノウハウを持つ日赤の存在や活用が全く考慮されていないと感じたからである。

筆者は内閣官房と折衝し、日赤のこれまでの実績とノウハウについて説明し、むしろ国民への教育にあたっては日赤を積極的に活用すべきであると主張した。内閣官房はこの主張に納得し、筆者は「地方公共団体及び日本赤十字社と協力」との文言に修正することを提案した。しかし、後に官房から電話があった。法制局の意見もあり、個別具体の団体名を指針に盛り込むのは困難であり、「日本赤十字社」の文言を「等」と書き換えることで日赤も教育啓発に協力できる余地を残すことではどうか、という提案だった。日赤は最終的にこの案を呑んだ。それが現在の基本指針に見られる「等」が入れ込まれた背景である。たった一字に過ぎないが、この一字には日赤の赤十字標章に賭ける気概が込められているのである。

上記の議論から一〇数年が経過した。周辺有事が俄かに緊迫感をもって語られる昨今だが、国や自治体が赤十字標章等の意義を国民に教育・啓発する動きは未だに見られない。筆者の所属する日本赤十字国際人道研究センターとしても国や自治体の啓発活動に協力する意思を示すため、過去に総務省に協議を申し入れたこともあるが未だ協議にすら至っていない。

⑸戦時救護は赤十字のレゾンデートルか

先の大戦で戦時救護に動員された日赤救護班の活動に言及しながら、「赤十字は軍に利用された」「赤十字は軍に協力した」といった戦時の日赤活動への批判的論評がしばしばみられる。しかし、これは時代状況と赤十字の歴史的意義を理解しない一方的な主張と言わざるを得ない。

赤十字は一九世紀後半に、軍隊の傷病兵を救護することを目的に設立された。この事実は、その後の半世紀一貫して変わらず、第一次大戦後に平時活動に参入するまで「赤十字のレゾンデートル」の核を形成していた。「傷病兵を救うこと」は赤十字の正当な存在理由であり、唯一無二の目的とすら言ってよい時代が長い間続いたのである。

むしろ、当初、赤十字が傷病兵を救護することに反対したのは軍隊の側であった。例えば、フランス軍は、得体の知れない篤志の救護者が軍に参入することに強く反対した。間諜行為（スパイ行為）が行われたり、軍の負担が増え現場に混乱を来し、惹いては作戦行動の弊害となるのではないか、といった懸念のためである。同様の懸念は、博愛社設立時の政府にも見られ、当時、急速に衛生部隊の強化を進めていた帝国陸軍にとり、博愛社の趣旨は理解しつつも、その活動を受け入れることは現場に混乱を生じかねないと考えていた。（本書掲載の佐藤雅紀氏の論考を参照）

こうした軍の懸念や反対にも拘わらず、民間篤志団体による傷病兵の救護を訴えたのは赤十字社の側であり、その思いは「一人でも多くの兵士を救いたい」という純粋な人道的願い以外の何物でもなかった。やがて軍の懸念を払拭するために、糧食の確保は軍に依存せず、軍隊の指揮下で活動し、勝手な行動を取らないことを条件にその活動が認められるようになった。当時、軍の指揮下に入ることを赤十字が拒否していたら、ジュネーヴ条約の成立すら覚束なかったであろう。

⑹有事でも慌てる必要はない

今日の世界において、赤十字が軍の傷病兵を救護することは一般論としてはなくなった。赤十字は、軍の衛生機関が未整備で多くの傷病兵が無為に見捨てられていった時代の産物だからである。その後、軍の衛生機関は各国とも充実強化され、自国傷病兵の医療看護はほぼ自己完結できる状況となった。

しかし、その一方で、先の大戦の産物である一九四九年のジュネーヴ諸条約の条文上には、依然として赤十字の軍の補助機関としての役割が明記されている。戦争形態の未来が全く予測不能である現在、それを削除することは今後もないように思う。実際、途上国の弱小な軍隊にどの程度の衛生部隊が完備しているかは不明であり、傷病兵の自己完結的な医療救護は必ずしも保障できない場合もあるのではないだろうか。既述したＩＣＲＣの各社宛ての照会やコメンタリの改定もそうした状況が存在する蓋然性を排除していないように思う。

現在では、わが国有事の場合、万が一、赤十字が傷病兵救護の一部を担う場合でも赤十字社の自主性は十分担保されるのであり、それは国民保護法第六条や「国民の保護に関する基本指針」第一章六において、繰り返し、日赤の「特性に鑑み、その自主性は尊重しなければならない」と明記されている所以である。また具体的な医療活動においても傷病者の傷病の原因は異なるにせよ、救護活動の内容は平時の救護活動と基本的に同じであり、平時の災害救護に経験豊富な日赤にとり、有事だからといって必要以上に身構える必要はないだろう。

国民保護法により託された日赤の役割は、あくまでも一般国民（民間人＝文民）の保護救済（医療救護）である。この原則を踏まえた上で、歴史的、法的文脈で排除されない「それ以外の活動」の可能性も心の片隅に留めておくことは想定外の事態が起きても右往左往しないための備えになるのではないかと思う。最終的に赤十字に求められるのは、相手が「一般市民か兵士か」ではなく、手当されずにいる同じ人間にどう応えるか、であるように思う。

これまでの議論は、法的、実務的視点から精査した場合、有事の日赤活動には幾つかの「ブラックボックス」が存在するかもしれない、といった視点からの議論であり、そのリアリティと妥当性の有無については読者の判断に委ねたい。

特集3：赤十字と災害対応

フィンランド赤十字の取組みから考察する日本の冬期対策

根本昌宏、尾山とし子
日本赤十字北海道看護大学災害対策教育センター教授、ＩＨＳ研究員
粉川直樹、加島康平
日本赤十字社事業局国際部国際救援課

はじめに

北海道・東北地域は、真冬の被災経験が少なく、冬の災害の想定・対策は脆弱である。一九九五年一月一七日の真冬に発災した阪神淡路大震災ならびに二〇一一年三月一一日の晩冬に発災した東日本大震災は、ともに最低気温が氷点下一℃前後で推移し、寒さとの戦いも強いられた。北日本だけでなく日本のほぼすべての地域で冬対策が求められている。我々は二〇一〇年秋から継続して冬期災害を想定した実践検証型の取り組みを進めているが、冬期災害経験の少ない日本国内で有効的な対策を導くことは困難を極め、現在も多くの課題を抱えたままである[1~5]。冬期の災害は避難生活を送る避難者だけでなく、救援側にも数多くの問題を生じる。日本赤十字社が災害時に展開する救護所の暖房設備や救護班の保温装備なども改善する余地が多く残されている。自己完結型で安全に展開できる冬期装備の整備が急務である。

これらの課題を解決する糸口を探るべく、二〇一七年二月に日本赤十字社国際部職員とともにフィンランド赤十字を訪問する機会を得た。フィンランドの冬期対策について学び、ＥＲＵの資機材にオプションとして含まれる温熱装

備について、その対策の日本への応用について考察する。

本視察で訪問した場所は、ヘルシンキのフィンランド赤十字本社、タンペレのフィンランド赤十字ロジスティックセンター、ロヴァニエミのフィンランド赤十字事業所ならびにレスキューセンターである。本報告ではまず訪問先での内容を記述し、最後にそれらを統合して日本の冬期対策について考察する。

1　フィンランド赤十字ロジスティックセンター：タンペレ

フィンランド第二の都市であるタンペレは首都ヘルシンキから一六〇㎞の距離にある。年間の日平均気温は四・四℃、最低気温記録はマイナス三七℃で北海道北見市とほぼ同程度の温度推移を示す。フィンランド赤十字はこのタンペレにロジスティックセンターを構えている(写真1)。

ロジスティックセンターにはERUをはじめとする医療資機材のほか(後述)、途上国支援として古着等の収集・配送事業(カザフスタン等)、フィンランド赤十字オリジナルグッズの販売(http://www.punaisenristinkauppa.fi/)など多岐にわたる事業が集結している。活動する赤十字職員や医療スタッフのための装備もタンペレに集積されている。フィン

写真1　フィンランド赤十字ロジスティックセンター

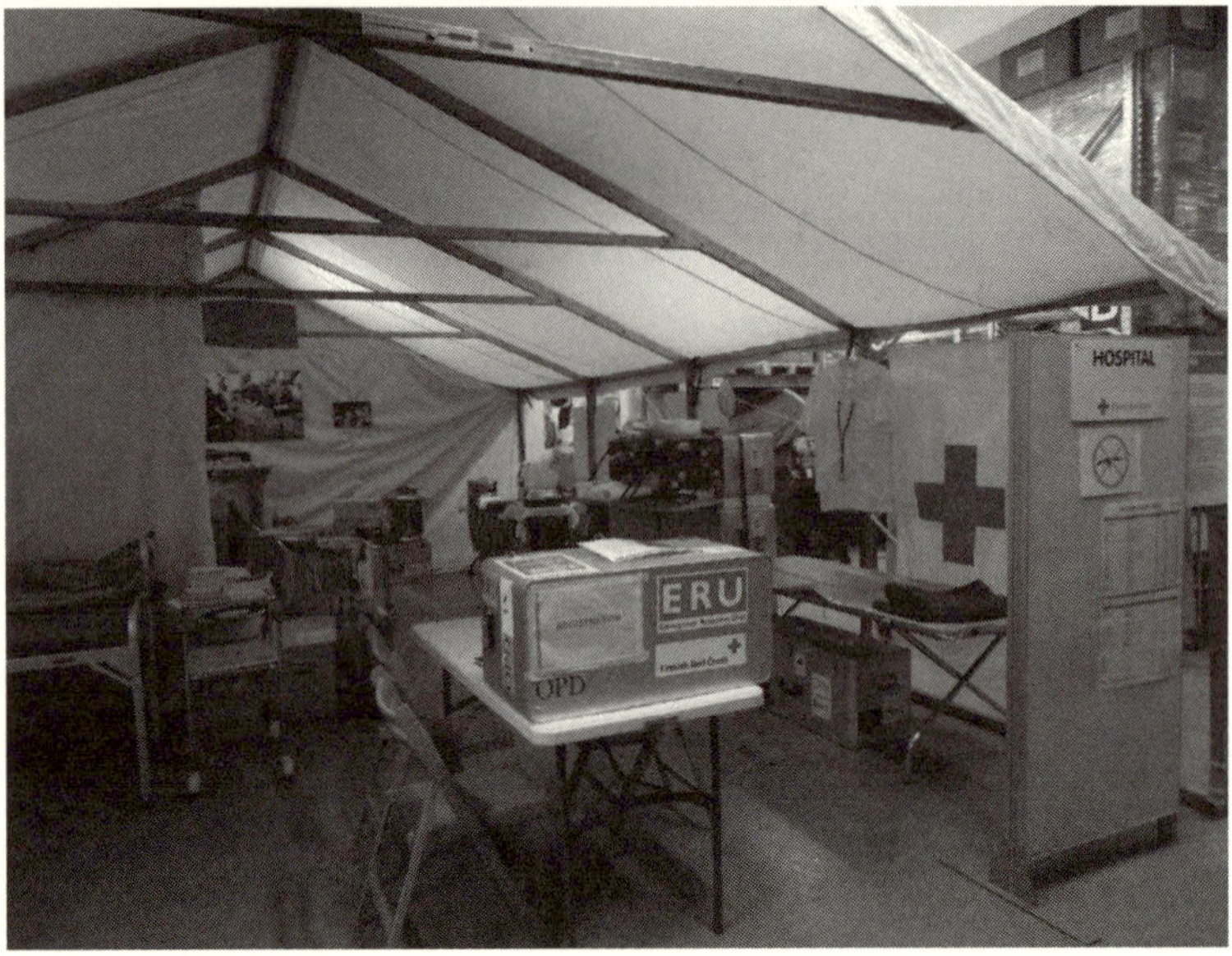

写真２　ＥＲＵのデモ展示（画像奥には手術ユニットがある）

ランド赤十字は病院を持たないため、医療班はヘルシンキ大学病院等のスタッフで構成される。

ロジスティックセンターの医療資機材のうちＥＲＵについては常設型の展示を行っている（写真２）。六メートル×一二メートルのテント二基分が一つのユニットであり、内部には手術ユニットをはじめ様々な医療行為が行えるよう整備されている。

フィンランド赤十字が想定している冬の災害想定は、発電所の事故や送電線への着雪に伴う冬期の停電である。これは積雪寒冷地の北海道と全く同じである。しかしながら、日本と同じようにフィンランドの国内でもこの事案はまだ発生したことがない。フィンランド赤十字の冬対策として転機となったのはアフガニスタンのキャンプとされる。フィンランド赤十字がＥＲＵを展開した際に厳しい寒さに直面し、主要装備等の見直しが行われた。その中で核をなすものが、先のテントユニット内部を加温するための熱交換式ジェットヒーターである（写真３）。フィンランド製（Polartherm社）の機材であるこの熱交換式ジェットヒーターは、電源に一kW、自重一二五kgで発生熱量は三八kWであるが熱交換率が八七％と極めて高い。石油もしくは軽油を燃料として一八時間の連続燃焼を可能とし、タンクは装置内

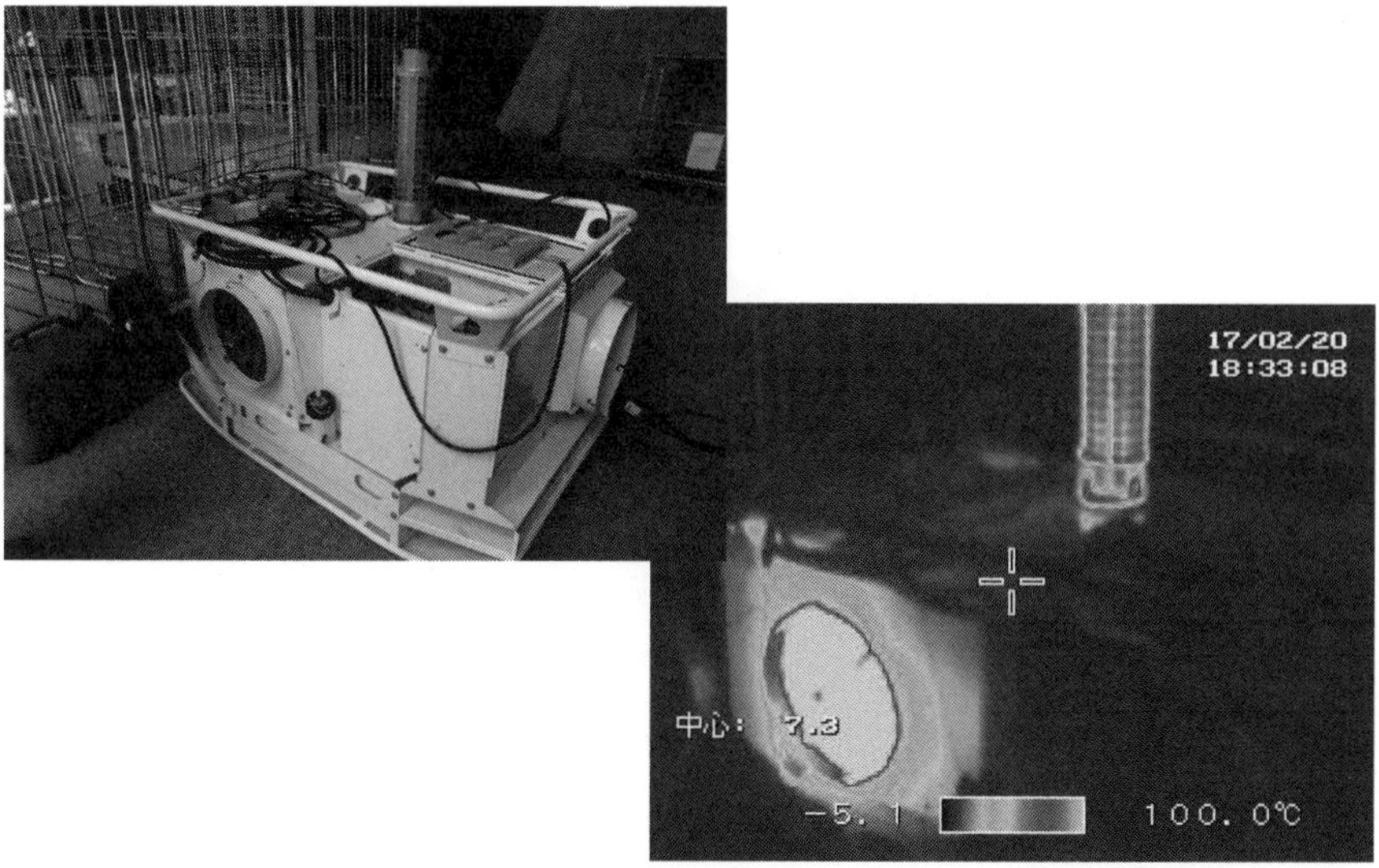

写真３　稼働中の熱交換式ジェットヒーター（右は熱画像）

にあるため外部タンクを必要としない。許容温度がマイナス四〇℃からとされていることも特徴である。主に軍隊用として製造されており、米軍では数百台導入している。日本への導入実績はない。

　このジェットヒーターの特徴は、熱交換であるために室内に二酸化炭素を一切放出しない。我々がこれまで検証してきた冬の暖房対策では、大量に発生する二酸化炭素に悩まされており、その解決には至っていない[3,4]。さらに本装置には有毒ガス対策として一酸化炭素モニターを備えており、サーモスタットによる温度の自動制御も可能としている。実際に実動させると排気筒からの熱放出に比して、室内に排出される温風の温度が極めて高く、熱交換率が良いことが熱画像から分かる。ＥＲＵのラボに設営する場合、吸気口ならびに排出口ともにこのジェットヒーターにつなぐため、内部の空気が効率良く循環して温度の維持に貢献する。本ヒーターと同等の機能を有する機材で日本に導入実績があるものとしては米国ＨＤＴ社製のジェットヒーターがある。消費電力がフィンランドよりも少なく、ある程度の熱交換能力がある。これは日本赤十字社北海道支部に一台整備されている。

フィンランド赤十字の装備として特徴的なものがサウナである。最小限の Basic health center においても必ずサウナを設置する。サウナストーンを電熱線（七kW）で加熱し、それに水をかけることでサウナ浴を可能とする（写真4）。ロウリュと呼ばれるこのサウナ方式はフィンランドの文化として欠かせないものであるが、サウナ浴の後は冷水シャワーでも良いため、結果的に風呂ユニットを展開するよりも節水、節電そして活動する人員の衛生の保持につながる。大型の発電機を回さなければならないが、八〇℃以上の空間を氷点下の世界に展開することができるため、低体温症の予防にも大きく貢献する。

救護員等の冬期装備品としては、ダブルレイヤーの防寒着が三〇〇着常備されていた（写真5）。山岳登山に用いられる防寒着に近いが重量と厚みがあり、耐寒性能は高い。逆にこの防寒着以外のものは赤十字としては備蓄しておらず、基本的に個人で準備することとしている。首都ヘルシンキが北海道札幌市とほぼ同程度の温度であり、国民全員が寒さに馴化していることが寄与していると考える。それを裏付けるように、使用する寝袋は寒冷地用ではなくスリーシーズン用の薄い寝袋であり、基本的にテント全体を

写真４　サウナユニットに使用する電熱ヒーター（7kW）

写真５　冬期用上下セパレートタイプ防寒着

暖めることで寒さ対策がなされている。

２　ラップランド消防署における冬期災害対策：ロヴァニエミ

首都ヘルシンキから約九〇〇㎞、北極圏（北緯六六度）のラップランドに位置するロヴァニエミはフィンランド北部のラッピ県の県庁所在地であり、スウェーデン、ノルウェーそしてロシアの三国に囲まれた地域である。冬の最低気温はマイナス四〇℃近くまで低下、年間の平均気温は約一℃と日本でこの気候帯に該当する市町村はない。フィンランド赤十字のロヴァニエミ支部では、難民の受け入れプログラムを実施しており、施設から生活支援そして語学等の教育支援が行われている。

ロヴァニエミ消防署には北極圏独特の装備がある。まずは大型トレーラーの中に装備された緊急用ユニットである（写真６）。トレーラーの中には五〇人分のベッドをはじめ、テント、照明、救護資機材だけでなく、タンペレのフィンランド赤十字が備えていたものとほぼ同等の内気循環式ジェットヒーター、発電機等が積載されており、冬の大規模事故にも即時に対応できる体制が整えられていた。このトレーラーは大型トラックで牽引されて現場に動員される。

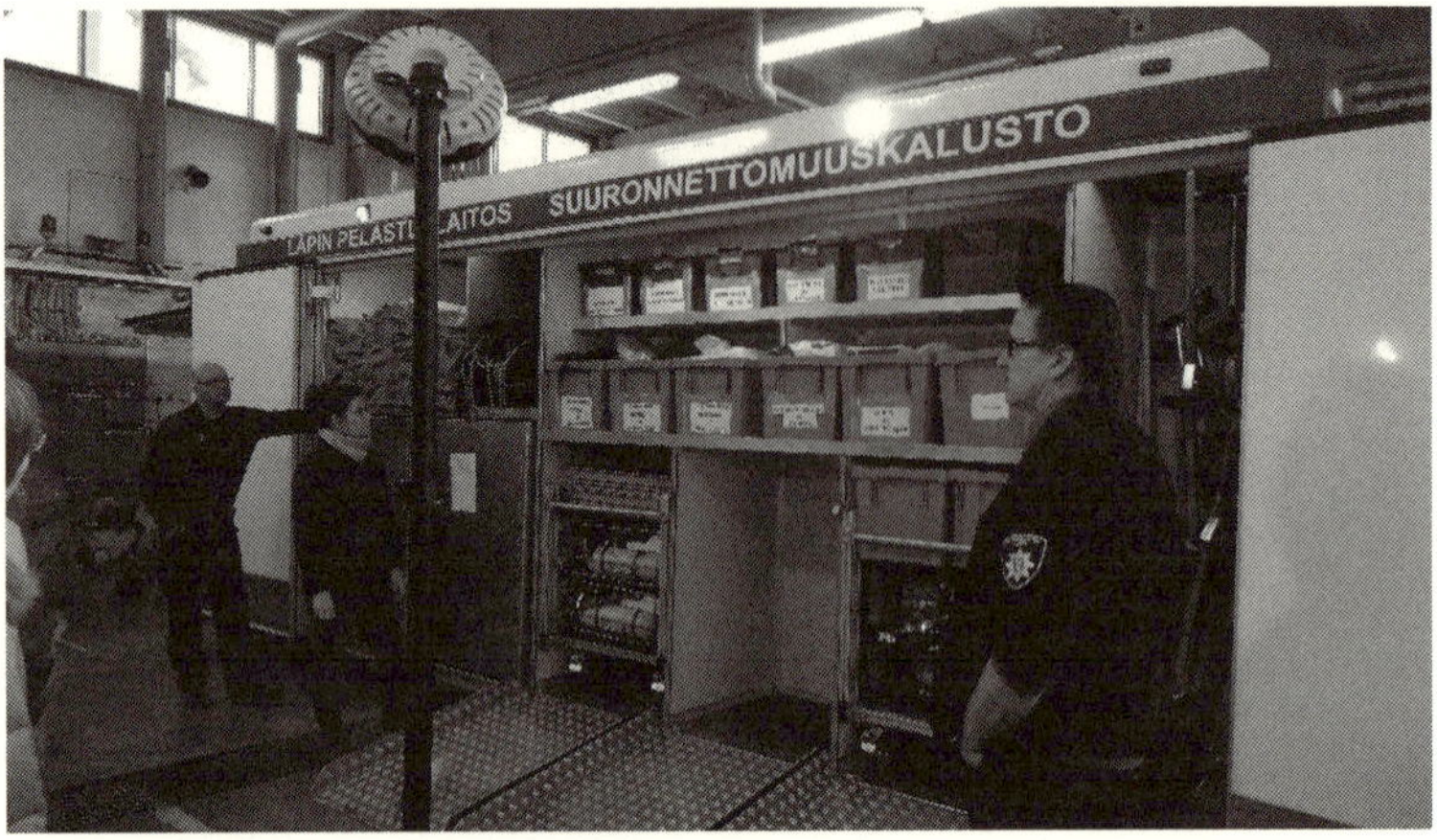

写真６　緊急用トレーラーユニット

さらに特徴的なものとして、スノーモービルによる寝台ソリが挙げられる。一人用のベッドをキャタピラー式のスノーモービルでけん引できるもので、ソリの内部はバッテリー内蔵型の超小型可搬式ジェットヒーターで加温することができるようになっている（写真７）。もちろん、本製品も二酸化炭素は排気口から排出されるように設計されており、温風には二酸化炭素が一切含まれない。このジェットヒーターから出る温風は二〇℃前後と控えめであるが、全く電源を使わずに、充電されたバッテリーによって温風を出すこの装置は低体温症対策に有効である。残念ながら日本では販売されていない。

冬の大規模災害時に傷病者を地面に直接寝かせることは低体温症を発症させる危険性がある。テントや暖房だけでなく、簡易ベッドを即時に大量に展開できる装備は、冷気を遮断して命を守ることに直結する。また同時に、酢酸ナトリウムと金属板で構成される通称エコカイロも常備されている。このカイロは電源等がない環境下でも比較的大きな面積を加温することができる。煮沸すると元に戻すことが可能で、空気と反応させる使い捨てカイロよりも緊急時の有用性が高い。

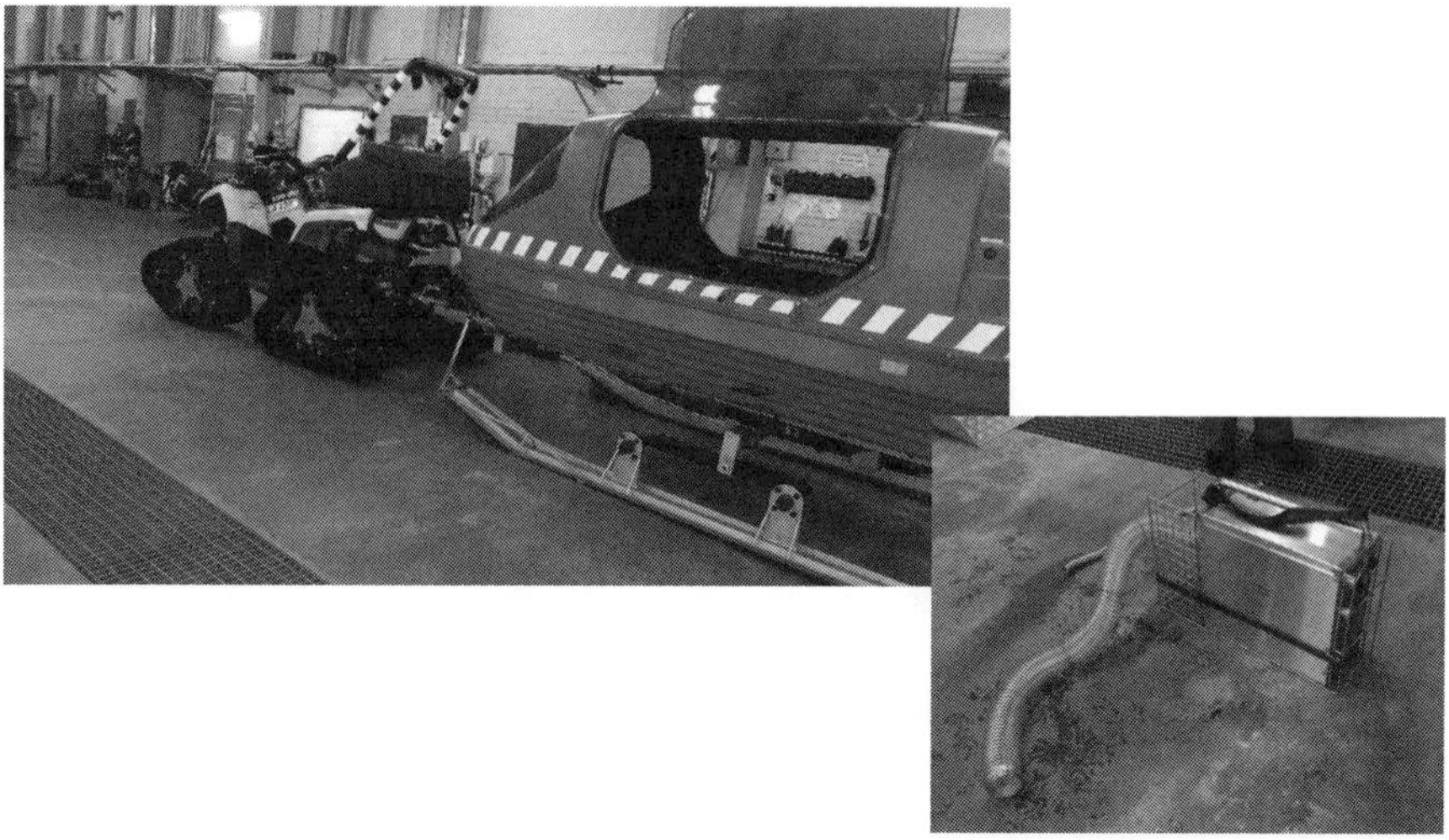

写真７　スノーモービルとソリ（右は可搬型ポータブルジェットストーブ）

3　フィンランドの冬期装備を踏まえた日本への適用

フィンランドと日本の大きな違いは気候風土である。首都東京を中心として南北に分布する日本の国土は、海流や偏西風の影響を受けて気候の変動が大きい。さらに、活断層や火山がいたるところに散在する日本と異なり、フィンランドではそれらがなく、地震がほとんど発生しない。このような環境の違いはあるが、赤十字として進めている災害対策、紛争対策は共通事項であり、首都をヘルシンキとする冷涼なフィンランド赤十字は冬期災害対策のエキスパートである。

真冬の停電は自宅だけでなく避難所においても無暖房となる可能性がある。フィンランドの一般市民住宅は、アパート（フラット）を含めほとんどの住宅が煙突を有しており、停電時でも暖を取ることが可能となっている。北海道は気候がほぼ同じであるにもかかわらず、昔はあった煙突付の住宅が姿を消し、残っているのはわずかである。また自治体が整備している暖房設備はポータブル式石油ストーブがほとんどであり、温められる範囲は周囲一メートル以内と限局的で暖を取る手段とは言い難い。ジェットヒーターもしくは上部ファン付ストーブを装備している避難所もあるが、最低でも一kWの発電機を継続して稼働させる必要があるだけでなく、開放式のストーブのため大量の二酸化炭素が施設の中に充満する。生活の維持に暖房を欠かすことのできない地域は、大停電を想定した準備が必要であり、これは救援側においても同様である。ロヴァニエミの消防署が装備しているように、即座に大量のベッドを提供することは、医療救援としても重要と考える。我々が二〇一六年に検証した段ボールベッドは床からの冷気を遮断するだけでなく、段ボールの特性によって体温を保持することや、三五cmの高さによって床の空気の流れを避けることで温かさを与え、冬期の避難所に有用であることが見出された[5,6]。この資材をフィンランド赤十字のスタッフに見せたところ大きな関心が寄せられた。空間を暖めるだけでなく、人を地面や床の冷気から守る資機材の展開が冬の万が一には重要である。

二〇一六年四月に発生した熊本地震では直接死五〇名に加え、関連死が二〇〇名を超えている[7]。これは災害発生後の避難所等における生活の質の低下が起因しており、現状の災害対策に改善の余地があることを示している。冬期の災害発生時には暖を取るために大量の車中泊が出ることは容易に想像できる。冬の「防ぎ得る死(preventable death)」を最小限に食い止めるためには、暖房はもちろんのこと、エコノミークラス症候群や肺炎など災害関連疾患と位置づけられる疾病の予防を積極的に行わねばならない。それを実現すべく、災害医療関係者が健康・保健指導や食事指導などいわゆる予防医療に介入することが必要であると考える。平時にこれらの業務を主としている保健師や介護職者と協働した災害対策が求められる。

おわりに

冬期の災害対策を探るべくフィンランド赤十字の取り組みを知る貴重な機会を得た。今回の訪問で印象深かったことに、フィンランドにおける災害や難民対応における官民の協力体制がある。日本とほぼ同じ国土に五五〇万人しか住まないフィンランドでは、人口密度の希薄な広大な地域が広がっており、国・地方自治体の力では十分なサービスを提供することが困難である。そこで赤十字をはじめとする多くのＮＧＯが活躍している。ウィンタースポーツの盛んなフィンランドでは、遠隔地で発生した事故に対応するため、地域のＮＧＯと消防、病院が連携する。また、二〇一五年から流入した人口の一%に当たる約五万人の難民に対する支援は、資金は政府が出し、民間が種々の厚い支援活動を担っている。そこに、民の力の役割が明確に共有された官の姿勢が見られた。限られた専門職の人材を最大限活用するための仕組みは災害発生時に極めて重要であり、日本においてもより有効な手段を構築する上で参考にできる。

自然災害は少ないフィンランドであるが、過去の救援時の困難さから寒冷対策に積極的に取り組み、日本にはないシステムを構築していた。多くの先進事例の中から、日本に有益な事案を取り入れ、災害大国日本の取り組みを進める必要がある。日本では被災者側だけでなく救援者側(DMAT等)の冬期対策についても途上である。救援者自らも命を護り、健康を維持することで被災者の命を救うことができる。救援者の冬装備品等も含め、日本にマッチングする冬期対策について今後も検証を進める。

参考文献

1　根本昌宏、尾山とし子、高橋修平：寒冷地の冬期被災を想定した実証的災害対策への取り組み、北海道の雪氷、三二、七四―七七、二〇一三

2　根本昌宏、尾山とし子：冬期被災を想定した体育館型避難所演習の実践内容に関する考察、寒地技術論文・報告集、三〇、一二二―一二七、二〇一四

3　根本昌宏、尾山とし子：暴風雪の停電下に暖房避難所を展開するための実践的検証、寒地技術論文・報告集、三一、一七―二三、二〇一五

4　根本昌宏：厳冬期の避難所における既設型シェルターシステムの有用性、北海道の雪氷、三六、二五―二八、二〇一七

5　根本昌宏、尾山とし子、水谷嘉浩：厳冬期に無暖房で展開した体育館型避難所の安全性、寒地技術論文・報告集、三三、七九―八四、二〇一七

6　水谷嘉浩、根本昌宏：冬期の避難所における段ボールベッドの防寒・保温効果の評価、北海道の雪氷、三六、一〇一―一〇四、二〇一七

7　熊本県危機管理防災課：平成二八(二〇一六)年熊本地震等に係る被害状況について、二〇一七

特集3：赤十字と災害対応

〝赤十字のこころのケア〟は何をもたらすのか

日本赤十字社事業局国際部国際救援課主事
田山　絵理

「こころのケア」とは何か。自然災害や事故発生後などには頻繁に使われるようになったが、わかるようで、わからない漠然とした言葉である。支援機関によって「こころのケア」の定義やアプローチ方法が違うことがその背景にはある。赤十字はこの言葉をどう捉えているのか。また、どのような実践のかたちが望ましいとされているのか。世界各国での実例とともに、「こころのケア」が果たす役割を解説する。

赤十字のこころのケアとは

日本赤十字社が行っている「こころのケア」は「心理社会的支援（Psychosocial support）」とも呼ばれる。赤十字は、その定義を「個人、家族、コミュニティのレジリエンスを促進するプロセス」としている。国際赤十字ではレジリエンスを「繰り返し、あるいは長期にわたって発生する災害や危機的状況、社会・経済的変動、自らの潜在的な脆弱性などを予測するとともに、可能であれば未然に防ぎ、そのインパクトを軽減させ、適切に対処・対応し、そして長期的な見通しをもって逆境から立ち上がる能力」と定義している。そのような力を高めることを目的とするのが心理社会的支援であり、治療が求められる精神保健とは区別される。機関間常設委員会（Inter-Agency Standing Committee）が作成したガイドラインでは「精神保健・心理社会的支援」を「心理社会的ウェルビーイング[1]を守り、より良い状態にし、または精神疾患を予防・治療することを目的として実施される各種のコミュニティ内外からの支援」と定義している。WHOの推計によると、災害が発生した十二カ月後に重症のうつ病などの重篤な障害を負う人は被災者の三〜四％であるとされている。大多数が経験する心理的な苦痛は時間の経過とともに減少する。通常、心理的な苦痛の大部分は、日課や日常の決まり仕事が壊されることによって引き起こされる。将来を予測できることや自分の生活をコントロールできているという実感が生活に安定感、安心感をもたらす。そのため、それがなくなってしまうことが苦痛となる。私たちの日常というのは食事、勉強、遊び、睡眠、季節の行事、近所付き合いなどの様々な反復される要素によって構成され、それらが「ウェルビーイング」につながるのである。

個人やコミュニティのレジリエンスを引き出すためには何が必要か。これまでの経験から、五つの介入原則である「安全・安心感」「落着き」「自己効力感」[2]「人とのつながり・連帯感」「希望」を支援の中で高める必要性が明らかになっている。例えば、離散家族の再会支援や伝統的あるいは郷土の行事の企画、安全で安心できる場の設置、被災者が必要としている支援への紹介などは、住民同士が集い、気持ちを共有し、連帯感を高め、互いに支援する契機となる。

こころのケアの実例

⑴ウクライナ

具体的にどのような活動が心理社会的支援なのか。国内東部で紛争が続くウクライナでは一〇〇万人以上もの人々が国内各地で避難生活を送っている。ウクライナ赤十字社は、特に避難民の多い州で、弱い立場に置かれている女性や子どもを対象にこころのケアを実施している。例えば、同赤十字社の支部を拠点とし、母子で参加できる油絵教室を開催している。地元の大学生がボランティアとして子どもたちとともに様々な活動をしている傍らに、同じ境遇に置かれている母親らがお茶を飲みながら語り合う場を設けている。また、子どもたちが地元の高齢者施設を訪れ、劇を披露し、一緒に歌を歌う機会を作り、地域へ溶け込むことを促進している。このような活動は、避難先の新たな地で自信を持つきっかけとなるとともに、参加者同士の連帯感を醸成する。対象者は女性と子どもだけでなく、戦闘から帰還した兵士の支援も行っている。ウクライナ赤十字社は、二〇一四年に首都キエフで起こった衝突を機にこころのケア事業を立ち上げ、日本赤十字社は二〇一五年から二年間で計六回、専門家を現地に派遣し、助言を行った。

⑵ヨーロッパ

中東などからの移民の流入を経験しているヨーロッパでもこころのケアが盛んに行われている。二〇一五年、多くの移民にとってヨーロッパへの玄関口となったギリシャでは、携帯電話の充電ステーションやWi-Fiルーターの設置が重要な活動の一つとなった。シリアやイラク、アフガニスタンなどから何千キロにも亘って徒歩やゴムボートを使って着の身着のまま逃れてきた人々に必要不可欠だったものはスマートフォンだった。目的地への安全な移動方法や食料などの支援を受けられる場所に関する情報収集や、祖国にいる、あるいは既にヨーロッパにいる家族との連絡に使われるのだ。「Communication is aid」とも言われるが、緊急時には情報が人びとの命や身体的・心理的な健康を守る。世界で最大規模の難民を受け入れているトルコでもこころのケアが活発に行われている。隣国シリアからの難民が大多数であるが、ウクライナと同様、彼らが地域社会へ溶け込むことを目的に活動が続けられている。しかし、シリアとの国境付近に位置する町の一部は、トルコ人住民より、シリア難民の割合が大きくなっている。トルコ赤新月社の担当者の言葉を借りれば、「誰を社会統合させるのか、もはやわからない」のが現状なのだ。また、ヨーロッパ諸国では、移民の流入によるゼノフォービア（外人恐怖症）が社会の課題として残っているという。これは、流入してきた移民への支援だけではなく、移民を受け入れるコミュニティに対する支援の重要性を示唆している。

⑶日本赤十字社の取組み

日本赤十字社もこれまで国内外でこころのケアを実施してきた。海外での活動においては、二〇一三年のフィリピンでの台風ハイヤン救援事業で基礎保健緊急対応ユニット（ERU）[3]に初めてこころのケア要員を帯同させた。クリスマスパーティーなどを通して、住民の結束力を高め、地域の復興に貢献した。二〇一五年に発生したネパールでの地震救援事業では、地震に関する十分な知識を持ち合わせていなかった住民に対して、地震が起こる仕組みなどを伝え、不安を和らげた。

　また、日本赤十字社は二〇一八年三月現在、ミャンマーでの暴力行為からバングラデシュに逃れてきた六十万人以上もの避難民を支援するべくERUを派遣し、診療やこころのケアに取り組んでいる。活動を展開している避難民キャンプには「大黒柱として家族を支えたいのにすることがない」と悩む男性が多くいる。家事や育児、遊びや勉強といった避難前の生活に近い活動に時間を使うことが多い女性や子どもに比べると悩みを持つ男性の数は際立っている。故に、こうした状況で感じるストレスや不安を打ち明けることができる男性だけの会を開催している。そこで、こころのケア要員が粘り強く伝え続けているのは、住んでいるコミュニティを守る責任が彼ら自身にあることだ。ある日、男性の一人が自分の住む地域の世帯数や妊婦の数、孤児の数などを自ら調べてきた。「私たちの地域には三十九人も妊婦がいるが、ほとん

自分たちができることを話し合う避難民の男性グループ　　写真提供：日本赤十字社

どはクリニックに行けず、彼女たちの健康状態が心配だ。」山を切り崩して作られたキャンプの中で急な坂道や遠い道のりを歩いて診療所に行くのは、お腹の大きな妊婦や新生児を抱えた産後の女性には困難である。日本赤十字社のこころのケア要員はERUチーム内の医療従事者、避難民コミュニティのリーダー及び産婆などと協議し、赤十字の助産師が地域に赴き、妊婦や新生児健診や産婆への教育活動を始めることとした。その拠点は、この活動のきっかけとなった男性やその地域に住む人の家であるテントだ。「地域のためになるなら」と言っていつも快く貸してくれるのだ。『あなたのしてくださったことはとても地域に役立つことです。大切なことです』と伝えた時はとても誇らしそうだった」とこころのケア要員は振り返っている。

一方、日本国内では東日本大震災に見舞われた東北地方での復興支援として、心身の健康維持やコミュニティ形成を支援するためノルディックウォークや「おちゃっこ（茶飲み会）」などの活動を実施してきた。また、原子力災害における情報発信方法およびその内容を記したガイドラインも作成している。これらは全て被災者の心理社会的ウェルビーイングを保護・促進する上で極めて重要である。

こころのケアの担い手

赤十字はこころのケアの担い手の好ましい職業として、臨床心理士やソーシャルワーカー、ファシリテーション能力が求められる教師、人間の社会的・文化的側面に精通している文化人類学者などを挙げている。このような人材がこころのケアの専門家となり、方針策定などに携わることが多いが、実際に現場で支援を実施するのは地域住民であるボランティアだ。緊急事態が発生すると、赤十字は地域住民を募り、研修を実施しボランティアを養成する。また、指導者研修も実施し、鼠算方式で支援に携わるボランティアを増やす。ボランティアの活動は訓練を受ければ誰でもできるコミュニティに根付いた（community-based）活動なのである。世界で一七〇〇万人のボランティアを有する赤十字だからこそできる支援であると言っても過言ではない。災害の影響を受けた住民が活動することは持続可能性を担保するだけではなく、彼らの中に内在するレジリエンスを高めるということころのケアそのものの目的達成に必要不可欠なのだ。

こころのケアの実践方法

こころのケアは、単独ではなく、既存の活動にその要素を組み込む包括的なアプローチを推進することも担当者の重要な任務である。例えば、避難所の運営管理者や食料配布担当者、医療救護者はこころのケアとは無関係ではないのである。一体、プライバシーが守られていない避難所で人びとはストレスなく生活を送れるだろうか。配布する食料品や調理法がその地の宗教的・文化的習わしを尊重していないものであったら受け取った人びとはどのように感じるだろうか。敬意のない治療やコミュニケーション不足は保健医療サービスを受けることを躊躇させ、防ぐことのできる病気を防げないものにし、治る病気も治せなくしてしまうだろう。

また、被災者と直接の関わりは少ないかもしれない人事や広報活動にもレジリエンス促進の視点を組み込む必要がある。例えば、支援従事者が活動中に危険な目にあうことや人びとの苦しみと直面することは多々ある。適切な休暇制度を設けること、求められる役割や業務内容を伝え、業務上予想されるストレス要因に予め対処することなどは、支援に携わるスタッフやボランティアのウェルビーイング上の問題を予防・対処するのに有効である。広報担当者は、メディアが被災者の精神的・内面的な体験について強引に質問しないよう、被災者の了解を得ずに映像・画像、名前などの個人情報が使用されないよう、常にメディア活動や情報の濫用を注視する必要がある。このように、支援に携わる全ての人が、被災者そして支援者の心理社会的ウェルビーイングを保護・促進するために、彼らを傷つけるリスクを様々な方法で軽減することが求められている。

こころのケアがもたらすもの

赤十字の「こころのケア」とは、被災者が自らの力で立ち上がり、生活していくことを目指している。その手段は、地域の社会や文化によって異なる。外からの支援が意図せず被災者を傷つけることがないように、被災者自身がケア活動に参加することが肝要である。こころのケア活動は、支援に携わる全てのスタッフやボランティアが被災者そして自分自身のウェルビーイングを考慮して活動することが必要である。どの災害でも、目に見える被害には支援が集中しやすく、目に見えない被害は忘れられがちである。人々の「こころ」もその一つであり、赤十字の活動においても、こころのケアは欠かすことのできないものとなっている。

注

1　心理的・社会的満足、健康、安寧(筆者による注)。
2　自分はできるという確信を持っている状態のこと(筆者による注)。
3　現地の社会インフラが機能しなくなる緊急事態や大規模災害の発生時に緊急出動可能な訓練された専門家チームおよび資機材。日本赤十字社は、診療所を設置し、基本的な医療、母子保健、予防接種などを提供するための資機材と人材を整備、訓練している。

特集3：赤十字と災害対応

【報告】バングラデシュ南部避難民救援事業
――いわゆる「ロヒンギャ難民」支援の現場」から

大阪赤十字病院国際医療救援部　国際救援係長兼臨床検査技師　ERUチームリーダー
喜田　たろう

平成二九年八月二五日以降、ミャンマー西部のラカイン州で相次いだ激しい暴力行為を避けるために、多くの住民が隣国のバングラデシュへ避難した。一日数千人、ときには一万人以上が国境を越え、三カ月間で避難した人々の数は、六二万人以上にのぼった。（一一月二五日現在・国連発表）

国際赤十字・赤新月社連盟（以下、連盟）では、急激な避難民の増加を受けて、九月一五日、緊急アピールを発表、日本赤十字社は、現地で高まる医療ニーズに応えるため、連盟の要請をうけて、医師、看護師らからなる緊急対応ユニット（ERU）の出動を決定した。

途方に暮れる八〇万人

バングラデシュ南部に位置するコックスバザール県の人口は、八月以前は二二万人に過ぎなかったが、八〇万人以上に急増したため、医療機関や公的サービスは限界を越えてひっ迫し、避難民への支援が追い付かない事態となっている。

コックスバザール市街地から車両で一時間以上南下すると、避難民キャンプが設置されている地域に到達する。幹線道路沿いには、手に持てるだけの家財道具をもった避難民が途方に暮れた様子で立ち尽くし、あるいは指定されたキャンプ地へ向かう一群が列を作って歩いている。

幹線道路で車を降り、歩いて小高い丘に登ると、見渡す限り一面に竹とビニールシートで作られたテントが立ち並んでいた。地面に浅く穴を掘っただけのトイレから、雨水によりあふれ出た汚物が、雨水で泥状に変化した土壌と入りまじって辺りに悪臭を放っていた。これらのトイレは給水ポンプのすぐ傍に無計画に設置され、水の汚染が危惧された。

一方で、避難民が入植してしばらく時間がたったキャンプでは、揚げ物や菓子類、中には衣類まで取り扱う商店や、小さな鏡をぶら下げた理髪店ができ、まるで小さな町が出来上がっていて避難民たちのたくましさを感じる。奥地へのアクセスを阻む、急峻な丘がいくつも連なった地形、雨季の激しい雨により泥状に変化した土壌に足を取られて、活動初期のニーズ調査もなかなか進まなかった。

九月二四日に現地入りした初動班は、コックスバザール県ウキヤ郡のクトゥパロン、タンカリ、ハキムパラに設置された各避難民キャンプを調査した。通常のERU活動では、資機材を現地に搬入して診療所を設営し、その近隣に宿舎テントを設営して、ERU要員が夜営しながら医療活動を展開する場合が多いが、今回は、避難民キャンプの中に診療所を全展開できる敷地の確保が困難であったこと、ERU資機材の輸送に困難を伴うことが予測されたこと、また避難民以外が夜間にキャンプ内に立ち入ることが制限されていたことなどから巡回診療を実施することに決定した。

キャンプ内の小規模な敷地を確保し、避難民の協力を得て、現地で調達可能な竹やターポリンによる仮設診療所を設営し、通訳、警備、群集整理担当者は避難民をボランティアとして動員することで確保した。

軍との関係と赤十字間の活動調整

避難民キャンプの維持・運営・管理は、将来的には政府の文民機関であるRefugee Relief and Repatriation Commissioner（RRRC）に移管される予定になっていたが、当時はバングラデシュ陸軍の管理下にあり、特に活動初期にはバングラデシュ赤新月社（バ赤）のキャンプ担当者も配置されていなかったことから、活動場所の確保、避難民の動員等、各ERUが軍と直接交渉を行う必要があった。軍の存在感が大きい避難民キャンプにおいて、赤十字が軍の監督下、指揮下で活動しているようなイメージを与えないように配慮するとともに、軍との過剰な接触を避けるため各種の交渉はチームリーダーのみが軍指揮官と面会して行った。

当初は、ウキヤ郡保健局との協働によりハキムパラにおいて最初の巡回診療を開始し、バ赤医療職の着任とともに、医療チーム二班を結成して二カ所の拠点で診療活動を開始した。その後、避難民の数、医療サービスの充足度を判断基準として、急速な避難民の流入が認められたバルカリにおいて、追加の巡回診療基点を設営した。またハキムパラに「子どもにやさしい空間」(Child Friendly Space ＝ CFS)を設営して、こころのケア活動を開始した。一一月末までの二カ月間で、一万三百四十六名の避難民が、日赤の提供する巡回診療サービスを利用した。

今回の派遣では全期間を通して、バ赤、国際赤十字や他の支援国赤十字社との積極的な連携を重要視した。保健医療分野では、病院を運営するノルウェー赤十字を始めとして、日赤と同じく巡回診療を行うイタリア、カナダ、ドイツ、そしてイラン赤新月が活動している。各国赤十字社との積極的な情報共有を図り、新しく巡回診療活動に参加した社へのブリーフィングの実施など、赤十字として標準化された、レベルの高い医療サービスの提供を目指した。

仮設診療所の設置へ

レントゲン撮影や小外科手術などの高度な医療を提供でき、また当時から懸念されていた急性水様性下痢症のアウトブレイクに対応するため、下痢治療ユニット(Diarrhea Treatment Unit ＝ DTU)への転換が可能な仮設診療所の設置を決定した。

クトゥパロン難民キャンプを中心に拡大した避難民キャンプが、バルカリキャンプなどと融合して巨大なキャンプを形成しつつあり、一〇月中旬頃から軍によって、そのキャンプを縦断する幹線道路の建設が進められていた。

仮設診療所候補地の選定にあたっては、「今後避難民が流入することが予測されるキャンプ西側へのアクセス、およびトラックを使用したERU資機材の搬入の観点から、建設中の幹線道路に隣接していること」「高度な医療を保持するために必要な敷地面積を確保できること」「将来DTUに転換された際には、周囲に広がる避難民の居住地や既存の施設から一定の緩衝地帯を確保できること」を条件とした。

当時キャンプの南端からバングラデシュ陸軍により幹線道路の工事が既に開始されており、当初マイネルゴナと呼ばれていた地域の丘の上で軍が工事用重機、資機材置き場として利用していた敷地を仮設診療所の候補地として決定した。

既にERUの活動予定期間四カ月のうち一カ月が経過していたこと、今後北上していく幹線道路工事の進捗や山々を幾つも越える北側の地形を鑑みると、メガキャンプ南部においては、その候補地が仮設診療所の設置に適した唯一の立地であると考えられた。

通常の災害対応では、国連機関などを中心に救援活動が調整され、その傘下の保健セクター会議等を通じて活動地を指定されるのが通例ですが、当時はまだ適切な調整機構は機能しておらず、各団体が自ら候補地を確保する必要があった。そのため、まず連盟、バ赤に対して仮設診療所設置の意図を説明し、キャンプを実質的に管理するバングラデシュ陸軍担当者からの土地使用許可を得たのち、WHO、UNICEF、UNFPAの保健および下痢感染症セクター関係者、IOMのキャンプ管理担当者らとの情報共有、Refugee Relief and Repatriation Commissioner (RRRC)、保健局への設置申請などを相次いで行い、関係各方面において、日赤による敷地確保の既製事実化を急いだ。

診療所の設計にあたっては、DTUへの転換を前提として設計設置段階から、清潔区域と汚染区域を区別し、汚染区域は消毒ができるようにコンクリート仕上げとした。外来観察室、病棟の設置とともに高度医療機関としての機能を発揮できるようにレントゲン撮影室、小外科手術室を設置した。またこれらの診療所建築を担当する技術要員二名の追加派遣を日赤本社に要請した。

地盤改良工事の開始にあわせて、チッタゴンのバ赤倉庫に保管されていたERU資機材の輸送手配を始めるとともに、ウキヤ郡に日赤専用倉庫を確保した。一方で、同候補地がキャンプ内に位置することからどのように安全を確保しながら夜間診療を行えるのか、また小高い丘の上に立地していることから、水の供給手段が懸念材料となった。水供給に関しては、スウェーデン赤の給水ERUによる深井戸の建設、深井戸を保有する国際医療NGOへの供与依頼を念頭に協議を進めた。

避難民を巻き込んで運営

緊急救援活動を行う上で関係者の安全確保が最も重要であることは言うまでもない。受益者コミュニティが、どのように赤十字を理解し、赤十字を受け入れているかによって、安全のレベルが左右される。つまり活動国の赤十字(赤新月)社が、受益者コミュニティから、どのようなイメージを持たれているかが関係者の安全確保に大きな影響を与えるのである。

バングラデシュ国内においてバ赤は、人道分野における政府の補助機関としての役割を自負しており、また同国に多発するサイクロン被害の軽減事業においても重要な役割を果たしてきた。本事業においても多くの青少年赤十字(赤新月)ボランティアが活動しており、地域コミュニティからは良好なイメージを得ている。しかし本事業の主たる受益者は、バングラデシュの地域コミュニティではなく、ミャンマーからの避難民であることが、通常の災害救援事業とは異なる点だった。そのため活動初期よりできるだけ多くの避難民を、われわれの活動に巻き込み、活動への協力者を増やすことを心掛けた。

「マジ」と呼ばれる避難民コミュニティの自治メカニズムにおいてリーダー的な役割を担っている人物を通じて、巡回診療の拠点を確保し、コミュニティへの活動の周知を行い、ボランティアとして診察時の通訳、患者さんの誘導、こころのケア活動のファシリテーターなど多くの役割を果たしていただいた。また仮設診療所の建設に際しては、彼らの意見を取り入れることにより、レイアウトの適正化を図った。

まとめ

「バングラデシュ赤新月社は、今回の人道危機への対応(Population Movement Operation, PMO) を単なる〝緊急〟対応とは考えていません。われわれは十年以上も前から避難民への支援を行っています。そして今後何年も、もしかしたら何十年にもわたって活動を続けていかなければならないかもしれません。」

これは、日赤ERUチームリーダーとして、バ赤本社を訪問し、活動期間や規模についての説明を始めようとした矢先に発せられた災害対応責任者の言葉である。人道分野における政府の補助機関を自負するバ赤の覚悟とともに、長期化が予測される避難民への支援事業を、どのように継続していくのか、といった懸念も感じました。

ERUが想定する活動期間は四カ月間であり、その後は被災国赤十字(赤新月)社に活動を移管していくのが通常のプロセスである。PMOのために同国に入国した社は、日赤だけではなく、彼らがHoneymoon periodと呼ぶ現在の状況と、多くの赤十字社が(彼らの考える)緊急救援の終了とともに、一斉に同国から去っていくことを危惧しての発言であろうと考えられる。避難民の帰還に関するバングラデシュとミャンマー両政府首脳による合意がなされたとはいえ、先行きは未だに不透明である。

現地では、いまだ八〇万人を越える避難民が不自由な生活を強いられており、国際赤十字は過去数十年間にアジア地域で発生した最も甚大でかつ複雑な人道危機のひとつと捉えている。同じアジアの赤十字社として、日赤による支援には大きな期待が寄せられている。

注

1 国際赤十字では、政治的・民族的背景および避難している人々の多様性に配慮し、『ロヒンギャ』という表現を使用しないこととしている。

特集3：赤十字と災害対応

〝非暴力の文化と平和〟の促進のために

――行動変容の担い手としてのユース（YABC）とは

日本赤十字社事業局国際部企画課主事
赤松　直美

赤十字の基本原則の普及と「行動変容の担い手としてのユース（Youth as Agents of Behavioural Change: YABC）」について

「Saving Lives, Changing Minds（命を救い、意識を変える）」――二〇〇九年、第一七回国際赤十字・赤新月社連盟（以下「連盟」）総会にて本スローガンと共に、『連盟二〇二〇年戦略』が採択された。「命を救い続けるだけでなく、意識変容を通じてより安全で健康な社会を促進する」という赤十字の意気込みが、このスローガンから感じられる。

今回の寄稿にあたっては、「意識を変える（意識変容）」とそれに続く「行動変容」という二つのキーワードを切り口に、『連盟二〇二〇年戦略』の戦略目標の一つとして設定されている「非暴力文化および平和の促進」に焦点を当て、赤十字七原則への理解促進と普及がどのように行われているかに着目したい。

赤十字の「非暴力文化と平和の促進」

《非暴力文化と平和》とは、「一個人としての人間性・幸福・尊厳に敬意を払い、多様性・無差別・包括性・相互理解と相互対話を尊重し、協力と真の平和のために従事する意志を持つ」文化をいう。また、「個人、公共機関そして社会が、自身・他者・他グループや異なるコミュニティに対する危害を加えることを断つ」文化を指す。そこには、「問題解決・緊張緩和・暴力の原因に対して建設的な対応を見出そうとする前向きなコミットメント」があり、暴力は決して選択肢に含まれない。

赤十字の「非暴力文化と平和の促進」は、平和の実現自体がゴールではなく、継続して行われる過程そのものが重要となる。それは、建設的な対話を行うための土壌を築く作業であり、問題及び緊張の根幹をなす課題を模索することである。そして何よりも、これらの過程において、何れの人物も排除されることなく包括的な対話を行うことが重要なカギとなる。故に、赤十字として「非暴力文化および平和の促進」を行うことは、一九七九年のジャン・ピクテによる解説『赤十字七原則（一九七九）』[2]にも記されているように、《積極的な傾聴》《課題に対する客観的な分析》《共感性、批判的な思考、偏見をなくす誠実さ》《自己のストレス管理》《柔軟性》等を個々人の資質として育み普及する作業ともいえる。（表1参照）

表1　ジャン・ピクテ「赤十字の七原則(1979)」に基づく、連盟による分析・解釈（7For7）

<table>
<tr><th>7つ原則</th><th>赤十字原則の要素 / 定義</th><th>基礎となる価値</th><th>7つのスキル</th></tr>
<tr><td rowspan="3">人道</td><td>1. 苦痛を軽減・予防する
軽減：支援
予防はマイナス要素を取り除くという意味も含む</td><td>思いやり、気遣い
友情、相互理解
平和</td><td rowspan="16">❏共感性
❏積極的傾聴
❏課題に対する客観的な分析と批判的な思考、偏見をなくす、誠実さ
❏暴力的言動に頼らない意思疎通
❏協調的な交渉と調停
❏個人の柔軟性と回復力
❏ストレス管理(内なる平和)</td></tr>
<tr><td>2. 命と健康の保護
保護：苦しみや暴力から人々を守ること</td><td>人々を第一に考えた行動</td></tr>
<tr><td>3. 受益者やそのほかの人々の人道的扱い</td><td>人間の尊重、尊厳の尊重、自由の尊重、受益者の福祉</td></tr>
<tr><td rowspan="3">公平</td><td>1. ニーズ、緊急性や脆弱性に基づいた優先付けに基づいた行動、</td><td></td></tr>
<tr><td>2. 主観的分野における非差別</td><td>多様性の尊重、平等</td></tr>
<tr><td>3. 公平（個人的な関心 / 共感 / 好みではなく、確立された規律に基づいた決定）</td><td>柔軟性</td></tr>
<tr><td>中立</td><td>政治的、人種的、宗教的もしくはイデオロギーの本質に関する議論への不干渉</td><td>寛容</td></tr>
<tr><td>独立</td><td>赤十字の原理や価値に従って行動できる自主性をもつために、政治的に、経済的に、また社会的抑圧に妨害されず、赤十字で方針や行動を決定する</td><td>一体性
自由な意思</td></tr>
<tr><td rowspan="3">奉仕</td><td>1. 自発性：自由に関与を受入れるもしくは外部による強制なく行動する</td><td>一体感</td></tr>
<tr><td>2. 奉仕：支援は無償である</td><td>チーム性 / 協力
団結、謙虚</td></tr>
<tr><td>3. 無償：私たちは支援を必要とする人々のために活動していることから活動による恩恵は受けない</td><td>相互依存にならないこと</td></tr>
<tr><td>単一</td><td>多数福利主義（皆に開かれている）</td><td>社会的多元主義　多様性の尊重</td></tr>
<tr><td rowspan="3">世界性</td><td>1. あらゆる人々への使命</td><td>相互理解　多様性の尊重　寛容</td></tr>
<tr><td>2. 平等（赤十字社間）</td><td>非差別</td></tr>
<tr><td>3. 団結</td><td>責任　協力</td></tr>
</table>

表2　「非暴力と平和」の文化に関連する決議

Innovative ways to promote Fundemental Principles 赤十字7原則を推進する革新的取組手法	1999年国際会議
Being a living example of Red Cross Red Crescent Fundemental Principles 赤十字7原則の体現	2003年及び2005年赤十字代表者会議
Influencing behavioural change 行動変容の促進	2010年総会、2003年赤十字代表者会議、2007年赤十字国際会議
Humanitarian education beyond cognitive 「認識」から更に一歩先を行く人道教育	2010年総会、2005年赤十字代表者会議
Non-formal peer education 規定の学校教育にとどまらない「ピア教育」	第30回赤十字国際会議プレッジ
Leadership role of youth 主導的立場としてのユース	2007年赤十字国際会議および第30回赤十字国際会議プレッジ
Skills-based empowerment of youth スキル重視のユース強化	2007年赤十字国際会議および第30回赤十字国際会議プレッジ

行動変容の担い手としてのユース（YABC）とは

「非暴力文化と平和の促進」は連盟の二〇二〇年戦略で新たに台頭してきた議論では決してない。遡ってみると、上記表2に一例を記載しているとおり、いくつもの関連決議がこれまでも採択されてきている。

このような決議の流れを受け、連盟は、若者世代（以下「ユース」）[3]の持つ、「意識改革」に対する柔軟な姿勢と、自己と他者の「行動変容」を促す力に期待して、『行動変容の担い手としてのユース:Youth as Agents of Behavioural Change（以下「YABC」）』の開発を二〇〇八年に「連盟二〇二〇年戦略」作りと同時に着手した。

YABCとは、「非暴力文化と平和の促進」を行うに当たり、ユースが赤十字の七原則を体現するために必要な能力を伸ばすことを目的に開発されており、そのコンセプト及びコンセプトに基づいて作成されたツールキット（以下「YABCツールキット」）の総称である。

YABCツールキットは、ユースが①自己を正確に認識することを通じて意識変容し、②赤十字の七原則に則った行動ができる資質を身に付け、③次世代のリーダーとして

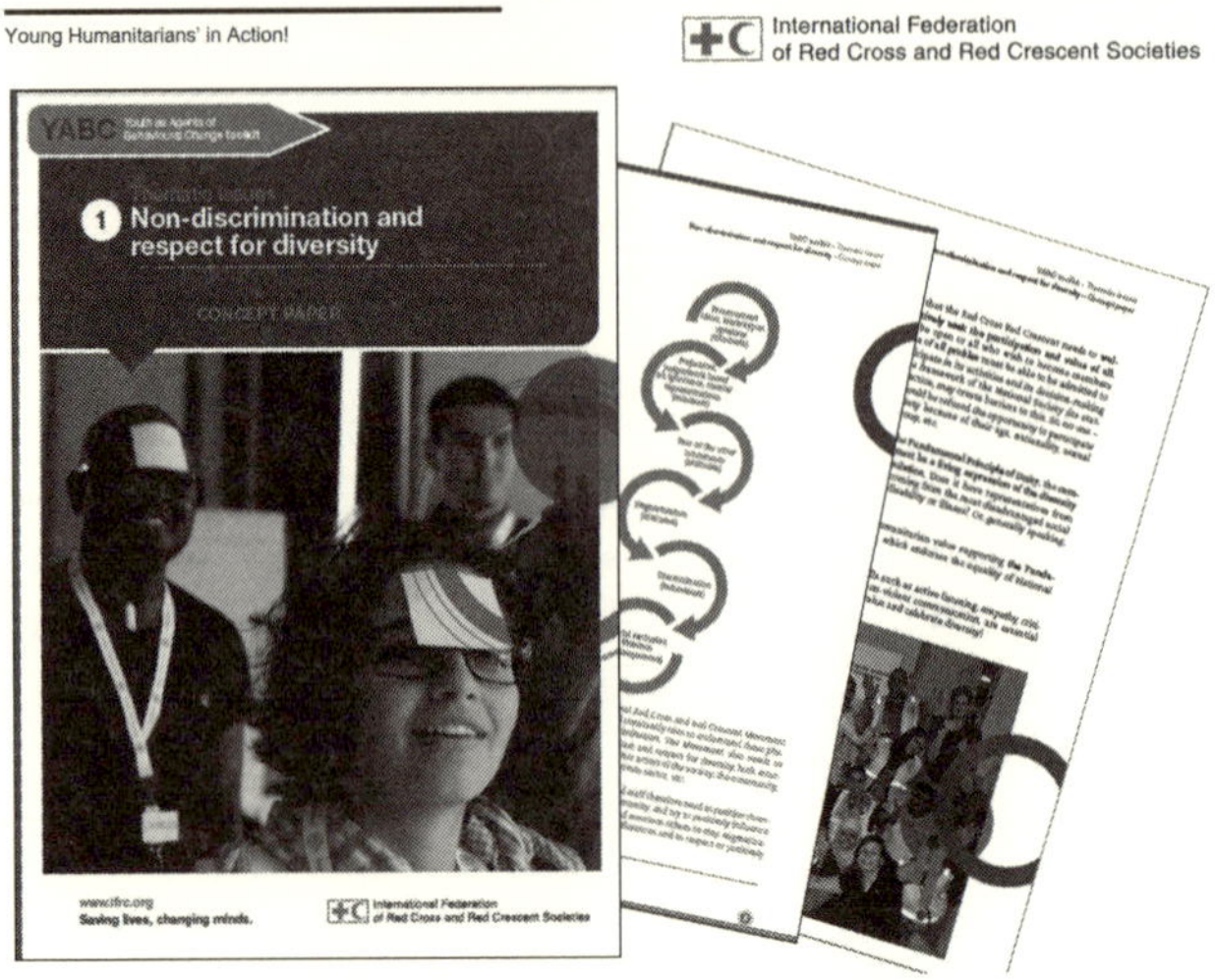

写真1　ＹＡＢＣツールキット

個々人が活躍できるようになり、そして、④自己の変容を通じて他者の意識変容と行動変容を促す、ことを目的に作りこまれている。

　ＹＡＢＣツールキットの中身には、ピクテの『赤十字の七原則（一九七九）』に基づく連盟による分析・解釈をベースに次の項目が設定されており、計七二のゲームと各トピックスを詳細に説明したガイドラインが含まれている。

⑴赤十字七原則

　赤十字七原則「人道」「公平」「中立」「独立」「奉仕」「単一」「世界性」それぞれのテーマ別にガイドラインとゲームが作成されている。

⑵赤十字七原則を体現するに当たり必要な個人のスキル

　「積極的傾聴（Active Listening）」「共感（Empathy）」「批判的思考、偏見を捨てること、偏った判断をしないこと（Critical thinking, Dropping off Bias and Non-Judgement）」「非暴力コミュニケーション（Non-violent Communication）」「協調的な交渉と調停（Collaborative Negotiation and Mediation）」「個人のレジリエンス（Personal Resilience）」「内なる平和（Inner Peace）」といった、それぞれのテーマ別にガイドラインとゲー

ムが作成されている。

⑶見識を深める必要のある「テーマ別の課題」

「多様性の尊重と差別への対応（Non-discrimination and respect for diversity）」「異文化間対話（Inter Cultural Dialogue）」「社会的包摂（Social Inclusion）」「社会的・文化的に形成された性別・役割（ジェンダー）（Gender）」「暴力防止、軽減、対応（Violence prevention, Mediation and Response）」「国際人道法（International Humanitarian Law）」といった、それぞれのテーマ別にガイドラインとゲームが作成されている。

ＹＡＢＣツールキット自体はシンプルで分かりやすい作りとなっており、例えば「多様性の尊重と差別への対応」というテーマを一例に挙げると、①テーマの概要説明、②用語解説、③テーマと赤十字七原則の関わり、④ユースとしてどのような行動が期待されるのか、等がガイドラインに示されている。一方で、同テーマを広く普及するに当たり活用できるゲームが各テーマ毎に三～五つ開発されており、これらのゲームを行うに当たっての説明書及び参加者に促したい気づき・学びを適切に引き出すためのファシリテーションのヒントが記されている。

これらのツールキットを活用するためのＹＡＢＣピア・エデュケーター育成研修が今日まで全世界で開催され、これまでに一一三社において全世界合計二、八〇〇名以上のＹＡＢＣのピア・エデュケーター[4]が育成されている。日本赤十字社（以下「日赤」）においても、平成二八年度三月に初めてＹＡＢＣピア・エデュケーター養成研修が導入され、これまで三七名がＹＡＢＣのピア・エデュケーターとして育成されてきている。

ＹＡＢＣの特徴

さて、ここまでＹＡＢＣ作成の背景を説明してきたが、具体的にＹＡＢＣとは、以下の六の特徴を加味して開発されている。

⑴鏡の中の自分を見つめなおす作業

まず第一に、ＹＡＢＣは自己変容のプロセスから始まる。個々人が自分の行動・思考・言語の特性を客観的に理解し、「赤十字七原則を体現するに当たり必要な個人のスキル」（表1参照）と現時点での自己の間にあるギャップを認識する振り返り作業を通じて、自己変容を促す過程を重視している。ガンジーの格言にもあるように「他人に変わって欲しければ、自ら率先して変化の原動力となる」べく、まずは自己変容のきっかけを与えることがＹＡＢＣの基礎にある。もちろん、この過程においては、全てが綺麗ごとではないことにも気づかされる。ＹＡＢＣ研修に参加したボランティアは「自分は人に対する偏見はないと思っていた。だが、実は意識していない中で、男女の社会的役割について《こうあるべきだ》という偏見を持っていることに気づきショックだった」と研修直後に語っていた。数週間後、この同じ参加者が「他者に対して《するな》と言っていることを、自分が実現できていないことに気づけて、自分の言葉を体現することの難しさと大切さを痛感した」と語っており、ＹＡＢＣの自己変容のプロセスの一端を垣間見させてくれた。

　ところで、ＹＡＢＣが連盟により開発されてから十年が経過しているが、二〇一三年にはそれまでの蓄積されたデータとネットワークを活用して、『ＹＡＢＣのインパクト調査[5]』が実施された。この結果を見ると、ＹＡＢＣを経験した者の九七％が「肯定的な自己変容を遂げた」と回答。内九四％は、「研修参加後（数日後～数年後）も引き続き自己変容を遂げた状態を維持し続けている」と回答。九五％は、「日常生活においてもＹＡＢＣで身に着けた他者との関わり方や自己対話能力を活用している」と回答し、更に九〇％は、「自分だけでなく身近な人物の意識変容・行動変容が確認できた」とも回答している。

⑵赤十字七原則を体現するロールモデルに必要なスキルを伸ばす

次にＹＡＢＣは、「倫理的リーダーシップ」を伸ばすために必要な「個人及び対人スキル」に焦点を当てていることも特徴として挙げられる。先ほどの同じインパクト調査によると、ＹＡＢＣ経験者のうち九七％が「倫理意識を持ったリーダーシップ」のあり方をＹＡＢＣを通じて理解し身に着けた、と回答し、他者の意識変容と行動変容を促すにあたって必要な自信と能力がＹＡＢＣを通じて醸成された、と評価している。

⑶「非暴力文化と平和の促進」におけるユースの役割への期待

三点目に、ＹＡＢＣのツールがユースを対象に開発されたことからも見て取れるように、「非暴力文化と平和の促進」のための重要な担い手としてユースの存在に期待している。赤十字が一方的にユースに期待しているわけではなく、ユース自身も二〇〇九年の『ユース宣言[6]』において以下のコミットメントを行っている。また、二〇一三年の連盟総会で、『ユース参画の枠組み[7]』に関する決議が採択されたことも後押しし、ユース自身が積極的に発言し、行動を起こすことを赤十字全体として推進している。

(4)《心から頭へ》の学び

四点目に、ＹＡＢＣは非認知的手法〝non-cognitive methodology〟に基づいて開発されている。数が分かる・字が書けるなど、ＩＱなどで測れる力を「認知的能力」と呼ぶ一方で、ＩＱなどで測れない内面の力が「非認知的能力」とされ、現在教育論議の中でも「非認知的能力」の重要性が再定義されつつある。ＹＡＢＣも、頭から教えられた正否で測れる知識を蓄積していくのではなく、自らの心で感じた気づきや自発的な感情をまずは大切にし、次のステップで自身の感情をより冷静に分析し、「なぜそう感じたのか」「どのような行動がその感情を引き起こすきっかけとなったのか」を理解するプロセスを重視している。この《心から頭へ》の学習により、表面的な理解以上により掘り下げて赤十字七原則を体現するためのスキルを習得することが期待され

2009 年「ユース宣言」（一部抜粋）

変容と変化に富むこの世界で、我々赤十字・赤新月運動のユースは、次の点に関してコミットする

1. 自身の内面変容と、コミュニティにおける融和と前向きな態度を促進するためのスキルを身につける
2. 自身の住む地域における「行動変容の担い手」として、赤十字 7 原則を体現する …

我々は自国赤十字社に対して以下を提言する：

- ユースが、地域社会における「前向きな行動変容と意識変革の担い手」として主体的にリーダシップをとれるよう、また、規定の学校教育にとらわれないピア教育（一例として連盟の YABC）を使うことができるよう、ユースを支援すること。

る。従って、ＹＡＢＣ研修及びツールキットのほとんどがゲーム形式や議論・対話の形式を用いた学習法となっており、通常の座学や講義形式の学習はほとんど見られない。

(5)終わりのない学習

更にＹＡＢＣは、内なる学びとオープン・エンドな学習を促している。オープン・エンドとは簡潔に言えば、〝考えることを閉ざさない〟という意味である。[6] 一〇〇点を取るための学習ではなく、探求心・興味に基づいてその分野を深めるために学習することをＹＡＢＣは推奨しており、その為にＹＡＢＣのツールキットを体験した者は、「何を考え」「何を解決すべきか」を他者から享受することはない。代わりに、自己の理想と現実の自己のギャップを認識し、そこに内なる学びを見出す。その学びと気付きを、どのように日々の生活やボランティア活動に繋げるかは、学び手次第となる。学習とは、本来終わりがないものなのである。

先のインパクト調査においても、ＹＡＢＣを導入した赤十字・赤新月社のうち九三％が、「ＹＡＢＣによりボランティア・職員の赤十字活動への意識・モチベーションが向上し、それに伴い赤十字活動の質も向上した」と回答しており、内なる学びとオープン・エンド学習の成果の一端が伺える。

(6)仲間から仲間への教育

最後に、ＹＡＢＣはピア教育の理念を重視している。「ピア（Peer）」とは仲間のことを意味し、ＹＡＢＣにおいては、同じ問題意識を共有する仲間が協働することを通じて学びを深めていくアプローチを取り、問題意識を地域社会に波及する際も、仲間を巻き込むPeer-to-Peerの手法を推奨している。一例として、ＹＡＢＣ研修を受けたカンボジア赤十字社のユース・ボランティア達は、地元に帰った際にHIV/AIDS患者に対する社会的差別を問題視し、ピアへの働きかけを通じて、地域に根付く社会的排除の背景を学び、HIV/AIDS患者への理解促進を働き掛けるためのイベントを企画し、その後も引き続き学校の中で「HIV/AIDSに関するピア教育」を推し進めている。ＹＡＢＣを導入した一一三社のうち六九％の赤十字・赤新月社が、ＹＡＢＣピア・エデュケーター研修の後も先述のカンボジアの事例同様のフォローアップの活動がＹＡＢＣピア・エデュケーター自身により実施されている、と回答している。また研修を受講した者の六〇％は、個人でも赤十字の原則と非暴

カンボジア赤十字社ユース・ボランティア達の Peer-to-Peer 活動の様子 © IFRC

力と平和の文化を普及していると回答している。また、中国紅十字会のユース部門が自社で行った調査[7]によると、「YABC研修を受講したピア・エデュケーター一人当たりにつき、平均八回の赤十字に関連する活動が自ら企画・展開され、彼らを通じて平均一八七名のピアがYABC及び赤十字の精神に触れ、その内平均二五名が新たに赤十字の活動に興味を持ち、ボランティアに参加する意思を示した」と評価されている。更に中国紅十字会は、二〇一一年から五年間YABC研修を実施してきた中でYABCの効果を図ったところ、「YABC研修を受けたボランティアは、赤十字の原則をより一層理解し、また体現するように自発的に努めることから、一般的な赤十字ボランティアの倍の生産性をあげている」と評価している。

　目まぐるしく社会情勢が移り行く今日の社会において、赤十字運動はその理念と実践において日々挑戦を受けていると言えるだろう。「原則なくして赤十字（・赤新月）は存続しえない」とピクテが先の『赤十字の七原則（一九七九）』にも示したように、赤十字に関わる一人一人が、赤十字の原則を理解し体現することは、赤十字の理念を現代に活かす上で欠かすことのできない作業だと思われる。また、赤十字の原則は先人の偉業により生まれ受け継がれているものだが、同時に今の時代を生きる担い手にとっても同様に身近なものでなくてはならない。今回の寄稿がＹＡＢＣへの理解の一助となるとともに、ユースへの赤十字理念の普及の一案となれば幸いである。

注

1 “The Red Cross Red Crescent approach to Promoting a culture of non-violence and peace” (IFRC, 2011) http://www.ifrc.org/PageFiles/53475/1205900-Advocacy%20report%20on%20Promotion%20of%20culture%20of%20peace-EN-LR%20(2).pdf

2 “The Fundamental Principles of the Red Cross, Commentary By: Jean Pictet” (International Federation of Red Cross and Red Crescent Societies 1979) www.ifrc.org/PageFiles/40669/Pictet%20Commentary.pdf

3 連盟は30歳以下を「ユース」と定義し、政策・意思決定の場に参画させることに注力しており、彼らの発言を重視することで、赤十字運動体としての活動の促進、時代に即した事業展開、を目指している。

4 ピア・エデュケーターとは、講師等を置かず、年齢や立場など、価値観が近い者同士で学び合う学習方法を実践する者を指す。

5 “YABC (Youth as Agents of Behavioural Change) GLOBAL IMPACT STUDY (2008-2012)” (IFRC, 2013) https://goo.gl/m7vPXV

6 片上宗二『オープン・エンド化による道徳授業の創造』明治図書（一九九五年一〇月）

7 平成二八年（二〇一六年）一一月東アジア人道教育フォーラム（ＩＣＲＣ及び香港赤十字社共催、連盟支援）における報告に基づく。

特集3：赤十字と災害対応

東日本大震災「ニーズ調査プロジェクト」報告

――その概要と復興支援活動への意義

日本赤十字社大阪府支部　青少年・ボランティア課長
森　正尚

はじめに

二〇一一年三月の東日本大震災以降、日本赤十字社（以下、日赤という）は半年間にわたり医療救護活動を展開した。そして、総額一千億円もの海外救援金が日赤に寄せられた。

こうした中、発災からわずか三週間後、日赤本社は海外救援金による復興支援活動を策定するため「ニーズ調査プロジェクトチーム」を編成し、宮城県石巻市に派遣した。

チームの調査報告書は、日赤本社の災害対策本部会議（四月一二日）や海外赤十字社の代表が集う「東日本大震災救援・復興支援国赤十字社会議」（五月九日）で報告・了承された。その内容は、ほぼすべてが実行に移された。

これら取り組みは、日赤がいち早く開始した復興支援活動として第三者評価報告書（『東日本大震災復興支援事業に関する第三者評価（平成二三年度事業分）報告書【要約版】』、株式会社日本総合研究所、平成二四年一一月三〇日）でも「迅速かつ有効な支援」や「ハード支援・ソフト支援を組み合わせ、短期および中長期の課題・ニーズに対応した効果的な支援」として高く評価されている。

しかし、日赤が発行した東日本大震災の救護活動から復興支援までの記録集には「石巻・気仙沼医療圏の再構築」としての短い掲載に止まり、チーム報告書に記されたニーズの掘り起こしや事業構築の背景などは記録されていない。唯一、チームリーダーの安藤恒三郎氏（前日本赤十字豊田看護大学学長）による報告『東日本大震災における石巻医療圏の復興支援事業』(日本赤十字豊田看護大学紀要八巻一号、七一一二、二〇一三年、以下、安藤報告という)が残るのみである。

上記の第三者評価報告書は、日赤が短期的に対応を要する課題は「事業に関する文書化の推進、記録の整備」であると指摘している。本稿がその課題に対する回答の一つとして、お役にたてれば幸いである。

チームの目的と編成

震災から三週間が経過した四月上旬には、多額の海外救援金が日赤に寄せられていた。日赤本社には海外救援金対応専従班が設置され、仮設住宅入居者に対する必要物品の調査・配布などを進めた。しかし、長引く避難生活により被災者が発するニーズや、医療・行政機関、関係団体などのニーズをさらに調査・把握し、海外救援金による被災者支援の具体的な計画を策定するため、プロジェクトチームが設置されることになった。

その対象地域は、被災状況が最も深刻で、ほとんどの病院や診療所が壊滅状態となった宮城県の石巻医療圏(石巻市、女川町、東松島市)が選定された。

その結果、日赤本社の四人(安藤恒三郎医療参事監、竹内賢治医療事業部次長、森正尚国際部国際救援課長、佐藤信也血液事業本部中央血液研究所病理細菌検査員)が選ばれ、四月六日から九日までの四日間、宮城県石巻市に派遣された。四月七日夜には宮城県沖を震源とするM七・四の地震が発生し、震度六弱の揺れも経験したが、調査は予定通り完了した。

調査により浮き彫りとなったニーズ

石巻市滞在中、チームは亀山紘市長をはじめ伊勢秀雄石巻市立病院長、舛眞一石巻市医師会長、石井正宮城県災害医療コーディネーター(石巻赤十字病院医療社会事業部長)などの関係者と面会し、各々から現状や復興への要望を聴取した。

また、市内四か所の避難所を訪問して短期的なニーズを調査した。さらに、震災後は地域で唯一の中核医療機関として機能する石巻赤十字病院の現状と今後について飯沼一宇院長ほか病院幹部と協議したほか、被災した石巻赤十字看護専門学校の視察も行った。

その結果、次の二つのニーズが浮き彫りとなった。

(1)壊滅的な被害を受けた石巻医療圏の再構築に対する支援

今回、すべての関係者が「この震災で石巻医療圏が壊滅的な被害を受けた」と述べている。唯一、内陸部に移転していた石巻赤十字病院だけが津波の被害を免れた。その結果、通常であれば開業医などが担う一次医療から、高度な医療を担う三次医療まで、すべてを担うことになり、その負担軽減が最優先課題であると考えられた。

石巻市の亀山市長との協議でも、以下のとおり、主な内容は「石巻医療圏」の再建に向けたものとなった。

・石巻赤十字病院は、従来から周辺の自治体を含めた広域医療体制の中で、三次医療を担う拠点となっている。

・石巻市立病院は、すべての機能を失った。建物は残っているが、津波で甚大な被害を受けた河口部右岸に位置しており危険な場所にある。過去には昭和三五年のチリ地震に伴う津波でも浸水しており、同じ場所での再建は考えにくい。計画はこれからだが、今後三年は難しいだろう（結果は移転し、ＪＲ石巻駅前に新病院を建設。二〇一六年九月一日に開院）。

・現状、重症患者の受け入れは石巻赤十字病院が唯一の医療機関。負担が増大している。

・市内の開業医は徐々に診療可能な状態に戻りつつある。慢性疾患を中心とした基本的な医療ニーズは、機能を回復していくと思う。しかし、病診連携の体制が崩壊している。

・市立病院の医療スタッフの流出を食い止めるのも課題である。

・市や医師会、日赤などが協働のもと、各々の得意分野で機能を分かち合い、医療体制の再構築を図る必要がある。

安藤参事監からは、「石巻赤十字病院や市などと継続的に協議のうえ、石巻医療圏の再建に寄与できるプロジェクトを考えたい」旨の発言があった。

続いて、各関係者との協議を通じて、具体的な要望のヒアリングを行った。

①石巻赤十字病院の機能強化

石巻赤十字病院の飯沼院長からは、「石巻医療圏における赤十字病院の役割を考えた時、救急センターとしての強化が必要」との認識が示された。そのためには「震災前から計画していたが、災害対策本部機能施設、災害備品・物資倉庫、救護用車両、d-ERU装備などを併設した災害医療センターと、宮城県の医療関係者を対象にした災害医療・救護シミュレーションセンターを整備したい」との要望が出された。

②石巻市夜間急患センターの再建

石巻市立病院の伊勢秀雄院長や(社)石巻市医師会舛眞一会長からは、津波で冠水して使用できなくなった市内の夜間急患センターの再建が急務であるとの要望が出された。

夜間急患センターは年間約一万五千人の患者を受け入れていたが、震災後の夜間急患対応が石巻赤十字病院に集中した。両氏とも「赤十字病院の負担軽減のためには、夜間急患センターは早急に必要」との意見であった。

また、舛会長からは「市立病院の医師の多くが、仕事ができない状態。雇用確保のためにも、夜間急患センター設置は意義がある」との見解も示された。

③石巻赤十字看護専門学校の再建

石巻赤十字病院の飯沼院長からは、「石巻赤十字看護専門学校は、一階が津波をかぶり使用できない。石巻圏の災害救護看護師養成施設として再建の必要がある」との要望も出された。同病院の看護部長や看護専門学校の副学校長からも、再建を望む声があがった。

同看護専門学校は、石巻市唯一の正看護師養成施設だが、しばらくは近隣大学の教室を間借りするとの説明を受けた。現場を視察したところ、建物が使用できないことに加え、近隣家屋の被害が甚大であった。そのため、当地での再建は適当でないと思われた。

市長や関係者が揃って指摘するとおり、地域の医療体制の再構築が最優先課題であることは明白であった。そのため、日赤自身が石巻赤十字病院をその中心に据えながら、市や医師会などと協働のもと、石巻医療圏の失われた医療機能や医療提供体制の早期回復を図ることは、組織の強みを十分に生かせる理想的な取り組みであると確信できた。

最終的には、後述のとおりこの取り組みは地域に大きなインパクトを与えた。第三者評価報告書でも「医療圏における主要な医療機関の整備に関与し、迅速かつ有効な支援となったことで医療圏に居住する約二八万人の安心に寄与している」こと、そして「日赤の資源である石巻赤十字病院が当該医療圏の復興計画の中心に位置付けられており、日赤の資源・強みが活かされ、成果を高めている」といった記述がみられる。

二　避難生活の長期化に伴う、被災者への医療支援の継続、衛生環境の改善

①「石巻圏合同救護チーム」およびボランティアなどの活動拠点の整備

「石巻圏合同救護チーム」は、日赤などの医療班による避

難所の巡回診療活動を調整していたが、活動の長期化が予想された。

合同救護チームの事務局は石巻赤十字病院内に設置されたが、手狭なうえ病院内の会議室を複数使用する状態となっていた。また、事務局には全国の赤十字病院などから派遣されたスタッフが多数、昼夜を問わず活動を続けていた。市内や周辺地域での宿泊場所の確保が難しく、四月上旬でも病院内の会議室や廊下などで寝泊まりする状態であった。さらに、病院で活動するボランティアの活動拠点を求める声も多数寄せられた。

一方で、病院には連日多くの患者が訪れていた。病院と合同救護チームの機能が混在した状態を整理し、より効率的な活動を目指す必要があると思われた。

そこで、ニーズ調査プロジェクトチームから「合同救護チームの事務局を病院敷地内の他所に移し、病院機能と本部機能を切り離す」提案を、チームのコーディネーターである石巻赤十字病院の石井正部長に行った。

②避難所の衛生環境の改善

その石井部長からは、避難所の衛生環境改善に関する要望があった。

当時、石巻市内には約二〇〇か所の避難所に二万五千人以上が避難生活を送っていた。避難所には生活物資や飲料水はある程度供給されていたが、上下水道の設備が十分とは言えず、衛生環境の悪化が懸念された。

市内の避難所（鹿妻小学校、渡波小学校、湊小学校ほか）を視察したところ、すべての避難所で水の配給は行われていた。しかし仮設トイレ前に手洗い場はなく、消毒液も不足していた。早急な対応が必要であると思われた。

具体的な支援計画の概要

【短期的な取り組み】

（その一）避難所における衛生環境の改善（一週間以内）

避難者が手洗いをできる環境を整備するため、石巻市関係者との合意のうえ、各避難所の仮設トイレ近くに給水タンクおよび簡易水道の蛇口を設置する。設置に当たっては、日赤の国際活動で活用する緊急対応ユニット（ERU）の経験を生かし、技術要員を投入のうえボランティアの協力により実現することが適当である。

（その二）「石巻圏合同救護チーム」およびボランティアの活動拠点の整備（三ヵ月以内）

石巻赤十字病院敷地内に合同救護チームおよびボラン

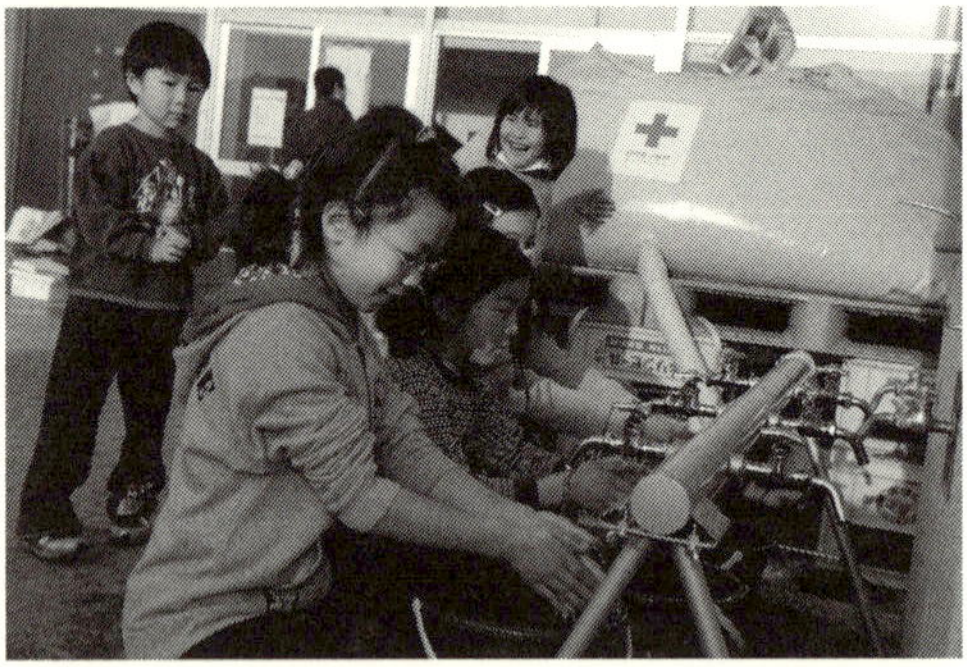
2011年4月 避難所に初めて給水タンクを設置（石巻）
写真提供：日本赤十字社

ティアなどの活動拠点となるプレハブを設置し、合同救護チームなどの機能を病院本館から切り離す（ただし、チーム代表者が同病院職員のため、院内ＰＨＳの電波が届く範囲であること）。

プレハブには、合同救護チーム事務局や医療救護班、ボランティアなどの打ち合わせに利用できる会議スペースのほか、関係者の宿泊用スペースを併設する。

【中期的な取り組み】

（その三）　石巻市（市役所、市立病院、医師会、社会福祉関係者）を中核とした、一・二次医療の体制および福祉体制の整備（夜間休日急患センターの設置、一〇〇床程度のプレハブ病院の設置、要介護者の受け入れ）（一年以内）

石巻市立病院および同市医師会、社会福祉関係者は、震災前から地域の一・二次医療や福祉体制を支えてきた経緯もあり、そのノウハウも構築されている。特に今回要望の強い夜間急患センターは、従来から石巻市が設置してきたものである。

今回提案するのは、石巻市が今後総合的な復興マスタープランを策定して恒久的な市立病院を整備するまでの間を目途に、仮設の「市立福祉・医療センター」（仮称）を設置し、市自らが運営する方式である。当面は一〇〇床程度を目途とし、必要な医療資機材もあわせて整備する。また、休日夜間急患センターおよび要介護者を受け入れる機能も併設し、市立病院の医療スタッフの雇用を確保する方策も取る。ただし、設置場所は石巻市による選定・確保が大前提となる。

（その四）　石巻赤十字病院を中核とした、三次医療体制の復興および災害拠点病院としての機能強化

石巻赤十字病院は、震災後唯一機能している医療機関として大きな役割を果たしている。また、従前から救命救急センターを設置し、周辺自治体の三次医療も担っているが、震災前からそのキャパシティを大きく超える利用があり、今回さらに利用数が増えているため、石巻市の三次医療体制そのものが危機に瀕している。

三次医療体制の復興を図るためには、石巻赤十字病院を中核として既存の機能を活用・拡張することが最も効果的である。あわせて、同病院が石巻市で唯一の宮城県災害医療センターであるため、この機能強化も同時に実施する。具体的には、救命救急センターの機能拡張や、災害医療および災害看護にかかる人材育成拠点の設置があげられる。

なお、災害医療に関する人材育成拠点の整備とは、BLSやACLSなど災害医療に関する研修を提供する機能などが想定される。災害看護に関する人材育成拠点の整備とは、石巻赤十字看護専門学校の再建が候補になると考えられる。その他、必要に応じて救護倉庫の設置ならびに物資の備蓄なども視野に入れる。

以上のように、既存施設を有効活用しつつ、ハード・ソフト両面からの支援である。

各提案内容のその後・結果

（その一）避難所における衛生環境の改善（二週間以内）

日赤本社では、一二基の給水設備が調達された。それを受け、国際救援活動で設置の経験がある名古屋第二赤十字病院のERU技術要員二人が現地に派遣され、設置を行った。その際、国士舘大学の学生たちがボランティアとして大活躍した。チームが計画を策定してから一週間が経過した四月一六日までに九基が設置され、残りは石巻赤十字病院で保管された。石井部長の著書（『東日本大震災　石巻災害医療の全記録』、講談社、二〇一二年）によると、最終的には「一一カ所をリストアップし、手分けして設置した」となっている。

なお、給水設備の設置は事前に市水道局との調整が行われ、実際の給水も水道局が担当した。これら給水設備は石巻市に譲渡され、その管理は避難所の代表に依頼した。

（その二）「石巻圏合同救護チーム」およびボランティアの活動拠点の整備（三ヵ月以内）

この取り組みは、最終的には海外救援金による支援対象から外れ、日赤本社資金による支援となった。上記活動拠点は、石巻赤十字病院内の敷地に二階建てのプレハブ棟を建設し、調査からほぼ三か月後の二〇一一年七月一四日に完成した。安藤報告によると、合同救護チームの事務局や医療救護班、ボランティアなどの打合せに利用できる会議スペースのほか、関係者の宿泊が可能となるスペースを整備した。また、巡回診療活動の継続期間を検討した結果、宿泊スペースを大幅に縮小して石巻赤十字看護専門学校の実習室と看護学校復興支援室も併設された。

その後、合同救護チームの活動終了にともない、このプレハブ棟は仮設看護専門学校に全面的に改修され、二〇一二年三月二六日に完成した。この仮設校舎は、後述の災害医療研修センター内に本校舎が完成する二〇一五年五月まで使用された。

（その三）　石巻市（市役所、市立病院、医師会、社会福祉関係者）を中核とした、一・二次医療の体制および福祉体制の整備（夜間休日急患センターの設置、一〇〇床程度のプレハブ病院の設置、要介護者の受け入れ）（一年以内）

石巻市夜間急患センターは、沿岸から離れた石巻市日和が丘の中央公民館の隣に建設された。震災から約九か月後の二〇一一年一二月一日、プレハブの仮診療所で業務を再開した。二階建てで延べ床面積は七一八平方メートル。地元では再開が待ち望まれ、オープンから三か月間で約三千人が訪れた（日赤ＨＰより）が、それでも交通の便が良い石巻赤十字病院に夜間の患者が集中した（石巻日日新聞、二〇一六年一一月二九日）。その後、二〇一六年一二月一日、石巻赤十字病院の敷地内に移転再建され、仮診療所はその役割を終えた。

プレハブ病院は、安藤報告によると当初の計画通り石巻市が主体的に取り組む方向で調整が行われたが、設置場所などをめぐり市との調整が難航した。最終的には、宮城県の地域医療復興検討会議の示した方向性に基づき、石巻赤十字病院敷地内への設置が決まった。そして二〇一一年一〇月に鉄骨二階建ての仮設病棟（消化器内科四五床、呼吸器内科五床、計五〇床）の建設を開始し、震災から約一年となる二〇一二年三月一日にオープンした。

病院の敷地内の駐車場に設けられた仮設病棟は、延べ床面積二八八〇平方メートル。二階が病棟で、一階は会議室や救護資材倉庫を完備した。二月二八日の開所式には、亀山石巻市長をはじめ、舛石巻医師会長、伊藤石巻市立病院長など、事業策定に携わった関係者も多数出席した（日赤ＨＰより）。安藤報告によれば、市立病院の医師や看護師が仮設病棟に出向して診療にあたり、市立病院の再建に向けて医療従事者の散逸防止も達成されたという。

この仮設病棟は、次の（その四）で建設された新病棟（北病棟）が稼働する前日の二〇一五年九月末まで、石巻赤十字病院の南病棟として使用された。

（その四）　石巻赤十字病院を中核とした、三次医療体制の復興および災害拠点病院としての機能強化

石巻赤十字病院の敷地内に災害医療研修センターと新病棟が建設されることになり、二〇一三年一〇月に起工式が行われた。

災害医療研修センターは、二〇一五年五月一八日に開設された。東日本大震災における救護活動などの経験を教訓とし、今後の災害に対する医療機能の向上を図るとともに、看護専門学校の充実した教育環境を目的とした施設となっている。三階建てで、延べ床面積は六三〇〇平方メートル。一階には二五〇人収容の講堂、二階には資料閲覧室や図書室が整備された。二階と三階には石巻赤十字看護専門学校が設置され、同じく五月一八日より授業を開始した。

新病棟（北病棟）は、二〇一五年一〇月一日に運用を開始した。拡充した救命救急センターや化学療法センター、新設したＩＣＵ全室個室の重症管理病棟などを設置している。四階建てで、延べ床面積は一万五三〇〇平方メートル。屋上には、ヘリポートも設置されている。

最後に

「ニーズ調査プロジェクトチーム」がその報告書で提案した各種復興支援事業は、震災から四年半が経過した二〇一五年一〇月にすべて完了した。また、石巻医療圏の復興支援事業は最終的には石巻・気仙沼医療圏の再構築として、女川町立病院や気仙沼医療圏の公立南三陸仮設診療所（公立志津川病院）まで支援の対象が広げられた。これら事業の策定から実行への過程では、日赤本社の関係者が幾度となく事業地を訪問し、関係者との協議、調整にあたった。そして最後まで地元のニーズに沿った、きめ細やかな支援を心がけた。

これら事業は、評価に用いられる主要項目（効率性、公平性、有効性など）でも高評価であることに加え、「特に日赤の支援活動は意思決定や事業の開始が迅速である点は高く評価できる点」であり「支援対象である受益者や県、市町村といった関係機関から高い評価が得られており、的確な支援」（前述の第三者評価報告書）であると結論づけられている。

佐野常民と「扶氏医戒之略《ふしいかいのりゃく》」

――棄てて省みざるは人道に反す

佐賀市佐野常民記念館館長
諸田　謙次郎

幼～青年期・外科医を目指す

佐賀の七賢人の一人、佐野常民は文政五年（一八二二年）一二月二八日（太陽暦一八二三年二月八日）に、佐賀藩士の下村三郎左衛門充賛《みつよし》の五男（幼名：鱗三郎）として現在の佐賀市川副町《かわそえまち》早津江に生まれました。驚く事に同時代の一八二〇年にはフローレンス・ナイチンゲール（近代看護の先駆者）、また一八二八年にアンリー・デュナン（国際赤十字の創始者）が誕生しています。

満九歳で下村家の親戚で、佐賀城の東側の枳小路《げすこうじ》（現、佐賀市水ヶ江二丁目）にある佐野家の養子となりました。養父常徴《つねみ》は九代藩主鍋島斉直《なりなお》に御匙《おさじ》医師（藩医・外科）として仕えており、鱗三郎は斉直から「栄寿《えいじゅ》」という名を賜りました。

一一歳の時に藩校弘道館へ通学する外生（小学生）となり基礎の学問を学んだ後、他の生徒より二歳ほど早く寄宿生の内生（大学生）に進学を許され、勉学の面で一二を争う秀才として頭角を現しました。寮頭の田中虎六《とらろく》は「栄寿は才の人である。才は離れ易い」と言って警《いまし》めつつ、力をつくして薫陶しました。佐野はこの忠言について、後年まで自ら反省の資としたと言われています。

一五歳で江戸の養父のもとへ行き、佐賀藩出身の儒学者で『海防臆測』など著した古賀侗庵《とうあん》の塾に入門し、当時の国際情勢も学んだと考えられます。

一七歳の頃、斉直の死去に伴い、佐賀へ帰る事となった栄寿は再び弘道館で一般の医学を学ぶほか、親戚の松尾家の塾で外科学を修業しました。二〇歳の時、六歳で佐野家の養女となっていた、山領真武《またけ》の娘で同年齢の駒子《こまこ》と結婚しました。

転機・蘭学修行の旅

佐野の転機となったのは、有為の青年を上方や江戸などで学ばせるという十代藩主鍋島直正《なおまさ》の命により、弘化三年（一八四六年）、京都の医師で物理学者の広瀬元恭《げんきょう》の時習堂《じしゅうどう》に入門し医学の他、物理、舎密《せいみ》（化学）、砲術、兵学など最新の蘭学を学ぶ事になったことです。

嘉永元年（一八四八年）の秋に大坂の緒方洪庵《こうあん》の適々斎塾《てきてきさいじゅく》（適塾・大阪大学の精神的源流）に入門しました。当時の留学は短期間ずつ多くの塾を巡って修行するのが一般的でした。全国から集まった俊才（塾定員三二名）が勉学の成果を競う

生活の中で、洪庵はドイツ人医学者フーフェランドの著書『医学必携・臨床入門』の巻末にある「医師の義務」を医の倫理として大切に塾生たちに教えていました。後に要訳本として完成した「扶氏医戒之略《ふしいかいのりゃく》」に【不治の病者も仍《よりて》其患苦を寛解し、その生命を保全せんことを求むるは、医の職務なり、棄てて省みざるは人道に反す、たとひ救ふこと能《あた》はざるも、之を慰するは仁術なり。（後略）】があり、これ等「医師の義務＝医戒」の倫理観に佐野は大きな感銘を受けていたと思われます。

嘉永二年（一八四九年）三月に紀伊の春林軒塾《しゅんりんけんじゅく》（麻酔手術で知られる華岡青洲《せいしゅう》が開いた家塾）。さらに同年には江戸の同郷の蘭方医で、藩主に牛痘種痘法の実施を献言し、後に将軍侍医長となった伊東玄朴《げんぼく》の象先堂塾《しょうせんどうじゅく》に移っています。学業はますます熟達し玄朴に代講を任される塾頭となりました。また、西洋技術の取得を望む藩主からは、頻繁に種々の質問が師の玄朴に寄せられましたが佐野が回答する役目でした。

ペリー来航を間近にし、内外の時勢の急は学問の専念を彼に許さず、一八五一年に直正から転学・帰国を命じられます。当時の佐賀藩は二重鎖国体制（他領への移住や、他領からの移住の禁止）でしたが、帰路に京都から広瀬元恭門下の田中久重《ひさしげ》（東芝の祖）父子など当代一流の西洋機械師、科

学者、蘭学者の四名に独断で佐賀藩入りを熱心に勧めます。一方では藩主の近侍を説得し、直正も必要性を認め、新設した佐賀藩「精煉方《せいれん》」（理化学研究所）に、四名を出仕させることに成功します。一八五三年、藩主自らが「栄寿左衛門」と名を授け、坊主頭を改め髷《まげ》を結い、身分は藩医から武士となり、「精煉方」の主任となりました。

博愛社設立・郷土の誇り

佐野は適塾入門から一九年後、慶応三年（一八六七年）のパリ万国博覧会で赤十字と出会い、明治一〇年（一八七七年）、西南戦争の中で実際に人道に基づく救護事業を開始し、棄てて省みられない負傷者の命を敵味方の差別なく救う博愛社を設立。明治二〇年（一八八七年）、日本赤十字社の初代社長に就任し、八一歳（数え年）で亡くなる明治三五年（一九〇二年）一二月七日まで社長を務めました。人を思い、国（藩）を思い、激動の時代を奔走し続けた佐野常民伯爵は郷土の誇りです。

扶氏経験遺訓と扶氏医戒之略

フーフェランド（Christoph Wilhelm Hufeland、独逸人、ベルリン大学教授、内科医、一七六四—一八三六）が一八三六年に出版した『医学必携・臨床入門』（「Enchiridion Medicum, oder Anleitung zur medizinischen Praxis」・五〇年間の臨床医の体験を述べた書）をオランダ人ハーヘマン（H.H. Hageman, Jr.）が一八三八年にオランダ語に翻訳。洪庵は、一八四二年にはこの蘭訳本からおおむね翻訳を終えていましたが、蘭書出版の検定事情などにより出版までに歳月を要しました。一八五七年に『扶氏経《ふしけい》験遺訓《けんいくん》』の一部を出版し、全三〇巻（医戒の部分は割愛）が訳本として整ったのは一八六一年のことです。時に『扶氏経験遺訓』（大庭雪斎校訂版）は当時の佐賀藩医学校「好生館」で教科書としても使用されています。

『扶氏医戒之略』は当初の出版年（一八五七年）の正月、洪庵が『医学必携・臨床入門』の巻末にある「医師の義務」を医の倫理として一二章に要訳、『遺訓』の仕上げとして塾生に示した名著であります。

なお、杉田成卿《せいけい》（杉田玄白《げんぱく》の孫）も同書の一部を医戒付で和訳し『済生三方医戒附刻《さいせいさんぽういかいふこく》』として一八四九年に出版していました。

これら医戒は、これからも医療界・社会に多大な影響を与え続けていくことだろうと思います。私の父は昨年七月に九一歳で他界しました。この戒めを読むたびに、親身にして頂いた主治医の先生や看護師の方々、また父とのことが思い起こされます。ここにあえて博愛社の「人道」の原点ともなった『扶氏医戒之略』全一二章を提示いたします。すこしでもこの博愛の思いに近づきたいと願ってやみません。

『扶氏医戒之略』

緒方洪庵訳

一、医の世に生活するは人の為のみ、をのれがためにあらずということを其業の本旨とす。安逸(あんいつ)を思わず、名利を顧みず、唯おのれをすてて、人を救はんことを希(ねが)ふべし。人の生命を保全し、人の疾病を復治し、人の患苦を寛解する外、他事あるものにあらず。

一、病者にたいしては唯病者を視るべし。貴賤貧富を顧みることなかれ。長者一握の黄金を以て貧士雙(双)眼の感涙に比するに、其心に得るところ如何ぞや。深く之を思うべし。

一、其術を行ふに当ては病者を以て正鵠(せいこく:的)とすべし。決して弓矢(道具)となすことなかれ。固執に僻せず(偏った考えに囚われず)、漫試を好まず(無闇にあれこれ試さず)、謹慎して(謙虚になって)、眇看(びょうかん)細密(詳しく見る)ならんことをおもふべし。

一、学術を研精するの外、尚言行に意を用ひて病者に信任せられんことを求むべし。然りといえども、時様の服飾を用ひ、詭誕の奇説を唱えて、聞達(ぶんたつ:評判)を求むるは大いに恥じるところなり。

一、毎日夜間に方(あたり)て更に昼間の病按を再考し、詳に筆記するを課定とすべし。積て一書を成せば、自己の為にも病者のためにも広大の裨益あり。

一、病者を訪(と)ふは、疎漏の数診に足を労せんより、寧ろ一診に心を労して細密ならんことを要す。然れども自尊大にして屡々(しばしば)診察することを欲せざるは甚悪むべきなり。

一、不治の病者も仍(よりて)其患苦を寛解し、其生命を保全せんことを求むるは、医の職務なり。棄て省みざるは人道に反す。たとひ救うこと能はざるも、之を慰するは仁術なり。片時も其命を延べんことを思うべし。決して其不起を告ぐべからず。言語容姿みな意を用ひて、之を悟らしむることなかれ。

一、病者の費用少なからんことを思うべし。命を与ふとも、其命を繋ぐの資を奪はば、亦(また)何の益かあらん。貧民に於ては茲(ここ)に甚酌(しんしゃく)なくんばあらず。

一、世間に対しては衆人の好意を得んことを要すべし。学術卓絶すとも、言行厳格なりとも、斉民の信を得ざれば、其徳を施すによしなし。周く欲情に通ぜざるべからず。殊に医は人の身命を依托し、赤裸を露呈し、最密の禁秘をも白し、最辱の懺悔をも状せざること能はざる所なり。常に篤実温厚を旨として、多言ならず、沈黙ならんことを主とすべし。博徒、酒客、好色、貪利の名なからんことは素より論を俟たず。

一、同業の人に対しては敬し、之を愛すべし。たとひしかること能はざるも、勉めて忍ばんことを要すべし。決して他医を議することなかれ。人の短をいふは、聖賢の堅く戒むる所なり。彼が過を挙げるは、小人の凶徳なり。人は唯一朝の過を議せられて、おのれの生涯の徳を損す。其徳失如何ぞや。各医自家の流有て、又自得の法あり。漫に之を論ずべからず。老医は敬重すべし。小輩は親愛すべし。人もし前医の得失を問うことあらば、勉めて之を得に帰すべく、其治法の当否は現症を認めざるに辞すべし。

一、治療の商議は会同少なからんことを要す。多きも三人に過ぐべからず。殊によく其人を択ぶべし。只管（ひたすら）病者の安全を意として、他事を顧みず、決して争議に及ぶことなかれ。

一、病者曽て依托せる医を舎て、ひそかに他医に商（はかる）ることありとも、漫（みだ）りに其謀に与（あず）かるべからず。先其医に告げて、其説を聞くにあらざれば、従事することなかれ。然りといへども、実に其誤治なることを知て、之を外視するは亦医の任にあらず。殊に危険の病に在ては遅疑することなかれ。

右件十二章は扶氏遺訓巻末に附する所の医戒の大要を抄訳せるなり。書して二三子に示し、亦以て自警と云爾（しかいう）

安政丁巳（一八五七）春正月　公裁誌（しるす）

※上記『扶氏医戒之略』の括弧の記載は本文にはないものです。

最後になりましたが、寄稿文を書くにあたり左記の文献・ウェブサイトを参考といたしました。執筆者の皆様に感謝いたします。特に、吉川龍子様には貴重なる御教示を頂戴いたしました。厚く御礼申し上げます。

参考文献

北島磯舟『日本赤十字社之創立者　佐野常民傳』一九二八年　野中万太郎発行
本間樂寛『佐野常民傳―海軍の先覺・日本赤十字社の父―』一九四三年　時代社
吉川龍子『日赤の創始者　佐野常民』二〇〇一年　吉川弘文館
福岡　博『佐野常民ものがたり』二〇一〇年　佐野常民顕彰会
青木歳幸『適塾の歴史的評価について―地方出身門人の活動から―』
会誌「適塾」第五〇号　平成二九年一二月一日発行　適塾記念会出版　八九―一〇五項
岩瀬　光『緒方洪庵と「扶氏医戒之略」』二〇〇三・一一　東京保険医協会発行
月刊誌「診療研究」　第三九二号　五〇―五一項

ウェブサイト参照

浅井允晶　日本医史学雑誌　第五八巻第三号（二〇一二）三八九―三九二適塾記念会　緒方洪庵全集編集委員会編『緒方洪庵全集』第一巻・第二巻（『扶氏経験遺訓』上・下）―刊行に寄せて―
http://jsmh.umin.jp/journal/58-3/58-3_389-392.pdf　（二〇一七年一二月二八日閲覧）
適塾―大阪大学　洪庵の業績
http://www.osaka-u.ac.jp/ja/guide/about/tekijuku/achievements.html（二〇一七年一二月二八日閲覧）
島根大学医学部　地域医療教育学講座　医の倫理
http://www.shimane-u-education.jp/20.html　（二〇一七年一二月二八日閲覧）

佐野常民の生誕地
（土地；日本赤十字社所有）
平山成信社長出席により大正 15 年（1926 年）12 月 16 日に記念碑除幕

「扶氏経験遺訓」
佐野常民記念館蔵

政府も理解した「敵味方の別なき救護」

——博愛社設立願書への太政官回答の真相

日本赤十字社で数々の役職を歴任、社史稿編纂等を勤めた
佐藤　雅紀

はじめに

平成二九年（二〇一七年）は、日本赤十字社創立一四〇周年に当たる。一四〇年前の明治一〇年（一八七七年）、西南戦争の際に敵味方の別なく救護することを目的に日本赤十字社の前身「博愛社」が設立された。

創立者は元老院議官佐野常民、同じく元老院議官大給恒《ゆずる》の二人である。元老院議官は、現在の国会議員に当たるが、天皇によって任命される勅任官、国家に功労ある者、政治法律の学識ある者[1]で、定員は三〇名[2]。議法官として新法の設立旧法の改正を議定し諸建白を受納するが立法権は承認されていない[3]。

佐野は、慶応三年（一八六七年）にパリ万国博覧会に佐賀藩から派遣されたとき、戦争によって負傷した者を内外の兵を選ばず救済治療する赤十字社を見聞し、明治六年（一八七三年）にウィーン万国博覧会に明治政府から博覧会副総裁兼イタリア、オーストリア弁理公使（特命全権公使に次ぐ公使で、代理公使の上。現在、弁理公使の制度はない）として派遣された[4]ときに赤十字社が発展していること及びジュネーヴ条約（赤十字条約）の加盟国が増加していることを知った[5]。西南戦争の際、三條實美、岩倉具視は、華族（皇族に次ぐ身分で、旧公卿、旧諸侯（大名）に対して負傷者救済のために尽くすべきであると呼びかけた。呼びかけ文書の別紙には、「シーボルト氏貴族社会概説」として欧州貴族社会、殊に、オーストリアの貴族社会について紹介されてい

る。[6] これに応じて華族から多額の金品が寄せられた。

三條と岩倉が華族に呼びかけたことが佐野と大給に大きな影響を与えた。佐野は欧州にある篤志救護会社(赤十字社)の設立を計画し、大給は大給松平の宗族《そうぞく》(=同族(一族)の長)であり、同族の松平乗承《のりつぐ》、櫻井忠興《ただおき》、松平信正《のぶまさ》らと相談して華族として一時の志だけでなく同族が結合して貴族会社の設立を計画し、佐野は元老院議官として右大臣である岩倉に、大給は華族の督部長(総括者)である岩倉にそれぞれ相談をした。佐野と大給は元老院議官として旧知の間柄であり、期するところが合致したので、傷病者を救護する一社を組織することを相談した。[7]

ドイツのフランク・ケーザー(Frank H. Käiser)氏は、アレキサンダー・フォン・シーボルトの日記に、四月三日から一一日の間に佐野に六回会っていることが判明したと記述している。[8] シーボルトは明治六年のウィーン万国博覧会に通訳として佐野と一緒にいたことから佐野とは親密な関係にあった。また、明治一六年にドイツで開催される衛生救護博覧会に内務省御用掛柴田承桂が派遣されることになり同氏を博愛社委員に委嘱して、ドイツ在住のシーボルトに「博愛社略記」をドイツ語訳とフランス語訳にすること及びジュネーヴ条約加盟の手続等の調査を依頼したところ、七月五日付でベルリン滞在中の柴田承桂から佐野常民に宛てた手紙の中に、シーボルトから「博愛社創立に際し、三條と岩倉が華族に呼びかけた際にシーボルトがドイツ、オーストリア両国の救護会社及び欧州貴族会社を紹介した。三條と岩倉が首唱したことについて博愛社の記事中にはない。」とあり、シーボルトは四月三日に岩倉より佐野が救護会社を設立する計画を聞いて佐野を訪ねたと記述されている。このことは、四月六日に博愛社設立の願書を太政官に提出する以前に佐野とシーボルトが相談していたことになる。また、四月六日、岩倉からシーボルトに佐野を援助するようにと依頼された。博愛社はオーストリアの「マリアの社」の例に倣って救護隊を編成することにしたと記述されている。[9] つまり、シーボルトは、博愛社の提唱者は三条と岩倉両氏であると考えていたようである。佐野は、シーボルトに電報で手紙を待てとし、九月二八日に柴田承桂とシーボルト宛に返書を送り、尽力に感謝するとともに、三條と岩倉は華族の資格をもって華族に呼びかけたものであり、博愛社は佐野と大給が相談して設立したものであるから博愛社略記はそのまま翻訳していただきたいとした。[9]

「日本赤十字社紀要　本社の起源」には、「彼我の別なく傷者病者を救護するの一社を結ばんことを思い、大給と謀り、バロン（男爵）・ド・シーボルトに托（託）して、澳国（オーストリア）救護会社の組織を調査し、社則案を起草し（以下略）」とある。[10]

博愛社の設立願書

明治一〇年（一八七七年）四月六日、元老院議官佐野常民、同　大給恒は、右大臣岩倉具視（太政官＝当時の政府）宛に博愛社設立の願書を提出した。佐野常民五六歳（満五五歳）、大給恒三九歳（満三八歳）である。

願書には、「社員を戦地に差《つかわ》し、海陸軍軍医長官の指揮を奉《ほう》じて、官兵の傷者を救済致し度《たき》志願に有之候《これありそうろう》」「且《かつ》又暴徒《またぼうと》の死傷は官兵に倍するのみならず、救護の方法も不相整《あいととのわざる》は言を俟《ま》たず。（中略）此《こ》の輩《やから》の如き、大義を誤り王師（天皇の軍隊という意味）に敵すと雖《いえ》ども、皇国の人民たり。皇家の赤子《せきし》たり。負傷坐して死を待つ者も捨てて顧《かえりみ》ざるは人情の忍びざる所に付き、是亦《これまた》、収容救治致し度《たく》（以下略）」「本件の儀は、一日の遅速も幾多の人命に干（関）し、即決急施を要し候《そうろう》に付《つき》（中略）、至急御指令被下度《くだされたく》（以下略）」とある。[11]　願書に添付した博愛社社則の草案は、外務一等属（八等出仕）[12]平山成信《しげのぶ》（二四歳、後に第五代日本赤十字社社長）による。[13]

また、願書とは別に、「お聞き済み（許可）になった場合は、私共の内一人は戦地へ参ることを申し上げる。その節は、熟練の西洋医師一名を同伴したいが、文部省お雇いのドクトル・シュルツェ氏は軍医で最も外科の治療経験が豊富であるから、同氏を招請いたすことができれば、必ず実効を著し、すべてに都合がよろしいので、差し支えがなければ、当分、同氏を同行させることについても、あわせてご許可願いたい。」という内容の申請を行っている。[14]　明治一〇年（一八七七年）四月一二日、東京医学校と東京開成学校が合併して東京大学になる。当時、お雇い外国人（ドイツ人）は、六名。内科はベルツ、外科はシュルツェが教えていた。

更に、大給は、華族の督部長の立場にあった岩倉あてに、博愛社の設立が許可された場合、すみやかに負傷者の救助に着手したいが費用が乏しいことから資金の支援を願い出ている。[15]

四月一二日、常民、九州へ向かう

四月六日に太政官に願書を提出した翌日の四月七日、佐野は元老院幹事あてに「博愛社結社の上、戦地（九州）において創傷者（負傷者）治療看護の総括のために往復を除いて五〇日間の暇《いとま》をいただきたい。」と休暇願を提出し、右大臣宛にも「結社が許可になった際には、小官家（佐野家）は代々医術を業とし、就中、外科を専門としており、長崎県下（当時、佐賀県は長崎県に含まれている）には門下故旧の者も少なくないので、上申した外国人の外科医師に従わせたい。また、広く同志者を募り、自らこれを監督したい。」と具体的に休暇願の理由を述べている[16]。佐野家は佐賀藩時代に藩医で、父の佐野嬬仙（外科）は嘉永四年（一八五一年）一二月一六日（明治になる一七年前）の佐賀藩医業免札姓名簿に掲載され、免札姓名簿に載る医学塾（五名以上）に七名と記載されている[17]。

四月一〇日、太政官は佐野に「御用有之《ごようこれあり》、九州筋へ被差遣候事《さしつかわされそうろうこと》」と休暇ではなく出張を命じた[18]。

四月一二日、佐野は九州に向かって出発した[19]。新橋停車場（駅）では大給松平一族の松平乗承らが見送った[20]。佐野は横浜から船で神戸に向い一四日に神戸に到着して京都に立ち寄っている。京都には天皇に供奉《ぐぶ》して太政大臣三條實美らが滞在していた。佐野は京都でも太政大臣三條實美らに博愛社の設立を熱心に願い出た。陸軍卿山縣有朋《ありとも》は征討総督有栖川宮熾仁親王《ありすがわのみやたるひとしんのう》に随行して現地に、東京の陸軍省には代理として西郷従道がいた[21]。その後、佐野は大阪を経由して四月二九日に長崎に到着し、五月一日に熊本へ出発した[22]。

五月一日に熊本城内（現在、熊本市中央区古城町、熊本県立第一高等学校付近）にあった征討総督本営に到着し、本営で参軍（陸軍卿、陸軍中将）山縣有朋、高級参謀（陸軍大佐）小澤武雄に博愛社の結社のことを説明して賛成を得た[23]。

小澤の述懐によれば、征討総督有栖川宮熾仁親王は佐野の願意を諒せられ（許可され）、山縣が多忙なために小澤が許可の手続きを進めることになったとしている[24]。「博愛社第一報告」には、「五月一日、熊本に到《いた》りて、之（願書）を征討総督本営に申請し、直ちに准允《じゅんいん》（＝許可）の命を得たり。」とあり、「日本赤十字社史稿」には、「即日、允許《いんきょ》（＝許可）の台命《たいめい》を下されたり。」とある[25]。この報告から、許可は本営から佐野に伝えられたと推察される。日本赤十字社は、五月一日を創立記念日としている。

五月二日、佐野は葡萄酒五瓶を持参して征討総督有栖川宮熾仁親王に面会した。征討の陣中見舞いと推察される[26]。博愛社設立の正式な手続きは五月三日である。願書は五月三日付で熊本県の罫紙に書かれ、五ヵ条の博愛社社則が添えられている。願書の末尾には、朱書きで

「願《ねがい》之《の》趣《おもむき》聞《きき》届《とどけ》候《そうろう》事《こと》　但《ただし》、委細の儀は軍団軍医部長へ可打合《うちあわすべく》候《そうろう》事《こと》　五月三日　印（征討総督本営之印章）」と許可になった[27]。

「熾仁親王日記 巻二」の五月三日に「一　佐野・大給両議官発起博愛社設立願書之《の》儀に付、聞届之上、西京太政大臣江《へ》右之《の》趣《おもむき》及届《とどけおよび》之《の》事、」とあり、博愛社を許可した旨を京都にいる太政大臣三條實美に電報で知らせている[28]。

佐野は、翌四日に熊本電報局から東京岩倉右大臣、東京大給議官、長崎北島県令（県令＝知事）宛に許可になったことを電報で知らせた[29]。

佐野は、五月三日に自ら金一〇〇円と綿撒糸《めんざんし》（＝ガーゼ）、白木綿（包帯の材料）等を寄附して救護の用に供し、旧佐賀藩主鍋島直大《なおひろ》家令に謀って金三〇〇円を借用した[30]。

熊本の佐野常民から東京元老院大給議官に宛てた六月八日付の郵便書留[31]は、六月一八日に届いた[32]。細報を得た大給は、六月二三日に太政官に上申[33]するとともに、六月二五日に大給松平の同族（一族）一三家（別表）の代表（代理を含む）が富士見町第九号櫻井忠興邸に会同して本社仮事務所を櫻井邸に設けた[33]。六月二六日、大給松平一族は金品を寄贈して本社事務が開始された。櫻井忠興は金千円を寄付した[34]。ＪＲ中央線飯田橋駅西口改札口を出て新宿方面に四～五分ばかり歩くと東京逓信病院に着く。病院敷地内の道路脇に「日本赤十字社発祥地」の立札の案内板が立っている[35]。櫻井邸はこの付近にあった。

太政官から陸軍省へ照会

四月一二日、太政官は、陸軍省へ、次のとおり照会した。

「別紙、議官佐野常民　議官大給恒　願出博愛社設立の儀、其の省に於いて差支え之《これ》無き哉《や》、意見早々申し出らる可し。此の旨、照会に及び候也　右大臣　陸軍卿山縣有朋代理　陸軍中将　西郷従道殿」[36]

陸軍省から太政官へ意見上申

四月一九日、陸軍省から太政官宛てに次のとおり意見上申が行われた。それは、敵の負傷者まで救護するということに難色を示したものではなかった。

その内容を要約すれば、

「博愛社が、敵味方の別なく救護したいという設立の趣旨は、最も善美のこと（大変良いこと）と存ずるが、軍の病院は医師等も適当に備え治療に差支えなく、新たに結社して救護の人員を派遣しても混乱を生ずること。」「欧米各国において、国と国との戦争の際に救護の例があるといえども、国内の内乱を鎮める場合に例がなく、そのようにできるかどうか確認しがたいこと。」「新たに結社し、救護の人員を派遣して、軍医のもとで活動するにしても、あらかじめ心得がなければ通行さえも容易でないことから、お差止め相成りたいこと。」「また、開戦中、敵の捕虜の傷者等は軍の病院で治療を施すとしても、戦後の救護については、地方に関する事柄であり、軍には直接関係がないので、このことはその筋においてご協議ありたいこと。」「外国人医師同行については、ロシア人の軍医を断った経緯もあるので、同様に、断わらざるを得ないと考えられること。」「別紙結社のようなことは、このようなことがあってから決定するのでは、その方法がよいことであっても実際に整備しがたいので、平常のときに十分に検討したいこと。」

よって、意見を申しあげる。」[37]

つまり、陸軍省では、博愛社が敵味方の別なく救護したいという設立の趣旨については理解しながらも、軍の病院では医師等も適当に備え治療に差支えなく、博愛社の救護活動が国内の内乱を鎮めるような場合にも効果があるのか推測することが難しく、むしろ、現地において混乱が生ずるであろうことを危惧したのであった。[38]

太政官から博愛社に指令（回答）

太政官は、

別紙議官佐野常民陸軍省の意見を取り入れて、四月二三日、博愛社に、次のとおり回答した。

願《ねがい》の趣《おもむき》難聞届候事《ききとどけがたきそうろうこと》

明治十年四月廿三日　印（右大臣岩倉具視印）[39]

熊本において征討総督有栖川宮熾仁親王から博愛社の設立が許可され、九州各地で救護活動が実施されていることから、許可できないという太政官の指令（回答）は八月一日に取り消され、事実上、政府は博愛社の設立を追認した。[40]博愛社から太政官に申請した願書等は博愛社に返付された。

なかなか許可されなかったと伝えられた経緯

「日本赤十字社史稿」によれば、「然れども軍隊以外の有志者を以って、軍に属して軍と其の事を共にするは、我軍規の許さざる所、況や王師に抗する賊徒をも救護するに於てをや。時の政府は容易に此の申請を許さざりき」[41]。つまり、なかなか許可されなかったと記述されている。

日本赤十字社では、長い間、博愛社社則第四条の敵味方の別なく救護することが政府に理解されず許可されなかったと伝えられてきた[42]。当時の関係者も懐旧談や演述（講演）で同様のことを述べていることから、信憑性をもって伝えられてきた。

前述のとおり、陸軍省においては、博愛社が敵味方の別なく救護したいという設立の趣旨については、「最も善美の儀（大変良いこと）」と理解を示しながらも、現地で混乱を生ずるであろうことを心配したのであった。太政官は陸軍省の意見を取り入れて許可しなかったというのが真相である。

日本赤十字社では、二〇一五年秋に、

別　表

大給松平一族 13 家　宗族（族長）大給恒

華族類別　第 24 類　皇別　源朝臣
清和天皇皇子常陸大守貞純親王子鎮守府将軍経基 7 代大炊助義重支裔

旧藩名	旧石高	旧藩主・藩知事	年齢	位階	備考
肥前　島原藩	7 万石	松平忠和（ただかず）	27 歳	従五位	長崎県島原市
三河　西尾藩	6 万石	松平乗承（のりつぐ）	27 歳	〃	愛知県西尾市
信濃　上田藩	5 万 3 千石	松平忠禮（ただなり）	28 歳	〃	長野県上田市
丹波　亀山藩	5 万石	松平信正（のぶまさ）	26 歳	〃	京都府亀山市
摂津　尼崎藩	4 万石	櫻井忠興（ただおき）	30 歳	〃	兵庫県尼崎市
豊後　杵築藩	3 万 2 千石	松平親貴（ちかとう）	40 歳	〃	大分県杵築市
美濃　岩村藩	3 万石	松平乗命（のりとし）	30 歳	〃	岐阜県恵那市岩村町
出羽　上山藩	2 万 7 千石	松平信安（のぶやす）	13 歳	〃	山形県上山市
豊後　府内藩	2 万 千 2 百石	大給近道（ちかみち）	24 歳	〃	大分県大分市
上野　小幡藩	2 万石	松平忠恕（ただゆき）	53 歳	〃	群馬県甘楽郡甘楽町
（三河 奥殿藩） 信濃　龍岡藩	1 万 6 千石	大給　恒（ゆずる）	39 歳	従四位	長野県佐久市
但馬　村岡藩	1 万 1 千石	山名義路（よしみち）	18 歳	従五位	兵庫県美方郡香美町
上総　櫻井藩	1 万石	瀧脇信敏（のぶとし）	27 歳	〃	千葉県木更津市

※「博愛社第一報告」二丁頁及び「日本赤十字社史稿」九六頁の松平信庸（のぶつね）は松平信安（のぶやす）の間違い。

松平信庸は、戊辰《ぼしん》戦争に際して奥羽（東北）・北越諸藩が結んだ奥羽越列藩同盟に参加したことから明治元年一二月七日に隠居させられ、弟信安が家督を相続した。
信庸は博愛社創立当時に金品を寄附し、「博愛社日誌」六月二六日には「松平信庸 松平信安隠居」と記載されている。

ホームページ上で歴史・沿革に博愛社設立願書及び太政官文書（国立公文書館所蔵文書）の原文、読み下し文、現代文を掲載して、事実を紹介している。

※原文の旧仮名づかいは平仮名に、旧漢字は常用漢字に改め、適宜、句読点を挿入した。

参考文献

1 大日方純夫・我部政男編、「元老院日誌　第一巻」刊行にあたって、六頁、一九八一年六月一五日、三一書房。

2 日本史広辞典編集委員会編、「日本史広辞典」七四六頁、一九九七年一〇月二二日、山川出版社。

3 大日方純夫・我部政男編、「元老院日誌　第一巻」刊行にあたって、六頁、一九八一年六月一五日、三一書房。

4 「日本赤十字社史稿附録」二六二―二六四頁、一九一一年一二月緒言、日本赤十字社。

5 「明治一五年五月二六日　博愛社講義筆録」（佐野常民演述）（笠原光雄筆記）、日本赤十字社所蔵資料Ａ一―一四九、（日本赤十字社赤十字情報プラザ保存展示中）。

6 霞会館編「華族会館史」六八六―六九〇頁、一九六六年八月二〇日、霞会館京都支所。

7 「日本赤十字社史稿」九四頁、一九一一年一二月緒言、日本赤十字社。

8 Frank H. Käser「Japan und das Rote Kreuz 1867-1905」p.155. im Jahre 2014.

9 「海外事件関係書類　自一六年至一八年」、日本赤十字社所蔵資料Ａ一―一八。

10 「日本赤十字社報告　明治二五年」一頁、一八九二年、日本赤十字社。

11 「博愛社設立願書」、一八七七年四月六日、日本赤十字社所蔵資料Ａ一―二〇八。

12 大日方純夫・我部政男編「元老院日誌　第一巻」三五五頁、一九八一年六月一五日、三一書房。

13 「日本赤十字社社史稿　第四巻」四六四頁、一九五七年一一月一日、日本赤十字社。「博愛　第五〇九号　故平山成信追悼号」三五頁、一九二九年一〇月一〇日、博愛発行所。

14 「博愛社設立に関し文部省御雇ドクトルシュルツ氏招請についての佐野、大給より岩倉右大臣宛て願い書」、一八七七年四月六日、日本赤十字社所蔵資料Ａ一―一八一。

15 「大給副社長自筆文書（岩倉具視宛て）」、一八七七年四月六日、日本赤十字社所蔵資料Ａ一―一五〇。

16 大日方純夫・我部政男編「元老院日誌　第一巻」五八九―五九〇頁、一九八一年六月一五日、三一書房。

17 「好生館史」（好生館百周年記念史）」一三頁、一九九七年二月二八日、佐賀県立病院好生館。

18 大日方純夫・我部政男編「元老院日誌　第一巻」五九一頁、一九八一年六月一五日、三一書房。

19 大日方純夫・我部政男編「元老院日誌　第一巻」五九二頁、一九八一年六月一五日、三一書房。

20 「日本赤十字　第一三〇号」三四頁、一九〇四年一月一五日、日本赤十字発行所。

21 「日本赤十字社史稿」九三頁、一九一一年一二月緒言、日本赤十字社。
22 大日方純夫・我部政男編「元老院日誌 第一巻」六八五頁、一九八一年六月二五日、三一書房。
23 「日本赤十字社史稿」九四頁、一九一一年一二月緒言、日本赤十字社。
24 「日本赤十字 第二六五号」八頁、一九〇九年一一月五日、日本赤十字発行所。
25 「博愛社第一報告」一丁頁、一八八〇年二月再刷、博愛社。「日本赤十字社史稿」九四頁、一九一一年一二月緒言、日本赤十字社。
26 「熾仁親王日記 巻二」五三五頁、一九三五年四月一五日、高松宮蔵版。
27 「博愛社設立ニ付征討総督宮ニ提出ノ願書 博愛社社則」、一八七七年五月三日、日本赤十字社所蔵資料A一―二〇六、(日本赤十字社赤十字情報プラザに展示中)。
28 「熾仁親王日記 巻二」五三六頁、一九三五年四月一五日、高松宮蔵版。
29 「入費取替仕拂簿 明治十年」、日本赤十字社所蔵資料A一―二六。
30 「日本赤十字社史稿」九六頁、一一一〇頁、一九一一年一二月緒言、日本赤十字社。
31 「入費取替仕拂簿 明治十年」、日本赤十字社所蔵資料A一―二六。
32 「日本赤十字社史稿」九四頁、一九一一年一二月緒言、日本赤十字社。
33 「日本赤十字社史稿」九六頁、一九一一年一二月緒言、日本赤十字社。
34 「博愛社日誌 自十年至十八年」、日本赤十字社所蔵資料A一―一一、博愛社。「博愛社第一報告」二丁頁、一八八〇年二月再刷、博愛社。「日本赤十字社史稿」九六―九八頁、一九一一年一二月緒言、日本赤十字社。
35 佐藤雅紀著「歴史探訪 日本赤十字社の誕生」五九頁、二〇〇〇年七月一〇日、日本赤十字社東京都支部。
36 国立公文書館所蔵文書。「博愛社設立に関する太政官文書(写真)(国立公文書館所蔵文書写)」、日本赤十字社所蔵資料A一―一八〇。佐藤雅紀著「歴史探訪 日本赤十字社の誕生」二八頁、二〇〇〇年七月一〇日、日本赤十字社東京都支部。
37 国立公文書館所蔵文書。「博愛社設立に関する太政官文書(写真)(国立公文書館所蔵文書写)」、日本赤十字社所蔵資料A一―一八〇。佐藤雅紀著「歴史探訪 日本赤十字社の誕生」二八―二九頁、二〇〇〇年七月一〇日、日本赤十字社東京都支部。
38 佐藤雅紀著「一二〇年目の真実 博愛社(日本赤十字社の前身)の設立願書に対する太政官の回答」二頁、一九九九年九月一二日、佐藤雅紀。
39 国立公文書館所蔵文書、「博愛社設立に関する太政官文書(写真)(国立公文書館所蔵文書写)」、日本赤十字社所蔵資料A一―一八〇。佐藤雅紀著「歴史探訪 日本赤十字社の誕生」二九―三〇頁、二〇〇〇年七月一〇日、日本赤十字社東京都支部。
40 「日本赤十字社史稿」一〇五頁、一九一一年一二月緒言、日本赤十字社。

41 「日本赤十字社史稿」三〇頁、一九一一年一二月緒言、日本赤十字社。

42 「人道―その歩み　日本赤十字社百年史」五五頁、一九七九年三月三一日、日本赤十字社。

別表参考文献

「博愛社第一報告」二丁頁、一八八〇年二月再刷、博愛社。

「日本赤十字社史稿」九六―九八頁、一九一一年一二月緒言、日本赤十字社。

「博愛社日誌　自十年至十七年」、日本赤十字社所蔵資料A―一二。

「平成新修 旧華族家系大成上巻」、一九九六年九月一〇日第一版第一刷、霞会館発行。

「平成新修 旧華族家系大成下巻」、一九九六年一一月二〇日第一版第一刷、霞会館発行。

「華族会館史」七五二頁、一九六六年八月二〇日、霞会館発行。

特集4：赤十字と歴史

二つの卒業式
——米国公文書館での史料調査から

日本赤十字看護大学准教授、ＩＨＳ研究員
川原　由佳里

平成二八年度日本赤十字国際人道研究センター事業計画の一環として、平成二九年三月一六日(日)～三月二二日(火)の七日間、米国公文書館（ＮＡＲＡ）Ⅱ（ワシントン郊外カレッジパーク）にて資料調査を行った。今回は米国公文書館の映像資料から、戦後まもない時期に、二つの赤十字の看護婦養成施設で行なわれた卒業式の映像について紹介したい。

一九四六年三月広島赤十字病院看護養成所の卒業式

米国空軍による映像記録、カラーであるが無声である（以下の写真参照）。一九四六年三月二六日、広島赤十字病院で行われた看護婦養成所の卒業式と同病院の屋上で行われた被爆者の治療の様子が集録されている。

一九四五年八月六日、広島赤十字病院は爆心地から一・五kmの位置にあって被爆した。鉄筋の建物は骨格のみ残し、窓ガラスはすべて割れ落ちた。吉川（二〇一六）によれば、当時、広島赤十字病院は次々と看護婦を国内外の軍病院に派遣してしまったため、在籍する職員は三四名のみで、病院の看護は附属の看護婦養成所の看護婦生徒四〇八人が主力となって担っていた。原爆投下直後、病院内では患者が爆風で吹き飛ばされたベッドに身体や首を挟まれ、ガラスの破片が顔や腹に刺さって血に染まっていた。しばらくすると衣服が焼け焦げ、腕の皮が垂れ下がり、男女の区別も分からない人々が病院に押し寄せた。病院で実習中の二年生は、自らもガラスの破片で負傷しつつも救護にあたった。一年生では木造の寮にいて倒壊した建物の下敷きになるなどして大きな被害を受けた。生徒にも合わせて二二名の犠牲者がでた。

米国公文書館の映像は、原爆投下直後に病院で被爆者の救護にあたった二年生の卒業式である（当時日赤では三年の教育課程を二年に短縮していた）。七カ月を経過した時点での病院建物が、依然として窓ガラスはない骨格だけの姿で映っている。病院玄関入口の飾り（桐竹鳳凰と赤十字の彫刻）は破壊されて半分欠け落ちたままである。門前には英語表記で「Red Cross Hospital Hiroshima, Japan」とかかれた表札が掛けられている。

卒業式は屋内が使用不可能なためか、屋外の玄関前のスペースで行われている。階段を二、三段上がった玄関入口を壇上とし、病院長と白衣姿の先輩看護婦が立ち並び、その前に卒業生となる紺の制服制帽姿の生徒が整列している。意外なことにカメラを向けられて恥ずかしそうな表情の生徒や卒業がうれしいのか晴れやかな表情の生徒もいて、全体としては明るい雰囲気が漂っている。しかしよく見ると中にはガラスの破片で顔に傷を負っている。

一人ひとりが卒業証書を受け取り、白衣姿の先輩から桐の襟章を一つずつつけてもらう（写真1）。卒業式が終わると生徒たちは先輩に見送られて笑顔で病院の外に出ていく。通りに出ると、周囲の木造家屋は破壊し尽くされ、丸見えになった土地に木材が散在する光景が広がる。高い建物がほとんどないため遠くの山々が一望に見渡せる。町全体を焼き尽くした原爆の凄まじさをあらためて知る。後ろから進駐軍のジープが勢いよく走ってきて、危うく轢かれそうになるが、生徒は走って道路の脇に逃れる。

その後、映像の場面は変わり、広島赤十字病院の屋上での被爆者治療の様子が映る。屋上だけに先よりも破壊され

写真1

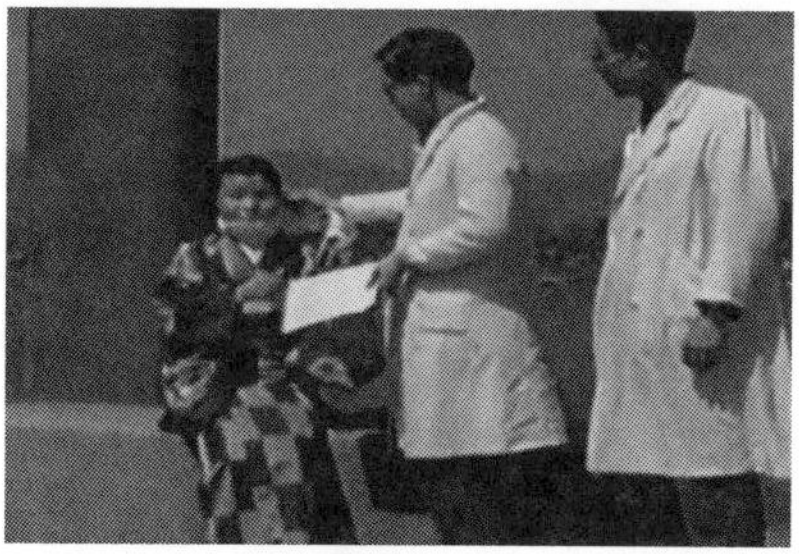

写真2

た町がよりいっそう眺望される。衣類を脱ぎ、包帯をほどくと、まだ水疱や浸出液が認められる傷が露わになる。背中や手、顔にも傷を負うものもいる(写真2)。

こちらは先の卒業式の映像と全く違う。被爆者に対して医学的な関心のもとにカメラを向ける撮影者と、一様に無表情のまま自分に向けられたカメラをじっと見つめる被爆者たち。この決して噛み合うことのない空気の背景には、被爆者の押し込められた悲しみと強い怒り、そして距離を置くことでしか向き合うことができなかった撮影側の罪悪感がうかがわれる。

一九四八年三月東京看護模範学院の卒業式

連合国軍最高司令官総司令部(以下、GHQ/SCAPとする)の占領下にあって一九四八(昭和二三)年三月に行われた最後の日本赤十字社中央病院救護看護婦養成所の卒業式と看護教育模範学院技術演習風景が収録されている。モノクロで無声である。(以下の写真参照)

戦後、占領下の日本においてGHQ/SCAPは日本の非軍事化と民主化を進めるべく、その一環として医療、公衆衛生、看護の改革にも取り組んだ。東京では看護の伝統校である日本赤十字社中央病院救護看護婦養成所(後に日本赤十字女子専門学校)と聖路加女子専門学校が選ばれ、日本の新しい看護教育のモデル校として東京看護教育模範学院を合同で運営することになった。

昭和二三年三月の卒業生のうち、日赤の卒業生は六八名である。彼女らは戦時中の昭和二〇年四月に入学し、三年課程を期間短縮のため二年で終えた後、学費を払えるものを中心に模範学院三年次に進級した。最も戦争が激しく、空襲が絶えることがなかった時期に入学し、敗戦を経て、米国看護師の指導のもとにリベラルな雰囲気をもつ聖路加の学生とともに学んだ。しかも軍事色が一掃され、組合運動が激しさを増す日赤中央病院を実習場とした。日赤の長い看護教育の歴史のなかでも特異な時期を経験した人たちである。

米国公文書館の映像には、看護婦教養所の講堂で行われた卒業式の様子が映っている(写真3)。壇上に公衆衛生福祉局長のサムス、看護課長のオルトらの姿があり、会場には日赤、聖路加の生徒の姿がある。三月だが半袖の白衣とナースキャップである。高松宮からご祝辞をいただき、それぞれの学校から選ばれた生徒が答辞を述べ、生徒は一人ひとり神妙な表情で卒業証書を受け取っている。

卒業式の映像のあとには看護教育模範学院での看護技術の演習風景が収録されている。清拭では外国人教師が見守るなか、生徒が人形を相手に、ウォッシュクロスを手に巻きつけ、端をたたんで掌の側に差し入れ、石鹸をつけて十分にこすったあと、何度も拭きとる。そしてバスタオルでくるみ、マッサージをするようにして、しっかりと湿気をふき取る（写真4）。

大量皮下注射は聖路加の教員であった桧垣氏が実施している。ガラスのイリゲーターにピッチャーから無菌的に注射液を流しいれ、アルミの蓋を閉じ、クレンメを操作してイリゲーターの先に接続された黒のゴム管に注射液を満たす。黒いゴム管は先で二股に分かれ、それぞれに大きな針がつけられている。最後に人形の大腿の二箇所に穿刺、清潔なガーゼを当てて留める。現在、大量皮下注射は一般的ではなくなったし、ディスポーザルが用いられる時代となったが、基礎看護技術の手技については現在のものとほぼ同一である。

写真3

写真4

米国公文書館の文書記録には、模範学院の教員が学内演習のなかで基礎看護技術を教えるだけでなく、教えた内容が実習場でも行なわれるように、日赤中央病院のスタッフを対象に看護技術のデモンストレーションを行って彼らの練習に付添ったという記述が残されている。学内で学んだことが実習先では違ったというようなことがないように、病院スタッフにまで指導を徹底した教師たちがいたことに驚くとともに、彼らの教育にかける熱意には頭が下がる思いがした。

参考文献

吉川龍子、被爆者救護と救護看護婦、川嶋みどり他、戦争と看護、国書刊行会、二〇一七所収
日本赤十字看護大学記念誌編集委員会、日本赤十字看護大学一二五年史、二〇一七

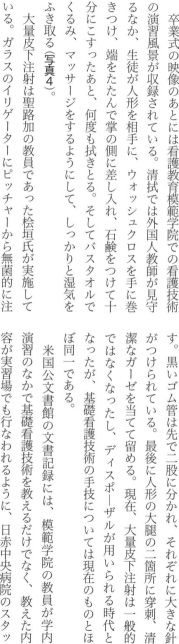

特集4：赤十字と歴史——インタビュー『日赤看護婦・戦時救護活動』

〝軍国乙女〟としての青春

元日本赤十字社山形支部第四九四救護班
高梨　時代

国のために尽くす決意で養成所へ

小学校に入った時は満州事変、高等女学校の時は日中戦争、秋田の看護婦養成所の時は大東亜戦争で、ずっと戦争でした。当然、軍国教育ですね。小学校でも朝は横隊行進して。こういう教育を徹底的にやったんですよ。

小学校三年の時、慰問袋と慰問文をちょっと書きましたが、寒くて勉強するのが嫌でも、一生懸命に働いている満州の兵隊さんのことを思って頑張って勉強しよう、そういう決意をしましたね。

高等女学校は希望して受験するんですけど、あの頃は入る人が少なかった。私たちの頃は六〇人位の内四人が女学校に入りました。入ったときは、学校の先生になるかなと思っていました。小さい時も先生ごっこをやって遊んでましたね。

高等女学校は四年生まででしたが、師範学校を受けて先生になろうか、それとも日赤に行こうか、本当に迷ったんです。日赤って難儀だというのでね。一人っ子で育ったもんですから、日赤に行こうとしたら皆に反対されてね。でも、国のために何か尽くさないと、という気持ちになったので、皆の反対を押し切って入ったんです。

寄宿舎での生活は本当に厳しかった。三年間だから、一年生はまるで奴隷ですもん。二年生は鬼、三年生は神様と言うんだけど、毎週土曜日になると「申し告げ」があって、寄宿舎一号舎での一週間の生活や出来事を、ちくちくと言われて。勤務ぶりもその場で注意しないで、みんな集まったところで注意するんです。真綿で締められるみたいな感じでした。

軍との訓練に明け暮れ

とにかく軍隊の教育を随分しました。陸軍と共同訓練も行いました。ちょうど秋田赤十字病院も養成所も東根小屋町にあって、秋田連隊がそばにあったんです。東側が秋田連隊で西側が日赤だったのです。特攻隊の記念とかの時に、共同で土崎辺りまで行軍しましたね。重い荷物を背負った兵隊らを傷病兵に仕立てて担架に乗せて運ぶ、そんな訓練です。四人一グループで、「担架訓練、始め！」って言うと、四番の人がタッタタッタッと担架を担いで来る。来たら、ぱっと担架を組み立てる。それから防毒ガスマスクの訓練もしました。「マスク用意」なんて言うと、ぱっとマスクして担架教練をやったり。担架教練は厳しいけど、その後は自由時間で休ませてくれるから、手形山や金照寺山に行くのはとっても楽しみでした。

看護婦さん方は召集されて少なかったから、三年生が何でもやりました。包帯の巻き方とか、薬局で胃薬を薬包紙に包む訓練もありました。健康診断にもよく行って身長を測ったり胸囲測ったりしました。農村診療にレントゲン技師さん、お医者さんと一緒に行ったりもしました。あの頃「くる病」というのがはやって、乳幼児健診はよく行きましたね。

私たちの頃は、学校保健という養護教員の教育もやったもんですから、同級生は随分、養護教員になりました。それから産婆学という講習がありました。「新生児赤芽球症に対する交換輸血」を本邦で初めて成功した産婦人科医長の関闡《せきひろむ》先生から講義を受けました。テストは受けたい人だけで、私は講習だけ受けました。

私一人で勤務するところが多くて最初は病理研究室でした。他には二年生一人、三年生一人、技師さんがいて、そこでは専ら試験管洗いだったんです。モルモットの血とヤギの血を採って、梅毒の試薬も作りました。

大東亜戦争の一二月八日までは辛くて。いつ辞めるか、何回も寄宿舎の五号室で同級生と一緒に話しました。泣き顔とかは見せられないものですから、夜中に布団をかぶってね。お互いに手を出して手のひらに「頑張りましょう」と書きましてね。「もう辞めて帰ろう」って相談したこともありましたが、家族や皆の反対を押し切って入ったもんだから「それ見ろ」、なんて言われるのが悔しいし、もう少し我慢しようと考えました。一二月八日以降は、もうすっかり弱音を吐かずに、ビシッと気持ちを改めてましたね。私としては、とにかく一生懸命勉強して、いい看護師になってお国のために尽くしたいという、そんな気持ちでしたね。

昭和一八年一一月　救護要員として応召

（昭和一八年一〇月三〇日　秋田赤十字病院甲種救護看護婦養成所（第三四回生）として卒業する）

父も海軍に勤めていたので、五カ月早く一〇月三〇日に繰り上げ卒業になるのは、やっぱり仕方がないと思ったんです。学生のうちは、召集されないですけど、家に帰った翌日、召集が来ました。一一月八日でした。この知らせは、私たち内地の人は赤紙でなくて、官報という電報でくるんです。救護班要員として召集があって、その日は旅館に泊まって、次の日の朝、東京へ行ってから茨城に入りました。行く時は、近所の人みんなが駅まで送ってくれて、のぼり旗もしてくれて。千人針なんかもやってくれて、遺書も書きました。髪の毛とか、爪を切って写真と一緒に入れて行ったんです。あの頃は、国のために死ぬというのは当たり前でした。召集された時は、もう嬉しくてね。でも、あの頃は外地に行って働きたかったね。やっぱり軍国の乙女ですね。

所属していた四九四班は、看護婦長二名、看護婦二八名で、使丁一名でした。私たちが行った頃は、救護班の宿舎がいっぱいで、官舎にしばらく住まいました。ちょうど秋田班が一個班行ってたので、とても心強かった。空襲はまだでしたから、日本の飛行機だけで敵機は来なかったけど、訓練では電話が聞こえないくらい音がひどかったね。陸軍にだけ召集になるからと、海軍のことは勉強も省略してました。海軍は医療、衛生材料とか機械の名前もみんな違うので分からなかった。陸軍は医長殿とか院長殿とか言って、海軍では「医長」と呼び、「殿」はつけないんです。「婦長」とはとっても言えなくて「婦長殿」って言うと、先生方からは、「婦長は偉いね。僕らは〝殿〟なんてつけられないけど」なんて言われたものです。

私たちは海軍の経験がないものだから二週間見学してから、軽症病棟と病理検査室と薬局と三つに分かれて配属されました。霞ヶ浦海軍病院は、衛生兵の養成機関でもあったので、まだ防空壕も完備してなかったんです。防空壕を掘る兵隊だけでなく私たちも防空壕を掘り、土を入れて担ぐ。そういう作業もさせられました。雪は降らないけど霜柱が出るくらい寒くてね。

軽症病棟は入退院が激しいところでした。あの頃は、お医者さんが話すのを全部手書きし、カルテに写してた。入退院すると、今度はハンコをもらいに歩いてね。私は、ずっとお医者さんの話したことを書く陪診というのをやったんです。

あの頃は、上級、下級の差が歴然としていたから、同級生でも並ぶのは成績順。婦長殿が一番上、次に私たちの上にいる卒業生二人、それから私、友達、乙種の順で並ぶ。そういうふうに決まっていた。

患者の手を借りながら看護

軽症病棟の患者さんは、大部屋にまとめて寝ていました。軽症者はベッドでなく布団を敷いて畳の上に寝てたんです。そこには患者長というのがいて、号令をかけて脈を測ったり。宿直の時は、救護班の人が「誰々さん」って言うと、「脈拍何回、体温何度何分」、便通があれば「何回」と言ってました。上官クラスと重症の人は個室にいたから、脈を測ったり検温したり、お世話しました。食事の世話も患者さんがやってたんですよ。上官には岡持ちに入れて一つずつ運びましたけど、食事も位で違いました。

軽症病棟から山形班は結核病棟に移りました。そこに行く患者は、軍隊復帰は望めない方も多かったから、どうせ天命という感じで荒《すさ》むんですね。私たちは痰つぼを交換したりしました。結核になると痔が悪くなって痔瘻の手当も必要なんですが、手術もなかったし対症療法だから若くて死ぬ人もいてね。血痰、喀血したりして、家族とも会えなくてね。私たちの手を握ってみんな死んでいきました。死ぬときは、やっぱり傍についていてもらいたいのよね。でも、大勢いるものだから、一人のところについていられなくて大変でしたね。

海軍飛行予科練習生も随分入院してましたね。その中に米沢と酒田の人がいて山形班が来ていると聞いてよく面会に来てました。私たち、いろんなものをご馳走してね。

呼吸器病棟から、第四病舎へ移ったのですが、ここの軍医さんが玉砕を経験した軍医少佐でした。昭和一九年頃、この戦いは負けるって言ってましたが、私たちは熱血乙女だから、そんな先生を「非国民」といったりしました。「君たちは外地の経験がないから負けるって分からないんだ」って言うので、「そんなはずない」って食ってかかったもんです。

外科病棟では消毒も設備もないからガーゼも滅菌されないんです。この頃は敵機が沢山来るから、灯火管制で窓を全部暗くして、ろうそくの灯りで開腹手術をやったことがあります。

衛生材料にも事欠く終戦間際

当時の生活は、日曜日の半分ぐらいは外出できたけど、軍の人に荷物点検されました。二列に整列して「前列何歩前へ進め！」「包みを解け！」ってね。霞ヶ浦周辺の店には物がなくて。あの頃は本当に食糧事情が悪くてとても酷かったけど、若いから食べたくてね。外出してもそんなに買える物がないんですよ。婦長殿が「一般の人はサツマイモもなかなか買えないんだから」って言われるんですが、内緒でサツマイモを買って何回も叱られました。

国からの給料は月に七五円だったと思います。婦長さんは一〇〇円ちょっと。乙種はぐっと下でしたね。甲種が一番高くて、伝染病病棟に勤務していると危険手当として五円余計にもらえたんです。

東京大空襲の三月一〇日、茨城からも真っ赤になって見えたんですよ。ダンダンッて相当大きな音も聞こえた。酷かったんですね。高射砲の破片なんかボロボロ飛んでくるから、重い鉄かぶとをかぶったり、防空頭巾を分厚くして作ってもらって、それをかぶって防空壕に避難しましたね。

衛生材料も長期戦に備え、外科的なものも全部洗って再生する。栄養不良で体温も冷たくて、次の日には死んでいるというような人が多かった。一二～一三歳の子どもも、まるでおじいさんみたいにやせ細って、手とか足とか末梢部がみんな腐れている人を手当てしました。

敵機と交戦して、飛行機で墜落し全身やけども負った人は、包帯交換するのに一時間もかかった。薬は一服もないし、口もやっと吸い飲みができるくらいしか開かなくて、目の辺りにうじが湧いて、それを取ったりしてね。すごく痛がって。本当に全身やけどというのは何日も痛くてかわいそうでした。

敗戦を振り返って

終戦は霞ヶ浦海軍病院の分院があった郡山で迎えました。天皇のお言葉があるという時は、暑い日でしたが一時間前に集合して「気を付け」をしました。郡山は山が深いのでラジオが聞こえずらくて、「頑張れって言ったんだな」っていう人もいれば、泣いている人もいましたね。負けたのだと分かると、みんながっかりしてね。でもその反面、今日から灯火管制しなくてもいい、暗くしなくてもいいと「敗戦で良かったな」と言っていた。

私たちは「軍国乙女」で育ったので、間違った戦争だったかもしれないけれど、国のために一生懸命に尽くせて本当に良かったと思っています。兵隊さんらが元気になって退院し、見送ることができて。航空隊の人はお礼に飛行機で旋回していきました。貴重な、得られない体験をさせてもらいました。

インタビュー協力：
日本赤十字秋田看護大学　新沼　剛（ＩＨＳ研究員）
聖カタリナ大学　永易　裕子

編集協力：
日本赤十字秋田看護大学　荻原麻紀（ＩＨＳ研究員）
佐藤美恵子（ＩＨＳ研究員）

◆新刊案内『佐野常民伝』

時代が大きく変わる幕末から明治にかけて、遠い未来を見据えて動いていた佐賀藩の精鋭にして情に溢れる男「佐野常民」。彼はまた、実力さえあれば他藩の人材でも積極的に登用し不合理な制度は変えていく変化を恐れない進歩的な人であった。

また、彼は、当時、世界の国々が一同に会し最先端の技術と文化を披露して競い合う、国の命運をかけた一大行事、パリ、ウィーンの二度の万国博覧会に佐賀、明治政府の出展責任者を務めた。そこで、赤十字と出会い赤十字のような人道組織の発展こそ、文明進歩の証(あかし)であるとの思いに至ったのである。

そんな多才な佐野常民が晩年にして、自らの人生の集大成として博愛社(後の日本赤十字社)の創設に情熱を注いだのはなぜか。本書を通じて、佐野常民のあまり知られていない業績と人柄を再発見するとともに、常民の生き方を通じて、今一度日本赤十字社の創設について思いを馳せてみるのはいかがでしょうか。

(A五判、六八頁)

◆好評続く『赤十字からのおくりもの』

本書は、元日本赤十字社青少年課長でアジア初、女性で初めて国際赤十字最高の栄誉とされるアンリ・デュナン記章を受賞された橋本祐子（さちこ）氏の数々の名言を再編集したものである。

橋本氏は、赤十字や国際人道法の本質を鋭く言い当てる魅力溢れる言葉を数多く残されたが、本書にもその力強い言葉の数々が散りばめられている。

……「現実を踏まえて理想を忘れず、今、手元にある苦痛と死を取り除く努力によって理想に近づく。これが赤十字の人道です。」

……そこに溺れかかった人がいる。「まあ、かわいそうに！」だけでは救うことはできません。知恵と技術がなければ救うことはできません。反対に知恵と技術だけ持っていても、それが悪用されればなお悪い。「行動なき理念は無意味であり、理念なき行動は凶器である」ということなのです。……

多くの赤十字人の心に途絶えことのない明かりを灯し続けた橋本祐子氏の言葉が、本書を通じて鮮やかに蘇ります。（A五判、三四頁）

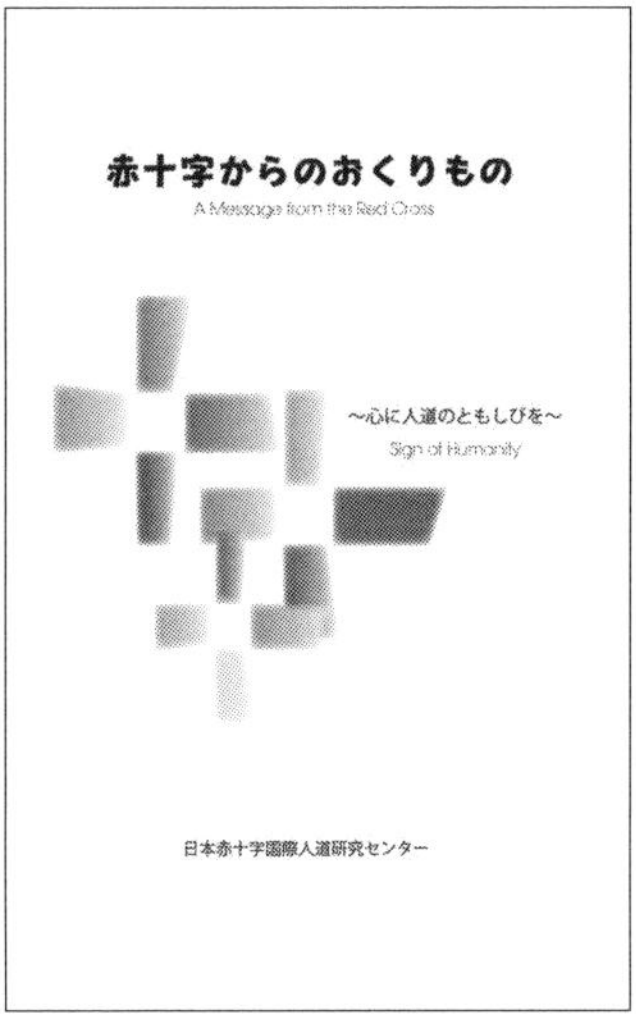

これらの書籍のお問合せは、日本赤十字国際人道研究センターまで。

編集後記

◆当ジャーナルの編集は常に世界の動きを俯瞰しながら時宜にかなったテーマを扱いたいと思っています。そうした中で近年気になるのは、世界が分断と自国第一主義に走り、互いに力を誇示した外交に走る傾向です。民族主義や国家主義の行き着く先にある人類の悲惨な歴史を世界の指導者は今一度強く意識すべきだと感じずにはいられない昨今です。 (井上)

◆人道ジャーナル第1巻が2012年3月に発刊されてから早くも6年が経過しました。この6年の間には国内では東・北日本や常総の大雨災害、熊本地震災害、海外ではネパール、エクアドル、イラン・イラクの地震災害など大きな被害にみまわれました。また紛争などを見ても長期化しているシリア内戦や難民問題、各地のテロ被害など緊急に人道対応が必要なケースは事欠きません。

人道ジャーナルは第1巻から一貫して「人道問題」「国際人道法」「赤十字」「救護活動」「看護史」等をキーワードに研究員をはじめ関係各位から寄稿をいただき掲載してきました。そこでは前述のようにメディアで頻繁に取り上げられる人道諸課題だけではなく、様々な角度からのアプローチを取り上げています。

今後もさらに投稿内容や投稿者の幅が草の根的に広がっていくポテンシャルのあるジャーナルが目指せたらと思っています。 (畑)

◆ＡＩ（人口知能）時代到来といわれている現代だからこそ、むしろ「人間らしさとは何か」が問われているような気がします。

脳科学者の茂木健一郎氏は、「人間の本質は逸脱にある」と書いています。「たとえ戦場の残酷さや絶望の底という現実の極限にありながらも、それを真逆に振りもどすかのように、人道の精神を持つこと」も、そうした人間らしさの一つではないでしょうか。いろいろな意味で生きることが困難な時代にある今、「人道とは何か」について、あらゆる方向から光をあてた本誌が、その本質を考える「場」になれば幸いです。 (関根)

【論文投稿のお問合わせ・提出先】

国内外の人道問題研究者・実践者からのご投稿を歓迎致します。掲載の可否は当センター編集部にて判断させていただきます。投稿についての詳細は下記までお問い合わせください。

日本赤十字国際人道研究センター『人道研究ジャーナル』

投稿論文受付係　i.h.s@jrc.ac.jp

【バックナンバー】

バックナンバー（Vol.1 ～ Vol.4）をご希望の方は当センターにお問い合わせ下さい。

ISSN 2186-9413

人道研究ジャーナル　Vol.7

2018 年 3 月 31 日初版第一刷発行

◇編集　学校法人日本赤十字学園

　　　　日本赤十字国際人道研究センター

◇発行　株式会社　東信堂

日本赤十字国際人道研究センター
〒 150-0012　東京都渋谷区広尾 4 － 1 － 3
（日本赤十字看護大学内）
Website: http://www.jrc.ac.jp/

株式会社　東信堂
〒 113-0023　東京都文京区向丘 1-20-6
TEL 03-3818-5521 FAX 03-3818-5514
e-mail tk203444@fsinet.or.jp
Website http://www.toshindo-pub.com/

ISBN 978-4-7989-1496-1　C3031

Abstract

Policies that impact humanitarian organizations' ability to secure humanitarian access: A case study of Somalia

Takeshi NIINUMA

(Japanese Red Cross Akita College of Nursing)

This study examines policies that impact humanitarian organizations' ability to secure humanitarian access using Somalia as a case study. In this study, the Red Cross and Red Crescent Movement (RCRC) is classified as "classical humanitarianism," which respects humanitarian principles such as impartiality and neutrality in order to separate humanitarian assistance and politics. The UN humanitarian agencies are classified as "new humanitarianism," which includes the integration of humanitarian assistance and conflict resolution in order to improve the effectiveness of humanitarian assistance. The international community's state-building and counter-terrorism strategies in Somalia have created a situation in which humanitarian operations are highly politicized and militarized. This makes it more difficult for UN humanitarian agencies to secure humanitarian access, because they have been integrated into the UN political and security sector. On the contrary, the thorough "acceptance" strategies and community-based activities enable the RCRC to secure some limited humanitarian access.

Keyword: classical humanitarianism, new humanitarianism, humanitarian principles, consent-based approach, hardened approach